AI与爱

GIRL
DECODED

［美］拉娜·埃尔·卡利乌比（Rana el Kaliouby）
［美］卡罗尔·科尔曼（Carol Colman） 著
彭欣悦 译

中信出版集团 | 北京

图书在版编目（CIP）数据

AI 与爱 /（美）拉娜·埃尔·卡利乌比，（美）卡罗尔·科尔曼著；彭欣悦译 .-- 北京：中信出版社，2024.1

书名原文：Girl Decoded
ISBN 978-7-5217-6083-5

Ⅰ.①A… Ⅱ.①拉… ②卡… ③彭… Ⅲ.①拉娜·埃尔·卡利乌比—自传 Ⅳ.① K837.126.16

中国国家版本馆 CIP 数据核字（2023）第 221390 号

Girl Decoded by Rana el Kaliouby and Carol Colman
Copyright © 2020 by Rana el Kaliouby
This translation published by arrangement with Currency,
an imprint of Random House, a division of Penguin Random House LLC
Simplified Chinese translation copyright © 2023 by CITIC Press Corporation
ALL RIGHTS RESERVED
本书仅限中国大陆地区发行销售

AI 与爱

著者：　　［美］拉娜·埃尔·卡利乌比　［美］卡罗尔·科尔曼
译者：　　彭欣悦
出版发行：中信出版集团股份有限公司
　　　　　（北京市朝阳区东三环北路 27 号嘉铭中心　邮编　100020）
承印者：　北京通州皇家印刷厂

开本：787 mm×1092 mm 1/16　印张：22　字数：254 千字
版次：2024 年 1 月第 1 版　　　　 印次：2024 年 1 月第 1 次印刷
京权图字：01-2020-3462　　　　　 书号：ISBN 978-7-5217-6083-5
　　　　　　　　　　　　　　　定价：69.00 元

版权所有·侵权必究
如有印刷、装订问题，本公司负责调换。
服务热线：400-600-8099
投稿邮箱：author@citicpub.com

感谢母亲，教会我拥抱、悦纳我的各种情感。

赞　誉

人工智能正在以指数级的速度大步发展。创业家拉娜·埃尔·卡利乌比在《AI 与爱》这本书里描绘了一个充满希望、引人注目、丰富无比的未来，这样的未来离不开拉娜在书里提到的各种努力。一定要读读这本书。未来，科技会强化人类的人性，特别是同理心、关爱和情商这些品质。我们必须拥抱这样的未来，这对我们来说至关重要。

——彼得·戴曼迪斯，
XPRIZE 基金会创始人兼主席、
《未来呼啸而来》作者

拥有情商对人工智能和人类来说同样重要。拉娜为了开发人工智能的情商所付出的努力比谁都多。这本书讲述了她在这条道路上披荆斩棘的精彩故事，是一本必读书！

——埃里克·布莱恩约弗森，
麻省理工学院斯隆管理学院教授、
《第二次机器革命》《人机平台》合著者

《AI 与爱》透露了拉娜的善良、脆弱和优雅，也展现了她的魅力。拉娜的回忆录值得一读！这本书激励着技术专家坚守良知，也鼓舞了全球的女性勇敢追梦。

——凯特·达林博士，
麻省理工学院媒体实验室研究专家、机器人伦理学权威专家这本书的作者是情感人工智能领域的先行者。全书思路清晰，读来引人入胜。这本书解决了我们这个时代最紧迫的一个问题——如何确保这项技术未来能让我们掌握主动权，而不是受到监视和限制。

——迈克斯·泰格马克，

麻省理工学院物理学教授、

《生命 3.0》作者

拉娜·埃尔·卡利乌比是我见过的最聪明、最有感染力的人，但这本书给我带来的感动仍然出乎我的意料。在这本书中，读者和拉娜一起见证了她的成长旅程——从一个乖巧又羞涩的埃及女孩成为一名科学家、企业家，成长为目光长远的美国企业掌舵人。我们也在书里见证了一个好主意横空出世——机器经过训练，可以识别并回应人类情感。拉娜在书里清晰地描绘了她的愿景，她让我们相信，情感人工智能技术将在未来为智能机器注入善的力量。

——埃里克·舒伦伯格，

Fast Company 杂志（中文版为《快公司》）首席执行官

计算机从本质上讲是自闭的，因为它不理解人类想要表达的意思和情感。而拉娜的使命正是解决这个问题。《AI 与爱》记录了她的奇妙旅程——她从埃及的一名穆斯林女学生，历经痛苦和斗争，在学术领域打破了许多藩篱，最终一步步成长为 Affectiva 公司的首席执行官。我对这本书爱不释手！

——玛丽·卢·杰普森，

Openwater 公司创始人兼首席执行官

这是一部精彩的"编年史"，它记录了拉娜成为人工智能领域领军人物的独特历程，也展示了她的职业追求——制造出既能理解又能回应人类情感的机器。

——马丁·福特，

《纽约时报》畅销书《机器人的崛起》《智能建筑师》作者

拉娜在《AI与爱》一书中描述的非凡旅程对我很有启发。我一直很佩服拉娜对人工智能的思考，她找到了人工智能技术的社会效益与道德伦理的巧妙平衡点，还考虑到了一些容易被忽视的群体。这本书有些像个人传记，写得很精彩，我读得停不下来。拉娜在书里描述了她如何确立自己的观点，以及给"如何用最佳方案实现人机互动，同时不因机器而失去人类的情感共鸣"这个巨大的挑战找到解决方案。这确实是个非常值得探索的问题。

——艾安娜·霍华德博士，
佐治亚理工学院 Linda J. & Mark C. Smith 教授、
交互式计算学院院长

怎样才能让数字设备在情感上像人类一样理解我们呢？这是拉娜在学生时代就开始探索的重大问题。在《AI与爱》一书中，拉娜讲述了她探求这一问题的答案的故事，很是激动人心。她还在此过程中意外开启了一段自我觉察的旅程。

——赫尔·葛瑞格森，
《问题即答案》作者、《创新者的基因》合著者、麻省理工学院高级讲师

目录

序　情感荒漠 _v

第一部分　乖巧的埃及女孩

母亲的婚纱可以说是她在公众场合穿过的最后一件贴身的衣服。不过，她没戴希贾布，这是一种象征保守端庄的传统头巾。后来，我选择了戴上希贾布。

1　生而为埃及人 _003
2　油与水 _012
3　流离失所 _019
4　邻居会怎么想？_029
5　擦出火花 _039
6　一名已婚女性 _053

第二部分　科学家与"读心器"

我身兼数职：科学家/发明家和一个婴儿的母亲。我决心在这两方面都做到最好。

7　陌生国度的陌生人 _067

8　对着墙说话的疯狂科学家 _080

9　遭遇挑战 _093

10　了解人类 _101

11　"妈妈脑" _111

12　疯狂的点子 _121

第三部分　横跨两个世界

当我纵横全球，分享我如何教计算机解码人类情感时，我竟然错过了自己丈夫的情感暗示。我是否不再是他的伴侣，而是他的竞争对手？

13　另一个剑桥 _139

14　两个"新生儿" _145

15　创立新公司 _162

16　我的"阿拉伯之春" _169

17　"禁足"在开罗 _181

18　掌舵的女人 _197

第四部分　探路人工智能

世界无疑会变得越来越具有科技导向，而人类也将利用技术保持自己的情商……毕竟，"人工"之前始终是"人"。

19　为黑客马拉松锦上添"黑" _213
20　沉默不语 _222
21　笑容的秘密 _231
22　新兴美国家庭 _242
23　公平竞争 _253
24　谈谈人类 _265
25　Alexa，咱们需要谈谈 _278
26　有轮子的机器人 _286
27　"人工"之前是"人" _299

后　记 _307

致　谢 _311

参考文献 _319

序　情感荒漠

有一种人性观无视情感的力量。这很可悲，是鼠目寸光。

——丹尼尔·戈尔曼，博士，《情商——为什么情商比智商更重要》作者

2017年夏，美国佛罗里达州中部地区一男子不慎落水。事故发生在佛罗里达州可可市，这是奥兰多附近的一个小镇。男子名叫贾梅尔·邓恩，31岁，身有残疾，是两个孩子的父亲。落水后，他眼看着自己离岸边越来越远。正巧当时岸上有一群少年，于是他一边在水里挣扎求生，一边向少年大声求救。但这些少年无动于衷，嘲笑他是"瘸子"，还大声对他喊"你等死吧"。他们不但没想方设法救人，连报警电话也没打。不过他们的手机确实派上了用场——他们拍了视频。几分钟后，有个少年发现邓恩从水面消失了，说了声"他死了"。他们都笑了。

公众怎么会知道这件事？那是因为这群少年不仅用手机拍了视频，还把视频发到了网上。一个活生生的人在他们面前溺水而死，这在他们眼里却只是一段劲爆的视频。要不是他们把视频发到了网上，

可能没人会关注可可市发生的这场悲剧，全球各地媒体也无从得知此事，住在波士顿郊区的我更不可能知道这个消息。邓恩的姐姐在看到这段视频后报了警，警方对这几名少年进行了询问。一名女警官向CNN（美国有线电视新闻网）的记者透露，这群少年没有表现出任何悔意，事实上，他们根本没有表现出任何情绪。她说："我从警二十几年了……这群孩子的反应让我毛骨悚然。怎么会这样……"

根据佛罗里达州现行法律，公民没有义务在发现紧急情况时提供援助或者向有关部门报告。最终，这群少年没被指控犯有任何罪行。虽然结果如此，但这些少年表现出的麻木不仁和残忍，真让人不寒而栗。不过，单单这一点并不能解释为什么这件事后来引起了全社会的关注。在我看来，是因为这群少年丧失了基本的人性，正是这一点刺痛了整个社会的神经，暴露了现实世界的丑陋真相。其实，我们每天都会遇到像这群少年一样没有同情心的人。这些人连同情心都没有，你若还期待他们表现出基本的礼貌，那真是奢望了。

在如今的社交媒体、政治圈、娱乐圈和流行文化的影响之下，人们的言行充满麻木与仇恨。眼下这已是司空见惯，但哪怕只是几年前，这些言行都会被视为出格、可耻和无能的表现。我是埃及人，是穆斯林，我带着两个孩子移民到美国，成了美国公民。当时的美国政界主张发布穆斯林禁令、修建边境墙来阻止移民入境。在这种背景下移民的我，尤其能感受到网络世界里那些麻木甚至恶毒的声音。但实际上没人躲得过这种局面。

譬如佛罗里达州帕克兰市校园枪击案的幸存学生呼吁政府进行更理性的枪支立法，有人却反过来针对这些不幸遭受枪支暴力的幸存者，且无人出面制止。有人发表种族主义、反犹太、性别歧视、恐同、反移民的不当言论，却没人出面干涉。有人只是表达自己的不同见解而已，却招来一阵奚落。这些现象在你我生活的社区、工作场所甚至大学校园里屡见不鲜。而如今这种不当行为却无人理会，或者说很多人选择视而不见。更出人意料的是，这种不当行为还会让那些不怀好意者赚足人气，他们可能因此在有线电视网络的黄金时段露脸，甚至走进白宫享受殊荣。

佛罗里达州的这件惨案反映了一个普遍存在的社会问题，有的社会科学家称之为"共情危机"。它指的是一种能力的缺失：人们无法设身处地为他人着想，无法与他人共情，无法对他人产生同情或亲近感。这种对他人漠不关心的现象令人震惊，但它已在网络世界，尤其是社交媒体渗透、溃烂，且正在向现实世界蔓延。

我们的社会陷入了越发危险的境地——我们可能正在摧毁人之所以为人的本性，失去我们的本真。

20多年前，记者丹尼尔·戈尔曼在他的畅销书《情商——为什么情商比智商更重要》中描述了同理心的重要性，他认为真正的智力指的是智商（IQ）和情商（EQ）的结合。是什么让人真正变得聪明？戈尔曼在书中提出的理念改变了人们对这一问题的看法。情商是一种能力，人们借此理解和控制自身情绪，解读他人的情绪状态并做出适当反应。某人能否在商业活动中或人际关系上取得成功，甚至是否拥有良好的健康状况，其决定性因素是他的情商而非智商。

显然，如果一个人没有情感、不知感受为何物，那他就不可能拥有情商。可是"感受"在网络世界里发挥不了作用，因为计算机看不见我们的感受，也无法与我们感同身受。在虚拟世界里，人们似乎把情商抛到脑后了。

你瞧，我们在不经意间一头扎进了一个既识别不了情感，又不允许我们对彼此表达情感的虚拟世界。虚拟世界的发展直接跳过了"情商"这一人类智力的重要维度，而我们也因为长久在"屏蔽情感"的状态下进行互动，此刻正在自食其果。

计算机之所以"智能"，是因为它们在被设计之时就带有丰富的认知智力，或称智商。但计算机是没有情商可言的。传统计算机是"情感荒漠"，因为它们根本无法识别或回应人类的情感。大约20年前，一些计算机科学家（我是其中之一）意识到了一点：计算机越来越深地融入人们的生活，而我们不仅需要它在计算方面的智能，还需要它看懂人类。人类本就因为具有情商和特定的能力而与机器区分开来，如果计算机看不懂人类，而人类又过于依赖智能技术，那我们可能真的跟机器没什么两样了。我们如果继续使用这些"屏蔽情感"的技术，就很可能会在现实世界中丧失社交的能力。我们将会慢慢遗忘同情心和同理心的存在，变得冷漠无情。

我是一家人工智能（AI）企业的联合创始人兼首席执行官。公司总部在波士顿，称得上情感人工智能领域的先驱企业。情感人工智能是计算机科学的分支，旨在将情商应用到数字世界。人工智能这门科学的目标是训练计算机像人类一样思考、推理，而情感人工智能则专注于训练计算机对人类情感加以识别、量化和回应，这是传统计算机无法做到的。我做这方面研究的目的，并不是让计算机变得跟人一样有情有义，而是希望人们在网络世界驰骋时，能够守住人性之美。这本书讲述的故事就是我的人生故事，我这辈子都在探索怎样让技术变得更加人性化，我无法允许人类任由科技摆布，而变得冷漠无情。

要想教会机器识别情感，我自己首先就要成为"专家"，要对人类情感无所不知。我渐渐发现，我的研究工作重心发生了变化，研究重点转移到了我的个人情感生活上。这个研究任务可比敲代码难多了，因为我不愿去觉察自己内心深处的感受，更不愿意把这些感受与人分享，进而解决问题。但我必须直面这一点。到头来，自我解码成了我最大的挑战，我必须学会抒发情感并妥善处理它们。我现在很擅长做这件事了，我如愿成为这方面的"专家"，整个过程让我感觉自己就像一件被不断用心打磨的作品，日渐出色。

我的研究工作和我的个人故事密不可分，所以你也可以把这本书当作一本"编年史"来读，它见证了我在这两趟旅程中的经历和不懈探索：让机器更加人性化，解开我自己的情商密码。

像我这样的人在科学界并不多见——我是女性，棕色皮肤，身处高管层级，还是一名计算机科学家。要知道，这一领域目前仍然由男性和白人主导。我的故乡在中东地区，那里盛行以男性为主导的文化。世界发展瞬息万变，中东却仍停留在探讨妇女的地位和所扮演的角色的阶段。无论是我现处的科学界还是熏陶我的中东文化，女性都被排除或被限制在权力之外。要想实现我的目标，我必须学会驾驭这两种文化。

我现有的成就得益于父母的熏陶。他们给了我既开明又保守、既前卫又传统的生长环境。我是穆斯林，我能感受到自己日渐强大，也较以往更专注于穆斯林文化；我坚守自己的宗教价值观，虽然不再像从前那样一味顺从它。我现在的身份是美国公民，这个伟大的国家给公民创造了极具活力、充满能量、崇尚创业精神的大环境，我也因此受益，走上了逐梦的道路。

在这本书里，我想为你打开一扇窗，带你看看我成长的世界，一个鲜有西方人关注的中东地区。我还想带你认识我的家人，和你分享我们的经历。因为我相信，消除人与人之间的生疏与隔阂是我们培养同理心的正确方式。我们正是通过这种方式成为坚定强大、情感健全的个体，建设坚定强大、情感健全的社会。不论在现实世界还是网络世界，我都把消除隔阂当作头等大事。

让我激动不已的还有人们对人工智能的认识：大家渐渐地更加了解人工智能，以及这项技术会对他们的生活产生怎样的影响。这个世界——你所了解的这个世界，即将发生改变。我一直站在这场变革的最前沿，请你随我来看看幕后的故事，听我聊聊人工智能是怎么实现的，它怎么发挥作用，以及我们如何最大限度地发挥人工智能的优势。人工智能不再是遥不可及的未来，它已经成为主流技术，无处不在。从前，车得人来开，慢性疾病得由医护人员治疗，求职简历得由人力资源部门审核，而现在人工智能已经开始取代人类做这些事了。人工智能已经无所不在，它会给我们的生活带来无数变化。鉴于此，人类社会要行动起来，在人工智能技术的设计、开发和部署工作上发挥积极作用。

人们如今无比依赖计算机，所以打造情感人工智能势在必行。科学技术被人类利用到了极致，它得解决科学家不曾设想需要它来解决的一些问题。就好比计算机被发明之初的用途是做计算（所以才有"计算机"的叫法），是更快、更准确地进行数字处理。

我们的时代是一个沉浸式技术盛行的时代。在这个虚拟与现实界限模糊的时代，计算机要完成的任务远不只是进行基本的数字运算。智能手机、平板电脑、智能手表这些移动技术的发展把我们带到了一个全新的世界：在这里，你会看到位高权重的总统一条接一条地发推文；你可以用脸书（Facebook）和色拉布（Snapchat）来进行社交；你可以体验众包服务、数字银行和网购；你可以雇用虚拟助手订酒店、做股票交易，甚至替你结识朋友。有了乐活手表（Fitbit）、苹果公司的 Siri 语音助手和亚马逊的 Alexa 语音助手等设备，我们可以随时随地实现联通。

计算机越做越小巧，其外观越来越时尚，功能越来越强大（而且更加便携），于是人们在生活的方方面面都期待计算机能派上用场。有些事非得人们亲自上场、发挥情商才能做成，大家却也想让计算机代劳。

计算机成了很多人沟通交流的主要工具。有了它，你也许能随时随地联系任何人，但这并不等同于实现了真正的连接，也不意味着实现了有价值的沟通。毕竟，面对面交流是人类进化了几千年才稳定下来的交流模式。单纯的文字往来并不能完整地展现某条信息的真实含义。绝大多数人际沟通的实现依赖于非言语信号的变化，比如面部表情、声音、手势和其他肢体语言。但当人际交往转到线上后，这些非言语信号都消失不见了。

所有非言语信号里，我认为人脸最能展示和传递情感。通过面部表情，我们可以展现丰富的情感状态或其他心理状态——享受、惊讶、恐惧、好奇、无聊、爱意、愤怒，通通可以从一个人的表情当中看出来。所以，我的研究工作专注于教计算机解读人脸，就好像你解读别人的面部表情一样。我会训练计算机捕捉从微笑到皱眉这整个过程中的各种表情，等它下次再看到其中某个表情时，它就可以识别并做出回应。

解读非言语信号，面对面地实时观察对方，了解彼此情绪的细微差别，这都是人类生来就有的本领。随着我们日渐成熟，接触的人、见过的表情越来越多，我们的这项技能得到了持续发展。而这使得我们更有智慧，也教我们变得更加善解人意。它更是情商的重要组成部分。

我的部分研究需要同年轻的自闭症[①]人士密切接触。自闭症是一种复杂的神经系统疾病，患者在面对他人情绪时存在识别、处理和回应上的障碍。事实上，许多自闭症患者厌恶与他人进行眼神交流，他们甚至不愿看到别人的脸，所以他们接触不到大多数的人类面部表情。这很可怕，会严重地影响他们进行人际沟通、参与家庭生活、融入学校学习、保住一份工作或维持长期关系。

在我早期的工作中，我意识到计算机在识别和解读情绪这件事上基本就是个"自闭症患者"，因为它无法亲眼见到情绪"数据"，无法对其加以处理，也无法对接收的情绪线索做出反应。从这儿展开来讲，我认为在一个对情感业已麻木的网络世界里，人人都是功能性自闭症患者。

当我们跟别人面对面交谈时，我们会马上得到反馈，因为我们可以观察到对方的面部表情和姿势，可以识别对方回话时的语气。如果你"神经正常"（也就是说，你没有自闭症），那么你天生就有能力处理这些情绪线索。你也正是通过这些线索来辨别自己的言语对另一个人产生的影响的。人人都在观察彼此并做出反应。

但当这一交流转移到网络世界后，那个使得我们能根据他人反应

[①] 自闭症又称孤独症。——编者注

来调整自身行为的天然反馈系统失灵了。在网络世界里，人们赖以交流的关键性非言语因素消失不见了。

多少人每天都在通过社交媒体彼此联系，但社交媒体可能并没那么人性化。如果没有真实的情感联系，人们很容易忘记他们正在跟其他"人"交流，或忘记他们在谈论其他"人"，而缺乏实时的社交互动会让我们的行为变得扭曲。当我们把目光转移到数字世界时，我们会发现，计算机已经把人类训练得好像我们生活在一个自闭症患者的世界里，没人能读懂他人的情绪线索。

我并不是说社交媒体出现之前不存在这种残忍和偏狭，也不是说有了社交媒体之后世界就变得更友善、更美好了。纵观人类历史，人们曾经历同理心极其匮乏的时代，匮乏得令人毛骨悚然：种族灭绝、大屠杀和奴隶制是人类抹不去的污点，至今仍有人因此饱受困扰。而今时不同于往日之处在于，人们全年、全天候浸泡在网络世界里，这种偏狭可以说无时无刻不挂在人们脸上、出现在电子设备上。

我将毕生精力投注于研究情感人工智能，因为我坚信它能解决一部分问题。当人们在线冲浪、处理电子文本和邮件、使用脸书或色拉布发帖时，情感人工智能可以帮助他们提高在数字世界里的情商。鉴于我们过去20多年在"情感荒漠"里生活和交流，情感人工智能也将在人类历史上第一次尝试修复由此带来的创伤，我相信它会有助益。

20多年前，我刚开始研究情感人工智能，那时还没有Skype、Face-Time或视频会议这类成熟的即时通信工具。当然，相较于此前在"情感荒漠"中的交流，这些工具促成的"面对面"虚拟互动已是一种进步，但问题在于，人们在大多数沟通和互动中依旧无法实际地见到对方。行业数据显示，发送短消息是目前主要的通信形式，人们每年发送的短信数量达数万亿条。而在大多数情况下，我们的交流没有情商可言。

有人可能会想："费这么大劲研究情感人工智能干吗呢？关掉手机啊！别发短信了！别发推文了！面对面见人去啊！"话是不错，但这实现不了。因为现在早已是短信和社交媒体的时代，我们回不去了。

我生在计算机时代。我出生那年是 1978 年，正是 X 世代给千禧一代让路的时候。数字技术为我们这一代打开了新世界的大门，大大拓宽了我们的视野。我很感激这一切，因为它使我在出差时用 FaceTime 或 WhatsApp（一款通信应用程序）就可以见到孩子们，我可以很方便又不花什么钱就跟远在地球另一端的亲人保持联系。我是公司的首席执行官，员工分散在世界不同角落，计算机时代让我坐在波士顿的办公室或会议室里就可以跟远在伦敦、纽约或开罗的客户和员工开视频会议。

早晨起床后，我的第一件事就是看手机——拿它看推特消息、看日历、看短信、写邮件。晚上睡觉前，我的最后一件事也是看手机。因为我会把手机放在床头柜上，所以如果我半夜醒来，我也会快速看一眼。我真的几乎是手机不离身。

不过，我认识的同代人和我没什么不同。皮尤研究中心近期的一项研究显示，全球有 26% 的人、18~29 岁年龄段有 39% 的人"几乎一直网络在线"。多份行业报告也显示，截至 2020 年，每人拥有 4~6 台不等的联网设备。依我所见，我们这些习惯不会轻易改变。恰恰相反，计算机将更深度地融入我们的生活。这就是我们面临的现实状况。

我的意思并不是面对面的交往不重要了，恰恰相反。没错，谁都接受不了几个人在一起吃晚餐，但大家都拿着手机发短信，而不是彼此进行真正的交谈。但我们也不能忽略现实情况，那就是如今大部分人际交往都在网络世界中进行，且这种情况不会轻易改变。（我是个实用主义者。）所以，我们能想到的解决方案不是让时光倒流，也不是武断地要求大家关闭所有电子设备，然后以计算机出现之前的模式去生活。人类如今极其依赖技术，无法割舍技术。话说回来，放弃使用技术会是个可怕的错误。人类比以往任何时候都更需要技术，但我们需要让技术变得更加智能、更加优质、更懂人性。幸运的是，有工具可以帮助我们实现这个目标。

这个工具就是情感人工智能。情感人工智能创造的是一个以人为中心的世界，我们将在技术的加持下变得更健康、更快乐、更具同理心。譬如谷歌眼镜（Google Glass）使用的技术，它配备了"情感解码器"，可以帮助自闭症儿童更好地融入社交生活；自动驾驶技术，在人们因为愤怒、分心或疲倦而无法保证安全行驶时，半自动驾驶的汽车会自动控制方向盘，每年可避免数百万起交通事故；情绪感知设备，如智能手表、智能手机、智能冰箱等，它们能够检测到人们可能罹患的精神疾病和身体疾病，把病痛扼杀在摇篮里；通情达理的"虚拟助手"，它可以追踪人类情绪并提供及时的指导与支持；人力资源情感分析工具，它可以协助招聘人员更好地匹配候选人和工作岗位/团队，最大化地减少招聘过程中可能存在的无意识偏见；智能学习系统，它能够识别学生的学习参与度，并有针对性地做出调整。

情感人工智能技术可谓潜力惊人。但我并不天真，我清醒地认识到当计算机强大到能够识别和记录用户的情感状态时，隐私自然成了头等重要的问题。情感人工智能应该是，也必须是在用户完全知情、完全同意的情况下才可以启用的，用户有权随时停止使用这项技术。情感人工智能将会对我们了如指掌：我们的情绪状态如何，心情如何，互动情况如何，等等。这些重要信息一旦被心怀不轨的人利用，后果无法想象。这就是为什么我们致力于让大众了解情感人工智能技术是什么，它是怎样采集数据的，它在哪些环节会发出采集数据的动作，等等，我们还必须在使用用户数据时确保他们有发言权。

除此之外，还有一个必要条件——开发人工智能技术时必须考虑到所有人，这意味着它必须兼容并包。我们设计出的软件必须综合反映现实世界的状况，而不仅仅考虑到只占少数的精英人士。你会在后文发现，我的数据采集对象几乎涵盖所有年龄段、性别、种族和地理区域。如果我们在开发人工智能技术时做不到这几点，其后果将是制造出一种新型歧视，一种难以消除的新型歧视。如果真是这样，那么技术越发展，人类就越会深陷不利境地，后果不堪设想。

我写这本书的原因之一是，我想为大家呈现一个不同的、更有温度的、更具人性的视角来看待人工智能与技术。我同时也希望我的故事可以激励其他梦想家和创造者追随自己所谓的"疯狂想法"，一起改变世界。很多时候，是恐惧让我们离梦想越来越远，特别是像我这种从小在拒绝风险的保守文化中长大的孩子，更是容易屈服于恐惧心理。我花了很长时间才敢于相信自己，但恐惧常常拖我后腿。

从记事起，我就一直夹在自己的梦想抱负和成长环境之间，左右为难。我脑子里满是自我怀疑的声音，它低声对我说："你不能！你不该！你不会！"这个声音困扰了我很久。那段时间，我强行压抑自己的情绪，只做周围人认为正确的事情。我从一个"乖巧的埃及女孩"变成了一名强大的"掌握话语权的女性"，实现这个转变，正是因为我开始寻找并倾听自己内心的声音。我不再害怕表达自己的情绪，不再害怕跟随自己的感受行事。这给了我力量和抚慰，帮助我成为一个更强大的领导者、更出色的首席执行官、更好的人。我认识到了一点：我们越有能力驾驭和疏导自己的情绪，就越敢于暴露脆弱的一面——这样做能让我们对他人敞开心扉，更对自己诚实。这恰恰就是我们如何变得真正富有同理心的诀窍。

母亲的婚纱可以说是她在公众场合穿过的最后一件贴身的衣服。不过,她没戴希贾布,这是一种象征保守端庄的传统头巾。后来,我选择了戴上希贾布。

第一部分
乖巧的埃及女孩

1 生而为埃及人

我们教育女孩子要追求完美,教育男孩子要勇敢坚毅。

——拉什玛·萨贾尼,非营利机构"编程女孩"创始人

我在波士顿郊区的家,如果只看外观,简直完美契合我想象中一栋美式房屋该有的样子。这座房子建于 1868 年,是典型的新英格兰殖民风格住房。内部有宽敞的中央大厅和黑色的百叶窗。屋外有整齐的栅栏,铺着一条砖砌步道,木质外墙刷成了灰色,还有一间阳光房和一个带花坛的可爱后院。

但当你走进我家时,你就会发现,这座房子就和我这个主人的背景一样,比你所看到的复杂一些。屋内是埃及风格和美国风格的混搭,除了传统的美式圆形扶手沙发、安妮女王椅和边桌,还陈列着来自我故乡的各种纪念品,都是埃及人家的一些常见物件。客厅中央、壁炉前方悬挂着两件半月形的黑色丝网印刷品,上面写着意为"保护我们的家园免受恶灵侵害"的阿拉伯文字(这句咒语是亚马逊的 Alexa 和谷歌的 Google Home 无法提供的)。靠近厨房门的墙上挂有一块大装

饰板，上面写着 Khatwa Aziza，意为"请进"或"欢迎"。后门的入口处由"法蒂玛之手"守护。这是一种掌形护身符，手掌正中有一只眼睛，在中东的传统里，这只手可以抵御邪恶之眼。我母亲的家里总是香气缭绕，我在美国的家也不例外，总是燃着香薰蜡烛，那是我年少时期甜蜜又快乐的嗅觉记忆：檀香木、麝香、琥珀混合着各种神秘的香料。我的母亲常从一位自制蜡烛的店主手里买蜡烛，我则多从网上购买。

气味尤其能唤起人们深刻的情感记忆。陌生人经过时的一缕香水味、他的须后水香气，或是蜡烛的气味，都可能立即唤起你对某人或某地的记忆，即使你们已多年未见或你许久未去那里。人的大脑时刻准备着快速解码气味，因为大脑的嗅觉中心与杏仁核（情感中心）和海马（产生记忆和储存记忆的地方）相连。它们构成了大脑最古老的结构，即边缘系统（又叫"蜥蜴脑"），这是大脑处理情感的地方。

现在我住在美国，离埃及开罗市有 5 400 英里[①]。但在埃及文化里，无论你离家多远，你与旧世界的情感联系都始终坚固。

我的童年混合了现代价值观与传统价值观，它们常常相互冲突。我在保守的环境中长大，遵循着严格的社会风俗；我和家中的妹妹们守礼、恭敬、做事勤奋。事不分大小，我们通通听从父母的意见。哪怕现在姐妹几人早已成年，父母还是会持续在不同方面对我们产生影响，而这是西方人无法理解的。虽然我出生在一个保守的环境里，但养育我的母亲是一位引领在前的开拓者。早年间，她跨越了伊斯兰世

---

① 1 英里约为 1.6 千米。——编者注

界中女性的传统角色，成为中东最早一批女性程序员之一。在当时的埃及，已为人母的女性出门工作是极不寻常的，而我母亲当时就在科威特银行担任要职，同时抚养着三个孩子。这是一项了不起的成就。当然，她为女儿们也设定了同样高的标准。

我的父亲对我们姐妹三人也抱有很高的期待，他甚至曾设想我们成年后能成为位高权重的人。父亲会从不同维度训练女儿们适应这个新世界。在他的成长经历里，埃及是一个极为保守的国度，对男女社会分工有着根深蒂固的文化期待。因此，我的身上无可避免地呈现出一种冲突——一面是父母养育的真实之我，另一面是一个符合埃及社会和文化期待的"乖乖女"形象。

回想起来，我并不是一个让父母省心的女儿：在我的专业领域，一个男性占绝对主导地位的行业，我颠覆传统，成为一名女性人工智能科学家和科技企业创业者；在我长大的国家和文化里，我是个破局者，打破了传统对乖女儿和好妻子的定义。我知道这让我的父母很是为难，但他们对我的爱和支持从未改变，我无比感激他们。

我爱我的父母，哪怕我们有时意见不一。我们共同踏上了一趟人生旅程，作为一家人一同学习、成长。不论我曾经或现在在信仰上多么虔诚，我都牢记着传统的教诲："父母是第一位的，第二位也是父母，第三位还是父母，乖女儿们的父母能拿到直通天堂的门票。"不管我年纪多大、是否怀有宗教信仰、是不是信徒，我都希望我的父母得到门票。

在某些穆斯林看来，让女孩接受教育不是什么优先事项；在另一些穆斯林眼中，让家里的女孩子接受教育则会招来杀身之祸。但我的父母崇尚教育，我们家里每个人的生活都围绕着它，离不开它。我们虽说家境优渥，但算不上富有。父母赚的钱本可以用来买高档汽车或度假屋，但他们决定拿那些钱供我们姐妹三人念书，支付昂贵的私立学校费用，又把我们三人送进了大学。父母自用的钱全都投入了旅行，因此我们才有机会探索世界，见识不同的文化。我们姐妹几个从小就抱有对学习的热爱，以及对不同人和不同文化的好奇心。

不过，并非家族中的每个人都认同我父母重视教育的做法。我记得在我8岁的时候，有天晚上家族聚餐，我无意中听到叔叔和父亲的对话，他很不认同父亲在我们姐妹的教育上花钱。他对父亲说："艾曼，你的女儿们很快就嫁人了，为什么要浪费那么多钱送她们去上好学校呢？"我叔叔的几个儿子，也就是我的堂兄弟们，当时老是取笑我们姐妹，说我们做任何对生活有用的事都是徒劳的。

我母亲从不会当众质疑我叔叔或父亲，但我猜那天晚上母亲怕是对父亲唠叨了不少教育对我们姐妹几个的价值。那些"好学校"正是母亲为我们挑选的，父亲把这些家事决策交给她。我一辈子都感激父亲没有听取叔叔的意见，更感激父母尽一切努力给我们姐妹三人注入强烈动力去做任何我们想做的事。父母肯定有时对我的选择感到震惊：我离了婚，创立并经营着一家还没站稳脚跟的公司，带着两个孩子定居在美国。这可不是我父母曾为我设想的生活。不过，他们为我做的一切决定奠定了基础，我才有可能冲破埃及的文化准则，突出重围并获得成功。

我出生在一个家族关系紧密、发展得颇为成功的穆斯林人家，西方人很少听说我们这样的家庭。我的父母在赫利奥波利斯长大，这是开罗大都会地区的一个高档社区。他俩是在计算机编程课上认识的，当时我父亲是授课老师。要不是在编程课上，我都怀疑他们根本不会相遇，因为我母亲的家族在周末都是跟赫利奥波利斯俱乐部的上层精英往来的。她在念大学时参加迪斯科舞会，穿着超短裙和短上衣，有她哥哥沙菲陪在一旁，所以我的父母也不会在这种场合相遇。

我的父亲叫艾曼·埃尔·卡利乌比。他5岁丧父，童年没有太多玩乐的时光，现实逼得他必须赶快长大。他的母亲，也就是我的祖母孤身一人带大了五个孩子，之后再未婚嫁，把一生的心血都倾注在她的孩子身上。他们挨过了艰难的日子，但收入少得可怜，再加上没了家里的顶梁柱，一家子都压力不小。

我的母亲名叫兰达·萨布里，她从小在一个富庶的家庭长大。她的父亲沙菲克——我叫他Gedo，这是阿拉伯语里的"外祖父"——在军队服役，是位于红海沿岸的赫尔格达国际机场的负责人。外祖父工作的地点离家将近300英里，驱车5个小时才能到达，因此母亲几乎只有在外祖父休假时才能和他见上一面。不过，外祖父的地位为全家人带来了优渥的中上层阶级生活。我的外祖母多雷亚（我叫她Dodo）操持着复杂的家事，还管着全职工作的厨师、管家、司机各一名。我的母亲读的是女子中学，在整个高中期间都是学校的游泳健将，颇为出色。

我的父母都曾就读于艾因·夏姆斯大学，它是埃及最好的两所公立大学之一。不过他俩在校时从未谋面，因为父亲比母亲年长7岁，母亲在大学读工商管理、参加派对时，父亲已在奥地利生活。

年轻时的父亲是埃及第二任总统贾迈勒·阿卜杜勒·纳赛尔的狂热支持者。这位领袖在1952年领导了一场军事政变，推翻了当时埃及的君主制。在我看来，我的父亲把纳赛尔当成了父亲，对他有着特

1　生而为埃及人

殊的感情。纳赛尔无礼傲慢、故作强势，却又颇有魅力。他在任期间大力实行国有化，包括苏伊士运河，驱逐外国公司；他告诉埃及人民，他们是不可战胜的，他们可以在没有任何外部帮助的情况下自如应对。纳赛尔作为一个"民族主义者"，把埃及变成了一个"向内求索"的国家。

我父亲深信纳赛尔的每一句慷慨陈词："埃及统治了世界！我们拥有世界上最庞大、最强大的军队。"根据纳赛尔的说法，埃及拥有全世界最好的一切。直到1967年，以色列与埃及、约旦、叙利亚之间爆发了六日战争[①]，我父亲的整个世界终于崩塌了。

那年父亲16岁，年纪太小，还不能参军。但他和其他埃及人一样，设想着那场战争能迅速结束，并为埃及带来决定性的胜利。然而事实是埃及军队大败。更让父亲震惊的是，仅年长他两岁、当时甚至还不会拿枪的哥哥，被派往西奈半岛参加战斗。自此父亲就意识到，纳赛尔对埃及在全球地位的极度乐观态度并非基于现实——相反，埃及在政治和经济上都陷入了严重困境。

沮丧之下，父亲决定离开埃及。他在艾因·夏姆斯大学主修的是商务与计算机科学。毕业时，他获得了前往奥地利的三年签证，希望在那里攻读更高学位并找到一份工作。父亲在奥地利街头卖过报纸，做过很多奇奇怪怪的零工，靠打工勉强维持生活，同时为奥地利的大学入学考试做准备。签证到期时，他曾试图续签，但埃及领事馆拒绝了他。

后来，父亲回到了埃及。他发现，埃及在新总统安瓦尔·萨达特

[①] 第三次中东战争，发生于1967年6月5—10日，由于只持续了6天，故又称六日战争。——编者注

（后于1981年被暗杀）的领导下变得更重视"向外求索"，于是他优秀的计算机技能派上了大用场。当时市场上对计算机课程的需求巨大，但缺乏训练有素的授课老师。父亲很快在国际电脑有限公司（ICL，全称为International Computers Limited）这家英国公司的开罗分部谋得了一份教职。

父亲被派往多所高校教授计算机概论和编程，主要是教COBOL（面向商业的通用语言）。他的课排得很紧，他拼了命地工作：上午在公司教4个小时的课，晚上还有4个小时的课程安排。一天整整8个小时都在教授计算机编程这种复杂科目，对老师的精力是一大挑战。所以上完一天的课，他几乎筋疲力尽。但这也给了他机会磨炼自身技能。很快，父亲成为全公司最好的计算机讲师。

有一天，父亲受邀到一所大学监考，一个年轻貌美的女孩引起了他的注意。我的母亲在大学四年级和朋友一起选修了一门叫"技术导论"的课程，她惊讶地发现自己竟然对这门课有天赋。到了期末考试时，她信心满满地走进考场，但她的朋友显然没有做好准备，她让我母亲给她递答案。监考老师是一个瘦高的男人，眉目英俊，但看起来很严厉。要不是他瞪着我母亲，我都怀疑母亲根本不敢看他第二眼。显然，他俩的爱情并非始于一见钟情。母亲给她朋友递答案，被这位监考老师抓住了，她俩的试卷都被没收了。母亲害怕极了，生怕挂科。不过，结局是母亲通过了考试，她的朋友挂了科。

很快，计算机编程热潮席卷开罗，母亲报名参加了ICL的COBOL夜校课程。虽然她是上课学生里为数不多的女生，但她没有因此退缩。

上课第一天，母亲走进教室，一眼就认出了那个高高瘦瘦且严厉的讲师——正是考场上抓住她递答案的那个监考老师。她赶紧申请换到别的班级学习，但夜校领导坚定地告诉她，我父亲是全公司最好的讲师，母亲于是决定留在父亲的班里。这又一次显示了她做事的决心与抱负。

我母亲害怕去上课，因为父亲老是点她的名。这或许就是他搭讪传情的方式，因为课程上到一半，父亲就向母亲发出了邀约，不过母亲拒绝了，解释说她家里人不准她约会。第二天，父亲继续约她，还是被拒绝了。

如果你是一个中东男人，想了解一个女人，但她家里人不准她外出约会，你会怎么做？娶她！父亲那样一个纯正善良的埃及男青年，选择了遵循传统，去找我外祖父提亲。

父母订婚几个月后，父亲仍渴望离开埃及，于是他在科威特的一所大学谋得了一份兼职的教职。为了维持生计，他还在一家名叫NCR的国际科技公司的科威特分部工作，这家公司是网上银行和自动化银行的先驱。之后，父母开始了为期一年的异地恋，交流全靠信件。

他俩在1977年7月成婚。婚纱照上，英俊倜傥的父亲穿着清爽的白西装，美丽优雅的母亲身着白色蕾丝裙，披肩的黑色长发勾勒出清丽的脸庞。站在他们身后的是当时埃及最著名的肚皮舞者，她身着一套传统的"巴德拉"：紧身上衣、宝石腰带、长长的薄裙。（当时在埃及的婚礼上邀请肚皮舞者表演是很常见的事。）

婚后，母亲前往科威特和父亲一起生活，并很快成为科威特国家银行的一名计算机分析师。1978年8月，我出生了，母亲做了一件对中东女性而言极不寻常甚至可以说胆大如斗的事：在我出生后，她留在了职场工作。

中东女性在婚后不必随夫姓，所以我母亲保留了她自己的姓氏萨布里。不过孩子的全名得是孩子的名加上父亲的全名，所以，我的全名是拉娜·艾曼·埃尔·卡利乌比。

母亲是一名行事得体的女性，婚后的她顺从了父亲对时尚的态度——父亲来自一个更保守的家庭，母亲的婚纱可以说是她在公众场合穿过的最后一件贴身的衣服。自此之后，她不再穿超短裙，换上了宽松长裤和中长裙；她去公共海滩穿的不是泳衣，也不会露着胳膊。不过，她没戴希贾布，这是一种象征保守端庄的传统头巾。后来，我选择了戴上希贾布。

2　油与水

我 12 岁之前的人生在科威特度过,但我一直记着自己是埃及人。

在科威特不像在美国,如果你不是科威特人,你就是"外人",永远是外籍人士。在科威特,没有另外获取公民身份的途径。如果你的母亲或父亲不是科威特公民,那么你是否在科威特出生根本无关紧要,因为在这个国家不存在"出生公民权"这回事。

虽说我们这些外籍人士在科威特并没有受到多么恶劣的对待,但我也没法儿昧着良心说科威特人对我们倒屣相迎。通常来说,外籍人士和科威特人没什么交集——就像油与水一样。许多科威特人远比外籍人士富有,他们住在海湾地区的豪华别墅里,开的是豪华轿车(大多配了司机),用的大多是印度尼西亚籍或菲律宾籍的仆人。我们的社交圈并无交集。

不过,我挺留恋在科威特的那些日子。如果你不介意永远做个

"外人"，而且自己本身懂技术、有高收入，你倒是可以和其他"外人"一起在科威特过上不错的生活。

相比埃及，科威特的薪资水平更高，中产阶级生活方式盛行，我的父母就是被这样的条件吸引到科威特工作的。科威特的石油总储量居世界第六[①]，但它在金融、医疗、办公业务、教育、技术和其他支撑经济与社会繁荣的领域存在人才缺口，本国人才供应不足。

因此，财大气粗的科威特决定从别国引进技术娴熟、教育背景出众的人才，尤其是中东地区的其他国家，还有欧洲、非洲、印度、菲律宾的人才，他们纷纷涌入科威特。受过良好教育的埃及人深知本国经济不景气，因此尤其钟情于前往科威特，数十万人纷纷移民。目前大约有50万埃及人居住在科威特。

在科威特的埃及侨民大都抱团取暖。由于科威特法律只允许本国公民购置房产，我们这些外籍人士只好租住在专为外国人服务的综合大楼公寓里。我们一家人在科威特住过的最后一套公寓位于萨尔米亚：公寓有四间卧室，配有一个宽敞的门厅，门厅通往全家人的共享活动室，房间里几扇大大的落地窗使得波斯湾景观尽收眼底。

我的父亲爱好技术，你大概不会对此感到惊讶，在技术方面，他总是一个尝鲜者。我们家领先于很多家庭，早早地就拥有了一台摄像机和一台VHS（家用录像系统）录像机，于是父亲便顺理成章地成了家庭活动的指定记录人。对于在科威特的日子，我最早的记忆是一把塑料材质的蓝色儿童椅，我叫它"我的王室蓝椅子""我的宝座"。

[①] 本书英文原版出版于2020年，根据BP（英国石油公司）中国官网的世界能源统计回顾数据，截至2020年年底，科威特的已探明石油储量居世界第七，在委内瑞拉、沙特阿拉伯、加拿大、伊朗、伊拉克、俄罗斯之后。——编者注

大约 5 岁时，我常站在这把椅子上滔滔不绝地发言，脑子里想到什么就来一场关于它的演讲。父亲把我的演讲录了下来，还给我指点公开演讲的技巧。（比如，他会说："拉娜，要看着观众的眼睛说话，一字一句地说，要吐字清楚！"）那是我第一次接触技术，更有意义的是，那是我第一次当着观众演讲，虽然观众只有我父亲一个人。那是我与父亲的专属时光，我喜欢他把所有的注意力都放在我身上。

我家也是第一批拥有雅达利 2600 游戏主机的。这是一款老式游戏机，带一个插槽，你可以往里面插你想玩的游戏卡带。我父亲这个人，从不放过生活中任何一个教育我们的机会——这不，他让我们姐妹自己琢磨怎么进行游戏设置。父亲的教育方式或许能解释为什么我面对电脑总是游刃有余，我从不害怕从无到有地建立一项技术。我坚信只要坚持，就一定能把一件事弄明白。

不过，我并不是个只会盯着数字屏幕、一副死脑筋的"呆子"。全家人在游戏里消灭外太空入侵者时，还会聊天、交流近况。技术于我而言是社交工具，是把人们聚集在一起的平台。

我从幼儿园到小学三年级都在科威特的阳光学校度过。学校采用的是英国认证的课程体系，除了阿拉伯语课程，其他都以英语授课；学校特别重视文科、音乐和体育课程。相比之下，大多数中东学校推崇的是机械式的死记硬背。

阳光学校的创始人是薇拉·穆塔瓦。这位英国淑女大方得体且待人温暖，她嫁给了一位科威特酋长。穆塔瓦夫人有她自己的一套先进的教育理念。如果没有穆塔瓦夫人的干预，我都不知道自己能不能顺利上完幼儿园——我是左撇子，而根据伊斯兰教传统，吃饭和工作只能用右手。这个传统让我们这些左撇子显得低人一等。童年的我花了大量时间努力压制自己用左手的冲动，不过收效甚微。穆塔瓦夫人有一次注意到我握铅笔很吃力，她熟悉阿拉伯文化，立马意识到我是左撇子，我是被硬生生地"训练"成用右手做事的。于是她联系了我的父母，那是他们第一次听说"惯用手"是由人的基因编码决定的，没有任何人能左右。他们对此很是惊讶。我的父母或许看起来比较传统，但他们尊重科学——自那以后，他们不再试图"治"好我的左撇子，我在学校的表现日渐出色。临上一年级前的那个夏天，我的成绩已经遥遥领先于班上的其他同学，于是穆塔瓦夫人建议我跳级，直接读二年级。也正因如此，在我学术生涯的很长一段时间里，我都是班上年纪最小的那个。

相比典型的中东学生，我在学校接受的教育或许更加西式、更加先进，但回到家里，埃及的传统价值观占主导地位，尤其是在男女角色分工这点上。一方面，我父亲的理念在中东地区是特别出众的：他认为女性应该接受教育，他自己也娶了一名受过良好教育的成功女性。父亲全力支持女儿们，鼓励我们尽己所能、有所作为。但另一方面，父亲也和大多数埃及男人一样——我其实想说和大多数中东男人一样——他希望我的母亲像仆人一样毕恭毕敬地伺候他。比如，我从没见过父亲自己走进厨房倒水喝。想喝水的时候，他就会让母亲帮他倒，而母亲会听话照做。我甚至觉得父亲根本没意识到自己做了什么，因为他的父辈就是这么做的，这个行为模式在他脑海里根深蒂固，因此让妻子倒水就显得顺理成章。

等到我和妹妹们长大些，父亲就开始让我们给他跑腿。大约在我9岁以前，我从没质疑过父亲的这个要求，直到有一天，我和父亲都坐在书房里，他突然对我说："拉娜囡囡（这是父亲对我的爱称），去鞋柜里把我的黑色擦鞋盒拿过来！"

我很不耐烦，脑子里冒出的第一个想法是："你自己去拿呀！"当然，我永远不会这样和我父亲顶嘴——你看，我竟然有不能顶嘴的想法，这已经足够让人震惊了。但父亲叫我跑腿这件事还是让我很生气，于是我想出了一个"被动反抗策略"——装傻。我按他的要求进了卧室，打开鞋柜。他要黑色的擦鞋盒，于是我故意拿了棕色的。然后，我笑嘻嘻地把东西拿到父亲面前，对他说："给你，老爸。"他看着我，摇摇头说："这是棕色的，去把黑色那个拿过来。"我只好折回去，拖着脚步走回鞋柜，磨磨蹭蹭地给父亲送去了他要的黑色擦鞋盒。

我经常上演这种无声的反抗，有时我装作没听懂父亲想要什么，有时我给他捎来他并不想要的东西。后来，他就不再叫我帮他跑腿了，这个任务落到了我的妹妹拉莎头上。

我并不想让人觉得我带着怨气生活在这个家里，不是这样的。但当我看着母亲、伯母、婶婶、祖母和其他女性纷纷去迎合她们的丈夫时，我的想法就是："我不要嫁给这种典型的埃及男人！"

那块希贾布

中东地区的女性穿戴不仅反映了她们的时尚品位或虔诚的信仰，更是当下文化与社会潮流的映射。我家族里的一些女性会"蒙面"——她们在外出时会用围巾或头巾遮住头发和脖子。我也曾这样做。我和小妹鲁拉现在已经不再戴头巾了，但母亲和拉莎依然会戴着希贾布。戴上希贾布，女性脸庞以外的地方就被包裹了起来，看不到头发和首饰，眼部神态大为突出；要知道，眼神可是我们女性最具表现力的特征。大多数人认为微笑只跟嘴巴有关，但如果缺了眼神和一个人笑起来时眼周的笑纹，那么这个微笑就是不走心的，甚至可能是虚情假意的。我母亲的姐姐至今戴着尼卡布（将面部遮挡到只露出双眼的面纱）——她把自己从头到脚遮起来，只留下一条窄缝露出眼睛。虽然她全身都被遮住了，但我只要看着她的眼睛，就能知道她那天过得是否舒心。

每年夏天，父母都会带着我们姐妹三人休假一个月。其中两周，我们会回开罗探亲；一周去亚历山大港，那是埃及的第二大城市，我们会在地中海迷人的海滩上嬉戏；我们还会在欧洲待上一周，目的地年年不同，有塞浦路斯、西班牙、比利时、瑞士、法国的尼斯和摩纳哥的蒙特卡洛等。

要说每次欧洲之旅中我最享受的环节，那就是做旅行计划了。父亲花大价钱买了本《不列颠百科全书》，当时这本书卖得不便宜，还附了一册巨大的地图集。每年夏天父亲着手做旅行计划时，我俩就会把地图集在餐桌上摊开，他会握着我的小手，一边指一边教我看不同的城市都在地图上的哪个方位。父亲让我对这个世界产生了好奇心和冒险精神。我没有对"异国异地"的恐惧，有的只是好奇心和开放的心态。我也因此爱上了旅行，现在则成为一名思想开放的世界公民。

我的父母尽管价值观保守，但并没有对我们的所见所闻一一过问。法国南部的海滩上，每个女人都穿着布料极少的比基尼，不少女性甚至没穿上衣。相比之下，我的母亲静静地坐在沙滩上，沙地上铺着一张毯子，人藏在遮阳伞底下，穿着宽松的两件套，把脖子以下的身体部分遮盖住。我们明白,我们坚守的传统可能和别人的不同,但我们并没有与世隔绝。

科威特的夏天异常炎热,好在我们全家人可以去波斯湾边的私人海滩俱乐部避暑,这是专为科威特的埃及侨民开放的。一天之中我最喜欢日落时分,因为那时空气更加清新,微风轻拂水面,吹起涟漪。要是嫌在家做饭太热,我们就会和叔叔一家约在海滩上做家庭烧烤。晚餐后,我们三姐妹和堂兄弟姐妹就立马跑到附近小贩的冰激凌车那儿,吃世界上最好吃的冰激凌。那种冰激凌里面是香草味的,外面是覆盆子味的酥脆外壳。一口咬下去,有奶油的口感,酸味和甜味都恰到好处。在海滩上度过的那些夜晚让我们的生活看起来很是完美。

而我所不知道的是,当时的中东地区正处在另一场战争的边缘。我在11岁的年纪,在乎的自然是11岁的女孩们在意的事。记得七年级结束时,我和我最好的朋友尼斯林、哈南、拉尼娅还有亚丝明一起围坐在校园的野餐桌旁,讨论一道特别难的数学题。我满心期待着秋天返校时,跟好朋友们一起继续探讨那道难题。

我丝毫没有意识到,我们在科威特的生活将发生天翻地覆的变化,再也回不去了。

3 流离失所

　　情感是人类的共同特征。你我出生在不同的国家，有着不同的信仰（也有的人没有信仰），过着不同的生活，但情感是连接你我的共同语言。我们的背景不同，所处方位各异，但我们手里都拿着一块同样的情感调色盘，盘里有喜悦、恐惧、愤怒、厌恶、爱和恨。而我们表露情感的方式却不尽相同，这背后是文化、种族，甚至性别差异在起作用。

　　在有的文化里，情感过于丰富或情感表露不当是要遭到责怪的。例如，有研究发现，在某些亚洲国家，人们在遇到陌生人时倾向于压抑或掩饰自己的情绪，尤其是愤怒或轻蔑等负面情绪。他们认为表露这类情绪无异于自我放纵。研究还发现，放眼全球，女性微笑的次数多于男性，因为女性的社会化设定是取悦。而在女性群体中，年轻女性微笑的次数又远多于年长的女性。英国是个例外：英国男女微笑的次数大致相同。

埃及人可谓全世界最具表现力、情感最丰富的民族之一。在某种程度上，我在情感科学方面的启蒙始于全家人每年暑假回开罗探亲。父母、我们三姐妹，还有二十几个家族成员，一大家子围坐在外祖母的餐桌旁。大家族人数众多、温情十足。每次团聚，桌上都摆着一大盘一大盘的菜，我入迷地看着大家聊天（他们所有人同时在说话），看大家说话时做各种手势，笑起来肆无忌惮，时不时打断彼此，然后加入生动而激烈的交谈或辩论。

回想起来，正是在外祖母家的那些日子启发我开始留意人们情感表达方式背后的文化差异。我是在后来设计软件解读人类情感线索时才发觉这点的，那款软件无论是识别东方人还是西方人、男性还是女性、年轻者还是年长者、情感外露者还是情感含蓄者，都必须准确地解读出他们的情感。

外祖父外祖母住在20世纪50年代建的一栋房子里，外墙呈浅奶黄色，那是一座长方形的混凝土低层建筑。每层楼都有露台，安装了水平方向的金属护栏。起初，这栋房子和附近大多数房子一样，是两层小楼。后来，外祖父外祖母加盖了三层，给他们的成年子女每人建了一层公寓。屋子后院是一座郁郁葱葱的花园，这是外祖母引以为豪的作品，也是她的乐趣所在——要知道，埃及90%以上的国土都是沙漠，外祖母在这样一个沙与尘的世界里竟然造出了一片清新的绿洲，把全家人从夏季37摄氏度以上的高温里解救出来，真是了不起。

外祖母种的植物纷繁多样，各司其职：开花的棕榈树给我们提供珍贵的树荫，葡萄树长出散发香气的葡萄叶，番石榴叶可作药用（它是解决消化问题的传统药材），我心爱的杧果树则结出甘甜的果实供我们大快朵颐。在埃及至少有 10 种杧果，每种都有自己的特点，且都多汁、风味十足（不像美国卖的千篇一律的黄杧，又硬又寡味）。我最喜欢吃的杧果品种在埃及叫 Ewesi，香甜芬芳，外皮微红，果肉柔软、色泽金黄。每年暑假恰逢吃杧果的季节，毫不夸张地说，外祖母花园里的 Ewesi 杧果真是眼看着一只只熟透了，从树上掉下来。

每次乘飞机一到开罗，我们就会直接开车回外祖母家。到家后径直往后门楼梯走，奔向厨房。这时，我们通常会在厨房中央看到外祖母，她戴着头巾，坐在桌边——外祖母哪怕在室内也会戴头巾，以示得体。她可能在处理各种食材，切片、切丁、填馅儿，或者吩咐两名用人帮忙准备一年一度的团圆宴。我们拥抱外祖母时，她本就亲和的脸庞会立马绽放灿烂的笑容。

外祖母家的夏日大餐通常在下午 4 点左右开始。晚饭后，大家说笑打闹着跑到大厅，大厅里的大桌子上铺满了旧报纸，上面堆着从外祖母花园里摘来的百来只杧果。这香气实在太迷人了，像是柑橘和桃子的混合香味，浓郁而甜美。生活中强烈的情感反应有助于人们锁定记忆，这就是为什么几十年后的现在，我不仅能回忆起外祖母做的每一道菜，还能想起食物的香味。在外祖母家，我感受到了浓浓的爱和安全感。

那场入侵

1990 年 7 月底，我们还在外祖母家过暑假。父亲在科威特有工作安排，要先行返程，所以他在开罗陪了我们几天就回了科威特。母亲和我们三姐妹则在外祖母家多待了一周。

8月2日凌晨2点，当所有人都在酣睡时，伊拉克总统萨达姆·侯赛因下令入侵科威特。两天之内，科威特政府垮台，整个国家被伊拉克占领。

我们慌张地挤坐在外祖母的大床上，紧盯着电视画面，看到坦克驶过我们在科威特生活过的地方。听到新闻里报道伊拉克军队挨家挨户突袭民宅、没收人民财产、摧毁住宅，我们害怕极了。母亲试过给父亲打电话，但没联系上，所有通信线路都被伊拉克切断了。此后整整两周，父亲生死未知。母亲不停地安慰我们说，父亲肯定知道怎么照顾好自己。我们深信母亲的话，因为我们都希望父亲安然无恙。大家实际上比当时所表现出来的更加理解母亲。

一家人突遭变故，流离失所，这在我心里激起了从未有过的情感波澜。当时我并没有意识到自己有多愤怒，对未来有多么恐惧、心神不宁。

过去的我永远不可能公开谈论我的恐惧或担忧，我不会对父母倾诉，甚至对亲妹妹也不会说。因为这不是我们家的精神主张。我们家的做事准则是：努力工作，保持专注，尽最大努力实现目标。如果遇到了困难，那么就想方设法克服它。一遇到困难就发泄消极情绪，这在我们家无异于呻吟或抱怨，是不被允许的。相比抱怨，我们家的态度是"一起着手处理问题，然后解决问题"。我们遇事从不往回看，而是锐意进取、迎头向前。作为家里的长女，我认为保持坚强、克制情绪是我的责任。我不想让父亲或妹妹们失望，所以给自己施加了很大的压力。如今回想起来，我意识到我把自己的情感世界贴上了封条。面对科威特发生的变故，我恐惧、焦虑，但我没有直面这些情绪，而是装作它们不存在。

之后一段时间，我曾极度乐观地认为我们最终会回到科威特，重新开始生活，其他任何可能性对我而言都是不可想象的。母亲则更清楚地掌握了现实情况：她每天紧盯着跟科威特有关的新闻报道，眼看着她和父亲辛辛苦苦打拼来的生活在战火中烟消云散。

转眼间，父母双双失去了工作、没了积蓄，我们在科威特的家也没了。不过我们家的状况比大多数在科威特的外籍人士好，因为我们在埃及有一个充满爱的大家族，为我们遮风挡雨。我们搬进了外祖母家的一套空房，随行的还有我们家的菲律宾籍保姆琳达。

外祖父宽慰母亲说伊拉克一定会战败。但他也清楚，这场磨难不会很快结束，我们短时间内是回不去科威特了。于是，外祖父建议母亲开始给我们姐妹找学校读书。这时我意识到，我们以后的生活将大不相同。

当时父亲下落不明，前景未卜，母亲在多年后坦言，她在那段时间非常忧虑。但她把这种情绪隐藏得很好，因为她要做的事情还有很多——新学年转眼就要来了。母亲风风火火地走遍了开罗的顶级私立学校，想要为我们找到一所像阳光学校一样的好学校，既要教学理念先进、学术风格严谨，又要崇尚英式文科教育。最后，有一所学校达到了她的高标准：底比斯国际学校。这所广受尊敬的私立学校在赫利奥波利斯开设了新校区，离我们的住处很近。母亲最后选了这所学校，我想学校奥运会规格的游泳池功不可没，因为这意味着我们三姐妹可以继续练习游泳，保持我们的既有竞争力。

快开学时，我们终于收到了好消息——父亲来电话了。伊拉克入侵期间，他一直藏在公寓里。有人告诉他，外籍人士很快就可以撤离科威特。听到这个消息，全家总算松了一口气。11月初，父亲和几个朋友获准离开科威特。他们一路驱车，途经约旦，穿越沙漠，经历了一趟漫长而危险的旅程，最终回到了开罗。

父亲在回到开罗后开始担任IT（信息技术）顾问。很快，母亲也恢复了工作——科威特国家银行在开罗开设了分行，他们支付给她一部分薪水（比在科威特工作时的月薪少一些），聘请她帮忙维持银行的正常运转。这真是一阵及时雨。

我的新学校底比斯国际学校的学术实力很强，但校风比阳光学校传统得多，而且强调死记硬背。我在校勤奋好学，所以校长推选我当班长，这个角色有点儿像学校维护走廊秩序的监督员。在学校的一些课堂上，学生哪怕只是稍微违反规定，也会招来严厉的惩罚。有一天，我戴着蓝色的发带去了学校，那种蓝色比学校允许戴的蓝色浅几度。老师看到了我，怒气冲冲地走到我的座位前，脸涨得通红，显然气坏了，猛地用尺子打了我的手。她的"攻击"行为让我感到愤怒，但我没吭声，因为这就是这所学校的文化。自那以后，每天上学前，我和母亲都会仔细检查发带是否符合学校要求。

不了解中东地区的人们往往把它看成一个庞大而单调的实体，认为大家穿的衣服一样，吃的食物一样，遵守的习俗和规则也一样。实际情况却和这种印象相去甚远。每个国家都有其独特的个性与文化规范。我在埃及的学校或许在学术上不如科威特的阳光学校理念先进，但埃及的社交氛围比保守的海湾各国领先很多：学校里的青年学生可以约会；比起安静、拘谨的科威特学校，底比斯国际学校可以说喧闹而混乱；学生会跟老师顶嘴；校园里能看到手牵手的男孩女孩，甚至还有抽烟的学生……这些都让我震惊——和我舒适区内的认知太不一样了。

这一切在让我大开眼界的同时，也让我感到不安。

在街坊眼里，我是新来的孩子，我在一个有着不同文化习俗的国家长大。我才12岁就跳了两次级（分别跳过了一年级和八年级），比班上同学都小两岁。还有，父母不准我约会。因此种种，我注定融入不了学校的社交场合。这让我感觉和同学越发疏远，但同时我又对这个新环境很着迷，我对错综复杂的男女关系产生了浓厚的兴趣，于是我开始观察、研究我的同学们。

我开始观察班上男孩女孩的表情，看着他们在课堂上暗送秋波，观察他们课后的活动。渐渐地，我很清楚班上谁喜欢谁，或者谁和谁快分手了——我通常在当事人自己意识到之前就能看出来。

举个例子，拉什达是我们班的一个漂亮女孩，她有着黑黑的眼睛，长长的鬈发；穆赫塔尔是我们班的理科天才。他俩约会时，拉什达的眼神不停地瞥向身材健硕的帅小伙穆罕默德。而穆罕默德也会回头看她，然后迅速挪开视线。我发现这情况后没几天，就看见拉什达和穆罕默德手牵着手了，而穆赫塔尔只能在一边凄凉地看着他的前女友跟新欢亲昵。你看，我有一项不可思议的本领，我可以说中姻缘。后来，我信心更足了，就开始帮朋友们预测他们的未来恋情。"噢，他迷上你了。""当心！他的眼神飘忽不定的。"不久，我就成了班上的"爱情顾问"。

我交了一些朋友，但仍然感到孤独。我有点儿不适应，不光因为我不能像别人一样去约会，还因为我跟大多数同学不一样：我喜欢去学校，也喜欢学习。这真的是我和同班同学很大的不同之处。我从不抱怨要做家庭作业，相反，我很期待做作业！全家人都入睡后，我还会熬夜解数学题、阅读、思考，餐桌上铺满了书。有一天晚上，我望向窗外，发现四周一片漆黑，只有两栋楼外的一户人家有间房亮着灯。我远远地看到一个少年坐在桌前，在灯下全神贯注地看书。他也在学习。他抬起头，我朝他招手，他也向我挥了挥手。我们常常会学习到很晚，然后不约而同地关灯休息。午夜时分，我或者他会带头收工，另一个人则会照做。这几乎就是我撩拨男生的方式。我觉得我恋爱了，我和"男友"每晚在深夜秘密"相会"。我单纯地把这看作一种遥远的恋爱关系——这就是我的第一个男友，虽然他远得触摸不到。

"沙漠风暴行动"后，1991年2月28日，科威特解放，海湾战争正式结束，但战争带来的混乱远未消散。萨达姆的士兵在撤退时，纵火烧了科威特多口油田，给整个地区带来一场环境巨灾，可谓恶毒。大火烧了近一年，滚烫无比、腐臭的石油涌入波斯湾。不久之后，科威特国家银行重新雇用了我的母亲担任全职工作，科威特政府部门也再次聘请父亲回去工作。他俩随后搭乘科威特派出的第一架私人飞机返回科威特。我们姐妹三人则留在了外祖母身边。我们与母亲告别时，她哭了，那是我们遭遇变故之后我第一次看到她哭。

我很害怕，也很担心，不知道未来会怎样。没有母亲在身边守护，我们要如何渡过这场磨难？母亲就是我们心中的磐石，是我们深深依赖的人，全家人正是在母亲的号召之下凝聚在一起的。当然，我们三姐妹留在埃及，身边的人都很善良且能干——外祖父和外祖母对我们很好，在我家做了很多年保姆的琳达也很为我们着想。亲眼看着母亲在一片混乱中登上飞机，这是我心中的痛。但我没哭，而是把这份感受埋在了心里。

我是个压抑自我情绪的高手。和母亲分开后，我表现得好像什么都没发生过一样。但有时我的情绪又会以意想不到的方式表现出来，有时是口头表露，有时是诉诸"武力"。有一次我动了手，把一个校园恶霸揍了一顿！学校里的所有人都惊呆了，因为他们眼中的我一本正经，不会干出这样的事。还有一次，保姆琳达未经我同意就借用了我的卷发器，我发现后非常生气。其实这没什么大不了的，但我气炸了，对着她大吼大叫，把她弄哭了。我感觉很糟糕。我知道，如果母亲看到我的行为，她会生我的气，因为这些行为在我家是不可接受的。我自己也不明白当时我为什么会那样发脾气，但现在我知道了，我那是在释放情绪。

科威特的那场变故让我们一夜之间没了家，也以一种我不怎么喜欢的方式改变了我的生活。但它让我变得更坚强了，我更坚定地要在人群中出类拔萃，展现我的抱负和实力。我一定不会在新学校的一张张陌生面孔中被湮没。我想在人群中脱颖而出，做出成绩。战争彻底搅乱了我们的生活，我在学校里就像个无趣的局外人……这都是我无法改变的事实。所以，我只专注于自己能控制的事，我把所有精力用在了学业上。这也成了我一辈子遵循的模式，是我茫然失措时的一种应对方式。我把自己埋在了书海里。我不断鞭策自己追求成功，那一学年末，我成功地在班上名列前茅。

晚春时节，学期结束，我们飞到了科威特和父母团聚。这是我和妹妹们第一次在没有父母陪伴的情况下搭飞机出行。那年鲁拉才3岁，我和拉莎让她坐在我俩之间的位置。我内心其实很害怕，但我不会表现出来，而是使出浑身解数让妹妹们觉得一路上很好玩儿。下了飞机，看到父母朝我们微笑、招手，母亲奔跑过来拥抱我们，这时我才松了一口气，如释重负。

父母搬进了新公寓，之前的公寓已经被伊拉克军队洗劫一空。父母打算把我们三姐妹接回科威特，但当时油井还在不停地燃烧，空气中满是煤烟，黑漆漆的，分不清白天黑夜。有一次，我和妹妹们壮起胆子到附近的操场玩儿，结果回到家时满身都是黑灰。我至今记得石油燃烧的恶臭，还有嘴巴里煤烟的苦味。我们的指甲缝里、头发里全是灰，得使劲洗刷才能洗干净。

科威特对父母来说是最后一根救命稻草。不过，不久之后我们就永远离开了科威特，搬回了埃及。新学年开始，我们三姐妹又被送去和外祖父外祖母一起住，父母则开始找工作养家。

后来，父亲在阿拉伯联合酋长国政府谋得一个职位，薪水和社会地位跟他在科威特的工作相似，母亲则受聘为当地一所学校的计算机科学老师。就这样，我们一家人搬到了阿布扎比生活。

4　邻居会怎么想？

埃及的高中生在高二过后的那个夏天就开始准备大学入学的申请了。我跳了两次级，所以我在申请大学时才 13 岁。

乖巧的埃及女孩不会离开家人单独住，哪怕住在全是女生的大学宿舍也不行。这也就意味着我只能申请开罗的学校，然后和外祖父外祖母住在一起。至于大学专业，父母给我们姐妹框定了选择范围：计算机科学、医学或工程学。

我一直对人感兴趣，在科学方面的功课也不错，还想做些举足轻重的事。所以，我最初的打算是去读医学预科，成为一名医生，毕竟，有什么比拯救生命还重要的呢？不过，我对计算机科学的前景同样很感兴趣。我这样一个"善于交际的人"做出这个选择看似有些奇怪，但科技于我而言一直是更多地与人相关的，而不是冷冰冰的机器。这也许得益于我童年玩电子游戏的经历，那是我们三姐妹加深彼此之间的联结的方式。我坚信计算机科学是未来的趋势，后来我也发现自己更多地考虑朝这个方向发展。

我在学校一直拿全优，所以我申请了开罗两所顶尖的学校——开罗美国大学和一所学费更低、口碑出众的公立大学。那所公立大学是典型的中东院校：教授大多是阿拉伯人，用阿拉伯语授课，医学预科生只需修科学课程。开罗美国大学的风格则更像我熟悉的英式院校：教授有一半是美国人，用英语授课，课程设置是传统的文科，理科专业学生也要修习文科类课程。

我小时候的生活围绕着我的伊斯兰教信仰展开。全家人常在周五，也就是聚礼日那天下午去清真寺做祷告。刚成年后的一段时间，我常会在工作间隙找个安静的地方，铺开祈祷毯做祷告，每天五次，分别是晨礼、晌礼、脯礼、昏礼和宵礼。遇到择校这类艰难而重大的选择时，我也常常做祷告，现在还会这么做。伊斯兰教有种特别的祷告，我们叫它 *Salat-l-istikhara*，做这种祷告，意味着你有拿不定主意的事，祈求安拉指引你去往正确的方向。祈祷词的粗略翻译是："安拉，您知道怎样选择对我最好，求您带我走向那条路吧！"

我想我应该没有收到过安拉给的确切征兆，指引我该怎么做。但每次念完祈祷词，我都感到一阵轻松，然后便宽心了，相信事情会按照它注定的方式发生，一切都会顺利的，因为事情就是这么发展的。

最终，两所学校都录取了我，但我很快意识到我并没有强烈的愿望成为一名医生。我认为开罗美国大学更适合我，所以我决定去这所学校学习计算机科学。

受海湾战争波及，我们家当时经济还比较困难，父母不仅要支付我的大学学费，还要继续支付两个妹妹的私立学校费用。这是父亲第一次在费用问题上犯难,他觉得我应该去那所费用更低的公立大学——那是他和我母亲的母校。

我们向开罗美国大学申请了助学金,但名额十分有限。这时候,母亲强势地做了决定,她说:"教育是最好的投资。"母亲说,哪怕接下来四年的学费会花光她的薪水,她也要送我去最好的学校。母亲从不吝啬,也向来坚定地给予我支持。她的决心让父亲惊讶,他最终让了步。然后,我得到了开罗美国大学的大额奖学金,父母和我都松了一口气。安拉听到了我的祷告。

15岁时,我成为一名大学生,和外祖父外祖母住在一起。他们热情、善良、通情达理,但他们定的规矩和父母的规矩一样严格:不能参加派对,哪怕是校园派对也不能去;要遵守严格的宵禁;不能把家里的电话号码告诉任何一个男同学;不能约会。我从不质疑这些规矩,因为我知道父母和外祖父外祖母信任我,我珍惜这份信任,永远不会破坏它。

开罗的有钱人很多,他们大多居住在近郊或豪华的封闭式社区里。但城内的贫困人口也不少,大多生活在解放广场周边,这也是当时开罗美国大学主校区所在之地。许多开罗市民,尤其是年轻市民觉得自己看不到出头之日。不光在埃及,放眼整个中东地区,跨越阶层成为中产阶级都可谓难上加难。

从赫利奥波利斯到我们学校,先要开半个小时的车,再短暂地坐一段地铁。地铁车厢里全天都挤满了乘客,高峰期尤其拥挤。

地铁口的广场上,游荡着一群年龄不一的男性。看到我从地铁里走出来——一个15岁的女孩子,还是独自行走——他们会说些性暗示的话,还觉得很合时宜。我会赶紧快步往前走,不跟他们有眼神接触,摆出一张扑克脸。我觉得自己处于弱势低位,心怦怦地跳,好不容易走进学校大门,我才能松一口气。

对解放广场周边的居民来说,开罗美国大学是西方腐败的又一代名词。更让他们恼火的是,一些有钱的学生和教职工竟然开着奔驰、宝马、保时捷等豪车出入校园,这无异于火上浇油。

校园里种了棕榈树,还有几座花园,看上去郁郁葱葱。拥有上百年历史的建筑装有拱形窗户和雕刻精美的天花板,是阿拉伯式建筑的精髓所在。

我在大学主修计算机科学,但也要修习专业之外的课程。"不过,英国文学跟我们专业的贝叶斯网络、CPU(中央处理器)、字节和波特率能有什么关系呢?"我心想。到头来,正是这些课程带我拓宽了视野,让我了解了新的思维方式和世界观。经济学101[①]、组织行为学和市场营销101这些课程则使我深入了解了人们的思维方式和做决策的模式。

我们学校计算机科学专业的男女学生人数大致相同,整个中东地区也都差不多。而让我震惊的是,在美国攻读计算机科学专业和其他所有STEM(科学、技术、工程和数学)专业的学生大多是男生。在中东地区,女性在STEM专业的表现实际上胜过男性,这可能是因为我们女性必须更加努力地证明自己的能力。

家里人不准我约会,甚至禁止我参加学校组织的男女同校音乐会这样的活动,这无疑让我在学校的所有社交场合销声匿迹,而且更加坐实了我的"无趣局外人"的人设。尽管如此,我还是和一些女生

[①] 101是国外大学基础课程的编号。——编者注

建立了亲密的友谊，并成为班里非官方的"知心姐姐"。朋友们向我诉说她们钟情的恋人，或告诉我分手的消息，甚至会和我说她们家的秘密。我是个出色的倾听者，严格保守她们的秘密。但问题在于，这是一种单方面的倾诉——我几乎没有对她们吐露过我的心声。我不愿意和别人分享我的内心想法，因为这让我感到不适（直到现在都是这样）。我的爱情生活一纸空白，没什么好说的。一纸空白！我的确迷恋过学校里的一些男生，但我从来没有对任何人说过这件事。我知道涌起这样的情愫毫无意义，因为我不能有进一步的行动。我接受了父母的观念，也认为恋爱会分散我的精力，背离我上大学的真正目的——获得学位。在这一点上，我从未质疑过父母，因为这就是我们家秉持的原则。

我一如既往地专注于课业。事实证明，我选计算机科学作为专业选对了。我喜欢上专业课，也擅长写代码，或者说"编程"。在非技术人员看来，编程听起来可能只是单调的数字运算，但它也可以是件极具创意的事。源代码（或简称"代码"）代表一张蓝图，它是一系列的指令，向计算机提供信息，帮助它完成某项任务。你在计算机上做的任何操作，包括发送电子邮件、运行计算、播放歌曲、控制家里的恒温器，都需要写一套计算机能够理解的语言并向它发出指令。正如人类语言多种多样，编程语言也有很多种，比如 Java、Python、C++、JavaScript、Ruby on Rails 和 Perl。

所有人类语言都符合基本的语法结构，例如，每个完整的句子都有一个名词和一个动词，我们在说话和写作时都遵循这个规则。一旦掌握了一门语言的结构，你就有了学习其他语言的基础。计算机语言也是如此。一旦你了解了计算机语言的基本结构，只要花时间练习就可以轻松掌握新的计算机语言。编程是一门科学，也是一门艺术，出色的代码得体且高效。好代码讲的故事容易理解。这就好比一张精心绘制的地图，清晰而准确的地图说明可以让你快速而有效地从A点到达B点。用编程行话讲，好代码应该"文档齐全"，别的程序员一看到这串代码就能明白它的用途。写得差的代码看起来就比较复杂，而且写得马虎大意。程序员把这样的代码称为"意大利面代码"，因为它传递的信息就像意大利面条一样缠绕在一起。你有没有过这样的经历？在手机上下载了一个应用程序，却发现它极其耗电，只好把它卸载。这就是代码没写好。任何称职的程序员都知道，创建了一个应用之后，运行它就会让同一平台的其他重要功能无法运行，是不可接受的。还有俗称的"臭虫"应用（有致命错误或缺陷的应用程序），这类应用程序会经常崩溃。

我熬过的夜

我读大学时，笔记本电脑还很稀有，而且价格昂贵。它也不足以支撑我们完成编程工作。因此，计算机科学专业的学生没日没夜地泡在实验室，趴在服务器上。那时还没有"云"的概念。我们常常有团队项目要完成，通常是晚上下课后，约在实验室或哪位成员的家里见面，完成后续任务。团队往往会有男生，如果我进了这样的团队，外祖父外祖母通常就会坚持要见见我的队友们。如果可能，他们还希望团队约在我家完成项目，这样他们就可以监督我。

我花了很多时间练习写代码。我写了一个信号灯系统和一个图形用户界面,这两个项目对我学习编写"文档齐全"的代码十分有用。我在大学的高光时刻要算修习了492号课程,这是一个为期两个学期的项目,要求学生针对创建现实工作场景的一个项目进行研究、设计和方案启动。我的团队有我的挚友阿莉娅和两个名叫穆罕默德的男同学,我们的任务是写一个程序来支持电梯运行。这个任务听起来简单,但电梯实际上是极为复杂的机器,它执行的任务也错综复杂。

理想情况下,你在按下电梯呼叫按钮后,会希望它在几秒内到达你所在的楼层并尽快送你到目的地,最好不要出现不必要的停留或故障(例如电梯卡在楼层之间)。你期待电梯平稳、快速、安全地运行。但如果你生活和工作的地方楼层很多,你就会明白白天的电梯里几乎总是挤满了人,比如早晨大家都赶着去上班,晚饭时间大家都着急赶回家。

我们的团队必须模拟每种可以想象的场景。例如,一位乘客想从5楼上到20楼,而同时另一位乘客想从21楼下到大堂;又如,有乘客想从5楼上到8楼……这些场景该怎么设计呢?我们在编程时还必须考虑"公平",因为电梯外的人还在花时间等电梯。如果这栋楼里的电梯不止一部,那么每部电梯都必须协调同步。

我们花了好几周时间采访大楼管理员、能源公司高管、商户和房屋租户等群体,评估他们的需求,了解他们的意愿。只有在收集全了电梯使用数据,了解清楚建筑所有者的期望之后,我们才能着手建模型、写代码。

有时为了赶进度,团队不得不通宵达旦做项目。白天上完课,我们会在计算机实验室碰头，好多次都从下午 6 点一直工作到凌晨 4 点。尽管工作时间长，但我们都很有干劲，也培养了很深的感情。收工后，我们会回家睡上几个小时，然后回学校上早课，再到实验室集合，又开始熬夜做项目。

日子到了深秋，我们的项目也进入了一个更加紧张的阶段，需要连续熬几个通宵。毕业是在 2 月，这就意味着我们只有不到三个月的时间来完成所有任务。我当时还不会开车，每次在实验室熬完夜，其中一个叫穆罕默德的男孩子就会开车把我们一一送到家。我住的地方比阿莉娅远，所以她比我先下车。

有一天，父亲来城里开会，住在市中心离他的会场不远的一家酒店。我俩都很忙，所以没法儿一起待太长时间，只准备在他住的酒店吃顿午饭。和父亲见面的前一天，我的项目组又熬了个通宵，我凌晨 5 点才回到外祖母家。我实在太累了，衣服都没脱就倒头睡着了。睡了几个小时，闹钟响了，于是我起床洗了个澡，换上干净衣服回学校上课。

虽然这漫长的编程项目让我精疲力竭，但一想到马上就能见到父亲，和他分享我们团队的进展，我就按捺不住兴奋之情。我急切地等着下课。我们当天的计划是父亲先去赫利奥波利斯看望外祖母，然后来学校接我一起去他住的酒店吃午饭。下午 1 点，我快步走到学校停车场，看到了父亲坐在他的红色马自达里等我。我坐到副驾驶座上，满心期待着迎接父亲温暖的问候、拥抱和微笑。但我得到的是冷冰冰的凝视。

"拉娜！"父亲愤怒地用阿拉伯语吼道，"*Mashya 3ala 7al sha3rik!*"（句子里的数字代表英语字母表中并不存在的阿拉伯语发音。）

这句话是对一个乖巧的埃及女孩最深的侮辱。它的意思大致围绕着一个词——"羞耻"。

"邻居看到你凌晨5点从一个男人的车里出来！你觉得这成何体统？"

显然，一位"好心"的邻居看见我父亲回来，向他报告了我的行踪。父亲就是这样，他只看到自己的女儿成为街坊四邻八卦的对象。他明知道我不是去通宵聚会了。但这不重要，重要的是邻居怎么看。我泪流满面地反驳说，通宵赶项目是学校的要求，如果我们不通宵，就会赶不上进度。

"好，如果必须通宵才能完成这个项目，那么你去换专业重新读。"父亲这么说道。

"什么？我该学什么啊？"我一脸震惊地问道，眼泪顺着脸颊不停地流下来。

"拉娜，你可以学会计。我确定学会计的学生不需要熬通宵。"

我慌了！我在班上名列前茅，再过一个学期就可以大学毕业了，而父亲现在却让我放弃这一切，去学我根本不感兴趣的会计。我的生活就这样因为一个爱管闲事的邻居而彻底改变了吗？

那天我们没有一起吃午饭，父亲开车送我回了家。我感到筋疲力尽。接下来的几天里，父亲和母亲、外祖父之间有过多次紧张的谈判；父亲决心挽回我败坏的声誉，母亲和外祖父明白我有多么刻苦，而父亲的决定对我多么不公平。那几天，我如坐针毡。

我倒不觉得父亲真的希望我转去读会计专业。但我知道，邻居说我闲话让父亲感到羞耻，因为这等于在说他没把孩子教好。他其实想保护我避免成为左邻右舍茶余饭后谈论的对象。

最后，父亲让步了：只要我严格遵守晚上 11 点的宵禁，我就可以继续读计算机专业。团队成员们也了解我的情况，每次都在 11 点前准时把我送到家，重新调整他们的日程安排，这样我们就不必通宵了。不管怎样，我们熬过来了。

两个月后，到了所有参赛队伍展示项目的时间，观众是整个计算机科学系的师生，还邀请了嘉宾。我们团队的展示和设计的软件可谓无懈可击。

父亲坐在观众席后排，满脸骄傲。展示结束后，父亲冲到我身边，给了我一个大大的拥抱。我证明了自己！我们之后再也没有谈起那次不愉快。

1998 年 2 月 12 日，那是一个星期四，学校礼堂里人头攒动，300 名戴着黑帽、穿着黑色长袍的毕业生列队走进礼堂。毕业生落座后，副校长向全场宣布："尊敬的校长先生，每年毕业典礼上，我们都会将校长奖杯授予毕业班排名第一的学生。今年获此荣誉的是拉娜·艾曼·埃尔·卡利乌比小姐。"

我的刻苦付出得到了回报。我走上台，校长递给我一座银色大奖杯，奖杯底部的牌子上刻着我的名字，还有历届获奖者的名字。我把奖杯举过头顶向大家展示，我的同班同学在台下鼓起掌来，掌声响亮，经久不息。我有些不好意思。

5 擦出火花

毕业后，我决定申请进入开罗一家火爆的技术型初创公司。

父亲第一次听到我说要去这家公司面试时，毫不掩饰自己的不屑："一家初创公司？拉娜，你是以全年级第一名的成绩毕业的，你值得更好的平台！你真的想去一家名不见经传的计算机公司工作吗？"

随后，他的话让我心里一沉："我陪你去面试。"

诚然，开罗的社会进步程度不如西方，但即使是在开罗，父亲陪着去参加工作面试也是相当奇怪的事情。最终，我们达成了一致：他送我去，在车里等我。

在父母眼里，女儿们只有两条可供选择的职业道路：第一，到大型跨国公司工作，这家公司最好还有个响亮的名字和气派的公司总部；第二，在著名学府获得一份终身教职。相比之下，初创企业岌岌可危，它们能不能撑到下一轮融资都保证不了，更不用说保障员工的生活了。埃及文化从骨子里就讨厌风险，初创企业在这一文化环境之下并不被看好。

但在我的同行看来，ITWorx这家软件初创公司是每个人梦寐以求的职场。因为它为受过良好教育、想要有所作为的技术人士提供了一个难得的机会，让他们既能留在埃及，又能感受千变万化的技术大环境。埃及和中东大部分地区人才流失严重，原因之一就是经济流动性差。我的许多同行如今都不在埃及工作，他们在别的国家为微软、谷歌、IBM（国际商业机器公司）、思科和英特尔等公司效力，这些都是引领计算机革命的先锋企业。

20世纪90年代中期，中东在技术方面还比较落后。那时，微软已是一家市值超过10亿美元的公司，全球操作系统领域唯其马首是瞻；互联网革命如火如荼；以制造硅芯片而闻名的北加州的硅谷已是全球企业家和创新技术的大本营……然而这些精彩大都跟开罗没什么关系。

ITWorx成立于1994年，三位创始人分别是威尔·阿明、尤斯利·赫尔米和艾哈迈德·巴德尔。如今它在中东地区拥有800多名员工，总部大楼是耀眼的玻璃幕墙造型。不过，当年我申请面试时，它还只是一个不起眼的地方，坐落在赫利奥波利斯的一栋不起眼的楼里。ITWorx的氛围和它的初创文化一样，很是轻松：员工不用穿西装、打领带，大家都穿着牛仔裤和T恤。至于办公设施，公司也是精打细算：有几张桌子、几把椅子，还有很多人坐在地上聊天和工作。

面试时，我穿着一件得体的浅蓝色小圆领衬衫、一条蓝色过膝碎花裙、一双低跟鞋，我还带了一本笔记本。我看起来像个年轻的MBA（工商管理学硕士）学生。我是不钟情于嬉皮士风格的。

简单做一番介绍后，面试官示意我坐下来。我笨拙地坐下来，小心翼翼地把裙摆在腿上抻平。往后的一个小时里，我感觉（我相信看起来也是）坐立不安。我端正地坐着，双腿交叉叠在一起，边面试边努力保证裙摆在膝盖以下。我只记得最后我没通过面试，除此之外，我对那次面试并没有太多印象。后来，我接受了开罗美国大学的奖学金去攻读硕士学位，这个决定让父母很是高兴。

那次面试让我对公司其中一位创始人威尔有了一些印象。我记得他没穿鞋，只穿了袜子经过走廊，他看了看我，然后走开了。后来我知道了，他显然记住了我，后来还托我在ITWorx工作的好朋友荷达邀请我去她家吃烧烤。

我的社交生活有了些进展。家里开始允许我参加一些有年长女伴在场的活动，我也正是在这类场合正式认识威尔的。他年纪不大，只有22岁，穿着宽松的牛仔裤和T恤。威尔是一个正在撼动开罗商界的人才，但他很低调，说话轻声细语，还有点儿内向。但他很好打交道，他说他记得在公司面试时见过我。我们在聚会上聊了很多。

我们再次相遇是在学校的招聘会上，ITWorx摆了个展位。我走过去，对他说："你们的展位很棒，不过我还有一些建设性的反馈。"他笑着回答说："那就给我写邮件吧。从来没人给过我们反馈。"

于是，我在深思之后写了一封长长的工作备忘录发给威尔，说明了我眼中ITWorx展位的5种改进方案。我们的网络浪漫由此开始。起初，威尔会给我发邮件，比如他会和我说："我正在读一本有意思的书，讲的是应对难缠之人背后的心理学分析，你读过吗？"之后他会把那本书寄给我。我也会给他推荐书。我不知道哪本书打动了他，不过那年夏天，当我们全家在亚历山大港度假时，威尔给我打了电话，那时我刚拥有第一部手机。

我仰慕威尔。他比我大几岁，聪明又年轻有为，他经营着自己的公司，开着一辆很酷的宝马车，在我这个19岁的青涩女孩眼里，他看起来如此成熟。威尔在阿根廷长大，他的父亲在那里经营着埃及和阿根廷政府联合资助的项目。在他十几岁的时候，他们全家人搬回了开罗生活。威尔也是开罗美国大学毕业的，他毕业的时候年纪比我还小！我一直觉得自己很聪明，这样看来威尔比我更聪明，而且见过更多世面。我很敬佩他。我们不仅在心智上合拍，彼此之间还产生了真正的吸引力。

那之后，我和威尔开始约会，用一种温和的穆斯林的方式约在白天秘密相会。

我们第一次约会（也是我人生的第一次约会）时，威尔请我吃冰激凌。不过我俩之间感到魔法般的吸引力是在第二次约会时才发生的。当时威尔带我去开罗市中心的万豪酒店吃午餐，坐在那儿可以欣赏尼罗河的壮美景观。但我什么景色都没注意到。我和威尔面对面坐着，凝视着对方，其他的一切似乎都自动消失了。我被一种新奇的感觉围绕着——我还没有陷入爱情，爱情是后来发生的事，但我确实迷恋上威尔了。

这一切对我来说太新鲜了，我终于有机会亲身感受和表达青少年时期一直隐藏的情感，这真是让人感到兴奋。怎么说我也已经完成了人生中一些重要的里程碑：我已经大学毕业了，正在攻读硕士学位，而我还不到20岁！我觉得我可以放松一下，增加一些社交生活。

作为一个乖巧的埃及女孩，我最先想到的是把威尔介绍给母亲和妹妹们，但我让她们发誓保密。（因为我知道一旦父亲知道我有男友了，他就会希望立马确定婚礼日期，然后开始张罗租用场地举行婚礼的事儿。可是我和威尔都还没准备好！）我们约在 Chili's Grill and Bar 见面，这是一家以结合美国西南风格和墨西哥风格的美食闻名的美式连锁餐厅，是当时开罗最火的美食打卡地。我们点了大份得州芝士薯条、玉米棒和酥脆的鸡肉玉米饼，母亲和妹妹们边吃边向威尔打听他本人的情况和家庭信息。

威尔成功通过了第一轮测试，获得了母亲和妹妹们的认可。

我俩尽可能地抽出时间见面，有时他会来学校接我，一起吃午餐或早点儿吃晚餐，吃完饭他就会开车送我回家，或者我们会约在大学附近的咖啡馆喝咖啡。

在我们约会了大概一年后，这个优秀的埃及男人向我父亲提了亲。他才23岁，但已经是商界的重要一员，在事业上颇有建树。但父亲不知道该怎么评价他："他拥有自己的公司——嗯，是家初创公司。靠谱吗？如果他第二天就破产了怎么办？你会跟着流落街头的。"

父亲还有一个担忧的问题：他发现威尔相当内向，并且和我一样在约会和恋爱方面几乎没有经验。他担心威尔还没做好成家的准备，还需要更多的生活历练才能走进婚姻。（当然，这种顾虑不适用于女人！）

父亲说在他更多地了解威尔的家庭之前，他无法给予我们祝福。父亲先是和朋友们一起调查了威尔一家的情况，没有得到不好的反馈。后来他又请了一名私家侦探彻查威尔一家。再后来，威尔的父母艾哈迈德和莱拉来到我家位于赫利奥波利斯庄园的公寓与我的父母见面。气氛很严肃,甚至有点儿冷场。我父母上下打量着威尔一家,观察他们的着装和谈吐,了解他们的社交圈子。

突然,家里灰蓝色的电话机响了起来,父亲接了电话。挂掉电话后,父亲笑了,看来私家侦探的调查结果让他很是满意。屋里的紧张气氛骤然消失,我们当场定下了婚期。

我作为局外人扮演"人类情感观察员"的日子正式结束。我爱上了生平约会的第一个男人,爱上了我的初吻对象。威尔后来在多个方面改变了我的生活。

改变一切的那本书

婚礼已在筹划中,不过哪怕是在这个时候,父母也依旧鼓励我继续学业。我已经被开罗美国大学的硕士研究生项目录取,但我拿不定主意选哪个专攻方向。我不想走计算机科学领域的传统职业发展路径,因为我知道自己不甘于一辈子都调试操作系统、发明速度更快的处理器或者设计电子游戏,这不是我想要的生活。我相信人机交互领域有广袤的未知世界可供探索,而且我本能地意识到,计算机可以为人类做的事情比我们当时了解的多得多。我深信计算机的潜力远远没有得到充分挖掘,而我的愿望是创造可以颠覆人类生活的东西。

威尔很理解我为什么纠结。他给我推荐了一本新书,这是我们圈子里当时广受关注的一本书,叫作《情感计算》(*Affective*

Computing），作者是麻省理工学院媒体实验室的副教授罗莎琳德·皮卡德。我没听说过这个实验室，对麻省理工学院也知之甚少，但网上的一篇书评让我对这本书产生了兴趣。作者认为，计算机应该能够解读和配合人类的情感。我心想，一堆硅芯片、玻璃和电线怎么可能读懂人类的思想和感受呢？研究这个又有何必要？

皮卡德教授是业内广受尊敬的工程师。她在加入麻省理工学院媒体实验室之前，一直在贝尔实验室研究人工智能。我想要更多地了解她的观点，于是把这本书买了回来。

乍一看，《情感计算》这本书就像是一位工程师的心血结晶，并且是比较传统的研究成果。但翻开不起眼的封面之后，我发现书里的世界别有洞天：全书不乏激进甚至革命性的主张，作者想要重构技术的角色，重塑人类和技术的关系。

"情感在人类智力、理性决策、社交互动、感知、记忆、学习、创造力和其他方面都十分重要。"皮卡德教授在书中这么写道，"情感是日常生活的必需品。"

人类的想法、行动和人际交往几乎都涉及情感。皮卡德教授写道，如果说人工智能的关键是设计出更加智能的计算机来模拟人类的思考和决策过程，那么计算机就需要武装上逻辑之外的本领。它们需要像人类一样学会解读和处理情感。

书中的一些观点并没有出乎我的意料，比如作者写道，那些擅长"读人心"的人往往情商更高，在日常生活的各方面都更成功。这不难理解，毕竟读懂他人的心思是进行恰当互动的关键所在。而让我大开眼界甚至瞠目结舌的是情感对人类生活的影响，它的影响之广泛让我吃惊。情感远不只会影响人际交往，它几乎渗透了人类的一举一动。

书中还有一个观点震撼了我，那就是情感在促使人们做出正确决定时发挥的重要作用。当时我认为，最佳决策要基于冰冷的、通过推理得出的逻辑，不应受情感左右。而几十年的神经科学研究表明，事实恰恰相反：情感不会阻碍人做决定，相反，情感会优化人的思维过程。

当然，情感过度（例如患有"路怒症"或变得六神无主）是有害的，情感匮乏也是有害的。关于这一点，神经外科医生安东尼奥·达马西奥的研究或许最有力。达马西奥是南加州大学的一名神经科学家，他的研究对象是持续性脑损伤患者，脑损伤阻断了这些患者左脑与右脑之间的连接。（左脑管控人的线性思维、数学能力和逻辑推理，多与智商有关；右脑则管控人脸识别、空间识别和艺术能力，多与情商有关。）

多数情况下，这些患者的认知能力还在，他们依旧有能力读书、做算术、了解事实、分析问题，但他们几乎失去了情商。脑部损伤使得患者的"理性大脑"无法与"情感大脑"相连，这就使得他们无法恰当地处理情感。又因为他们无法有效地梳理自身的情感，所以无论决定大小，他们做决定的能力都变差了。他们在生活中苦苦挣扎：保不住工作，婚姻破裂，投资不慎亏了钱，最终孤身一人，钱财尽失，毫无幸福感可言。

作为一名计算机科学家，我不理解为什么我们明明知道情感在大脑功能中有多重要，却依旧用过时的智力概念给计算机建模。这一严重而基础的计算机设计缺陷不仅会束缚计算机的发展潜力，还会抑制越发依赖计算机的人类的潜力。

皮卡德教授的著作让我很受启发。我们绝对需要制造出能够解读和回应人类情感的计算机。虽然我还不知道怎样才能做到这点，但我知道这很重要。对了，关于硕士论文的研究方向，我拿定主意了。

一切关乎人脸

餐厅里，用餐的客人请服务员仔细介绍一下菜单，女服务员走上前，挤出一个微笑（她的颧肌上抬，但眼睛周围没有笑纹）。邻桌两位男客人等得不耐烦，看了看手表，其中一个生气地看着她（他嘴角上扬，眉毛皱起）。

我觉得女服务员有些可怜。当时我就坐在旁边，一边喝着茶等威尔来吃饭，一边看着餐厅里上演的这部迷你剧。我的硕士研究生生活大部分时间就是这么度过的——研究人们的面孔。

选定研究领域之后，我看待人的方式就不一样了。一张面孔出现在我面前时，我不只看到眼睛、鼻子和嘴巴，我看到的是43块面部肌肉的解剖图。这些肌肉位于表皮之下，牵动着皮下组织。我只要专心致志地研究这些面孔，就能看到一块块肌肉在运动。不同的肌肉运动形成了线条、皱纹、微笑、皱眉这些构成面部表情的基本因素。我感觉它们在我面前清楚得就像设置了慢动作一样。

当时我学了一门在线课程，希望通过认证成为一名面部动作编码系统（FACS）编码员。20世纪70年代，心理学家保罗·艾克曼和华莱士·V.弗里森开发了这套系统，将皮下的面部肌肉对应成不同的描述符。FACS 研究的是肌肉运动——肌肉如何抬升、落下、抽搐、起皱，但它并不将这些面部动作与具体的情感关联起来，只是阐述面部动作的不同机制。

在 FACS 里，每种面部肌肉运动都被称为一个"动作单元"。系统中共有 46 种基础面部动作，展示人们有意识或无意识的面部表情变化，例如抬起眉毛、弯曲嘴唇、收紧眼周。举例说明：4 号动作单元是"皱眉"（意味着要抬起皱眉肌），将眉毛收紧；12 号动作单元叫作"拉动嘴角"（意味着要抬起颧肌），它是微笑的主要动作。如果你在微笑时触碰嘴唇两端，你会发现嘴唇抬升了。

获得 FACS 认证大约需要投入 100 个小时的训练时间。为了通过课程考验，我必须掌握所有的动作单元，并把所学知识应用于实践。课程还设置了家庭作业：观看 80 则有关政界人士和演员的电视采访视频，采访视频必须设置成逐帧慢放，学员要为视频里人物的每个面部动作编码。课程还要求学员在镜子前练习做出各种面部表情，我常常一练就是好几个小时。

艾克曼在 FACS 中并未将面部表情与人类情感关联起来，但他确实运用了这些面部表情来描述人类情感。他在研究中确定了六大基本情感：愤怒、厌恶、恐惧、快乐、悲伤和惊讶（后来增加了"轻蔑"）。他将不同的动作单元结合，以表示上述情感。例如，12 号动作单元 +6 号动作单元 = 快乐，1 号动作单元 +4 号动作单元 +15 号动作单元 = 悲伤，等等。

FACS 肌肉编码本身并不存在争议，这几乎是公认的科学知识。但艾克曼提出的所有面部表情都可以归结为六七种基本情感这个观点存在争议。我在第一次读到这个观点时也很困惑，我不认为这种归纳囊括了人类的所有情感状态。上文提到的那位女服务员，她的微笑不失礼貌，但并不自然。她既不快乐，也没有恐惧或轻蔑的情绪；她有些焦躁，有点儿烦，也略显漫不经心。我认为在艾克曼的六种基本情感之外，还有许多细微的人类情感，比如心烦意乱、好奇、耐心和疑惑。

此外，我们要考虑情感表现出来的程度。如果你告诉我有人"生气了"，我会疑惑：这到底是什么意思？他是狂怒、有些气恼，还是暴跳如雷呢？情感表现的程度需要加以界定。说某人"生气了"，跟说"我把墙刷成了蓝色"是一个道理。听到这话的人会想：是哪种蓝色呢？浅蓝，宝蓝，海军蓝，还是钴蓝？

不同的面部表情也会随着时间的推移获得新的解读。我们大可把面部表情当作语言中的音素或音节。音素和音节要加以组合才能形成词语，然后构成句子。同理，要想真正地理解人的情感和认知状态，你就需要将这些面部表情加以组合，形成情感"词语"和情感"句子"。

我把对FACS的保留意见全都藏在了脑子里。这个系统确实是业内一大成就，因为它捕捉到了一闪而过的信息，提供了一种语言来解读转瞬即逝的面部肌肉运动。如果我要教一台计算机识别人类面部表情（表情是了解人的情感状态的窗口），我就要把每种可以想到的表情拆解成基本的动作要素。这时，我就需要一个工具来将微笑、假笑和皱眉这些表情转化成计算机能处理的信息，即定量数据。那些动作单元成就了这个系统。

FACS训练并不容易：46个面部动作单元可能转瞬即逝，而且都很微妙，它们可以形成上千种组合来表现数百种细微的情感状态。即使是天赋异禀、能解读这些信号的人盯着屏幕看,也经常会错过重要的信息。

我着手写硕士论文时,计算机不光识别不了情感,它纯粹就是一片荒漠。如今你可以轻轻松松地用手机拍下午餐的照片,应用程序就能识别你盘子里的食物,看得懂那是一盘沙拉还是一块三明治,并且精确地计算出营养成分的含量。大家现在享受的这种相当精细而复杂的人工智能是我当年毕业时做梦都想创造的。

当年,计算机视觉还很原始。数码相机不仅笨重,速度还慢,图像是灰色的,模糊不清。你还记得电脑顶部那些又大又笨重的网络摄像头吗?那就是我当年用来做研究的工具。当时人工智能还在起步阶段,连顶级配置的计算机都无法将一张脸、一根法兰克福香肠和一块水果区分开来。

没错,我有一个宏大的愿望,我希望我设计的计算机算法能够回应人类的情感与需求,而现实是我坐在实验室里,盯着当时还对情感一无所知的计算机硬件。就理解人类情感这件事来说,婴儿比电脑擅长得多,因为婴儿起码能辨别"人脸"。可见,要实现我的目标,我要走的路长得很,得从头开始。如果我要成功地让计算机识别、量化和回应人类情感,那么它首先得读懂"人脸"。所以我决定在硕士论文项目中研发一款人脸识别工具,让计算机能够将人脸与其他物体区分开来。为了实现这个目标,我花了整整一年时间。

要教会计算机识别人脸(或教会它识别任何一样有生命或无生命的物体),第一步就是让它浏览各式各样的人脸。这就意味着我要给它输入大量带有人脸的图片,让它见识各种不同的面庞。我不仅要教它看一整张脸,还得将人脸进行分解,让它学会识别人的眼睛、眉毛、额头、嘴唇等部位。如今在网上随便就能找到一大堆图片，要实现我这个目标轻而易举。但当年从网上可以获得的图片少之又少，带有人脸的图片就更少了；谷歌的图片功能还没开发，离优兔（YouTube）、照片墙（Instagram）和脸书问世的时间还早得很。所以我求助了当时全球为数不多的面部数据存储库——CK数据库（Cohn-Kanade Database）。这个数据库由匹兹堡大学的杰夫·科恩博士和卡内基梅隆大学的金出武雄教授联合打造。我写邮件给科恩博士请求他允许我使用数据库里的图片，他大方地答应了。

CK数据库邀请了数百名学生参与建模，因此有丰富的图片资料展示人们在表现艾克曼描述的六大基本情感。我把这些图片下载到计算机上，据此设计了一则算法来识别人脸，并在视频中追踪整个识别过程。我的硕士论文项目是设计一款人脸识别工具和人脸标志识别工具，你可以把它想象成一个虚拟面罩，它能够识别不同面部特征点所在的位置，例如眼睛、嘴巴、鼻子。我写的算法有预测功能，它可以预测面部特征点的新位置：例如，它可以根据嘴唇当前加速度的大小和方向预测外嘴角的新位置。这个算法尤其适用于面部的细微动作和突发的头部动作，这两类动作通常是人们下意识做出的表情。

那年年底，我完成了硕士论文。当我让计算机看一张脸时——你瞧！这张脸周围会显示一个方框。这在当时是很了不起的成果。

在收官阶段，我得把计算机训练得不仅能定位人脸，还能锁定它的面部特征（眼睛、嘴巴、眉毛等），追踪面部活动，进行数据量化，并将面部活动与面部表情关联起来，进而推断出这个人的情绪状态。接着，计算机还得能够识别细微动作的差别（例如皱眉头、嘴唇微微弯曲）。之后，计算机要实时分析它所识别出的表情的含义，区别清楚是淡淡的笑、咧嘴笑，还是轻蔑的假笑。

不管怎么说，这就是研究科学的人走的路：你可能会每天进步一点点，也可能要从不可避免的挫折中学会成长。并非只有天才才能成为科学家，但成为科学家确实需要坚持不懈。

6　一名已婚女性

2000年8月30日，我和威尔在尼罗河畔举行了一场盛大的婚礼。婚礼设在开罗市中心的康拉德酒店，有600多位宾客参加。宾客齐聚在一个巨大的宴会厅内，厅里可见拱形天花板和水晶吊灯，现场有DJ（音响师）、歌手，当然还有不可缺席的肚皮舞者。宴会遵照伊斯兰教习俗，不提供含酒精的饮品。虽然没有美酒助兴，但宴会办得很有意思，宾客兴致很高。

婚礼正式开始时间是晚上8点，不过按照埃及的传统流程，父亲是在晚上11点牵着我的手走向威尔的。要结婚了，我一点儿都不紧张，因为我确信自己找到了灵魂伴侣。相反，我在筹备婚礼时变成了一个难缠的新娘，纠结于各种细节，比如宴会厅的插花好不好看，菜品安排得怎么样，乐队表现得好不好，等等。我想，我骨子里有的地方很像父亲，关键时刻来临的时候，我会担心："宾客会怎么想呢？"

婚礼上，我和威尔伴着歌手仙妮亚·唐恩的歌曲《从今往后》翩翩起舞，我俩欢跳了一整晚。婚礼结束后，我们出发前往巴厘岛的海滨度假村度蜜月。一个月后，我们回到了开罗的家。和威尔的婚姻满足了我对爱情的一切向往：我和威尔既是爱人，也是知心伴侣；我们有着共同的信念和目标；威尔是我的顾问、我的职场导师。婚后，我们依旧像恋爱时一样，讨论各自读的书，探讨行业的最新技术，为我们的将来做打算。我相信威尔的判断，也按照他给我的指引去行动。

我和威尔生于现代，追求进步，各有各的事业，像我们这样一对穆斯林夫妇，可追寻效仿的榜样夫妻并不多。我绝不愿复刻父辈的婚姻，既不希望像母亲伺候父亲一样，也不愿像我的婆婆伺候公公一样去服侍我的丈夫。我们必须找到一种新的婚姻模式，有所突破。我俩在感情里都没什么经验，婚前我从来没有和任何男生约会过，威尔倒是和几个女孩约会过，但都不是正经的恋爱。我们夫妻愿做开路先锋，在全新的中东探索婚姻中男性和女性的全新角色。

史蒂芬·柯维在1989年出版的著作《高效能人士的七个习惯》，给我和威尔留下了深刻印象。柯维在书中建议读者像企业树立宣言那样，写一版个人宣言，所以我俩就起了写一份婚姻宣言的念头。这听起来像是书呆子才会做的事情，不过确实适合我们夫妻俩——我和威尔都擅长分析问题，列清单这件事情也是信手拈来。我们找了个时间坐下来，一一写下了我们的婚姻目标和愿景。

清单里写道："我们希望凝聚家庭、朋友和同事，成为一股积极的力量。"我俩决定迟些要孩子，因为我们热衷于旅行，希望婚后先用几年的时间充分享受生活。如果我想去攻读博士学位，这样的安排也能让我继续学业。

我们努力向身边的人传递积极的能量。我们希望我们的小家能成为亲朋好友愿意前来小聚、交流思想的地方。我们希望自己保持心态开放，既保留穆斯林教育中的精华，又善用现代社会的行事方式。

别看我们写下的婚姻宣言正儿八经，一条条严肃得跟公司宣言一样，我和威尔的感情却深切而浓烈。我们会当众亲吻，这在穆斯林夫妇中极不常见。有一次我们在朋友家吃晚餐，一位朋友问我为什么从来不涂口红（实际上我根本不化妆），另一位朋友说："她干吗要涂口红呢？反正威尔也会把口红亲掉的。"所有人当即大笑。结婚后，我深刻地感受到威尔的爱意和关怀，很长一段时间里，我俩都被称作圈里的完美夫妇。

婚后，我们和公婆住隔壁。每逢周五聚礼日，威尔和公公去清真寺做祷告回来后，我们就会在公婆家吃午餐。我和公婆走得很近，我叫婆婆"莱拉小姨"，叫公公"艾哈迈德大叔"。我真心待公婆，公婆也真心待我，把我当女儿看。我希望他们开心，也许也是出于这个原因，我接下来做了一个重大的决定。

信仰在埃及的作用

新世纪的到来给埃及尤其是埃及的年轻人注入了新的精神风潮，那是一种既传统又保守的精神。一场宗教复兴运动席卷了埃及，领头的是颇具魅力的穆斯林活动家、活跃于电视荧屏的传教士阿穆尔·哈立德。他的观点引发了中东地区年轻人的强烈共鸣。曾有近十年的时间，他主持了中东地区最受欢迎的电视节目之一。

哈立德看起来和那些留着灰胡子、穿着长袍、叫嚣着永世诅咒的人完全不一样。他英俊潇洒,讲话轻声细语,留着修剪整齐的小胡子,穿一身笔挺的西服,言语间传递出他的乐观态度。他在谈话中会深情地提到他的妻子,他认为男人要对女人友善,要理解她们。

虽然哈立德外表看来是个现代派,但他对女性行为得体这件事的看法颇为保守。他鼓励所有女性都戴希贾布,但话从他嘴里讲出来,希贾布就成了对女性的奖赏而不是一种负担。他说:"女人最宝贵的就是自身的得体,而最能体现女性得体的珍贵物件就是希贾布。如果我问你,你最宝贵的东西是什么?你会怎么回答呢?如果你有自己珍视的东西,你会不会小心地看管、保护它呢?"

许多女性因此对希贾布有了新的看法,她们把它看作对自身价值的认可,是一种价值的象征,而不是对女性的束缚。这个观点影响了不少年轻女性,也影响了我。甚至我大学里一些行事、思维都比较前卫的女性朋友,也自豪地戴上了希贾布。

阿穆尔·哈立德的传教理念里,我最欣赏的是他强调的伊斯兰教的核心价值观——努力、尊重、爱和诚实。我问威尔,如果我"戴上头巾",他会怎么看,毕竟,我俩结婚时,我并没有戴希贾布这个宗教习惯。威尔说他完全尊重我的决定。

2000年12月1日,我接受了宗教对女性"得体"的规定,有生以来第一次在公共场合戴上了希贾布。我选了一条橙色和橄榄色混搭的俏皮花色头巾,搭配了一条橄榄色休闲裤,这种搭配是穆斯林时尚风潮的缩影。通常情况下,女性第一次戴希贾布出现在公众面前时,亲朋好友都会祝贺她,好似庆祝她到达了人生中的一座重要里程碑一样。我戴希贾布得到了很多积极的反馈,除了一个人——我在开罗美国大学教书时一起做项目的伙伴,一名思维前卫的现代女性。当我戴着希贾布走进她的办公室时,她很是震惊——甚至可以说有点儿害怕。她并不认可我戴希贾布的这个决定。但6个月后,她也戴上了希贾布。

此后的12年里,我但凡出席公众场合都会戴希贾布。我会把手臂遮住,在男女共同出现的场合,我再也没有穿过泳衣。数年后,我的母亲和两个妹妹也戴上了希贾布。

追赶时尚风潮的年轻女性纷纷戴上希贾布,这引发了人们对希贾布的重新定义——女性会要求希贾布有漂亮的图案和舒服的面料,她们把希贾布融入自己的时尚穿搭。这种希贾布既不是我外祖母戴的那种头巾,也不是姨母戴的尼卡布。

这样的宗教热情持续了大概10年。不出所料,10年后,历史的钟摆又摇往另一个方向。哈立德这颗明星已经陨落,退出了历史舞台。我认识的许多女性之前都支持他,现在也已不戴希贾布了,我也不再戴了。这就好比人们曾经对在婚礼上跳舞这件事嗤之以鼻,现在舞蹈也重新成了婚礼上的潮流。一旦某种宗教活动从自由选择变成了教条和必须做的事,它很快就会失去吸引力。

我明白科学和宗教应该是对立的两极,但我并不认同这个说法。科学和宗教有一个共同点,它们的"信徒"要相信的是世界未来的模样,而不是现实的样子。当然,在科学研究的某个阶段,你必须能提供证据证明自己的观点,否则可能面临风险——失去资金支持,没了学术地位,名声扫地,等等。但在研究的最开始,正是你所相信的东西——你的信念推动着你不断探索前进。

当我开启硕士论文项目时,我是个彻头彻尾的科学"信徒",否则我不可能如此投入项目研究。我有一个愿景,我希望创造更智能的技术,更好地为人类服务,让它更加了解人类及其情感状态,能让我们舒服且自然地进行人机交互。而能帮助我实现这个愿景的技术，在当时大都没有实现。我的研究承担着巨大的风险，这无疑需要信念。

离开家乡

我离造出能识别人类情感的计算机又近了一步，因为已经扫除了一个障碍——我写的算法已经能够做到识别并锁定人脸。但这与我的最终目标——造出一台情感智能计算机，还有很长的距离。我的那台计算机必须做到既能识别人的面部表情、对其进行数据量化，又能将表情与正确的人类情感状态对应起来，还能对人类做出适当的回应。

对我来说，顺理成章的下一步应该是去攻读计算机科学的博士学位，这样我就能继续这项研究。我希望最终能在开罗美国大学获得一份终身教职。

开罗美国大学当时从未聘用过女性计算机科学家担任终身教职。实际上，在大学任何一个院系获得一份终身教职都是难上加难。我如果想打破这一限制，就要跟随前辈的脚步，学那些已经获得终身教职的男老师去欧美国家的顶级学府攻读博士学位。硕士研究生期间，我也是班上的第一名，被公认为天才科学家。还有，我是一名已婚女性。要实现我的目标意味着我要离开埃及去求学。但现实情况比较复杂——威尔不能和我一起离开埃及，因为他要留在开罗管理公司。

如果我是男性，我的配偶毫无疑问会随我去任何地方。但在埃及文化里，我作为一名女性，当时面临的状况极为飘摇不定。埃及的已婚女性是不会在婚后穿越大半个地球去追寻梦想的，这个行为得不到人们的理解与接纳。后来，我在美国和一位女性首席执行官喝咖啡时，她随口提了一嘴，说自己在外打拼，丈夫则待在家带孩子。我听了大为震惊，因为在埃及，这是想都想不到的事。

好在威尔看得长远，他没有阻止我。相反，他鼓励我申读海外高校来验证我的价值。择校时，我首先排除了美国的学校，因为离埃及太远了，我不能经常来回。虽然提出申请的时间较晚，但我还是申请了英国计算机科学系最厉害的、最负盛名的几所学校。这不只是在网上填填表格那么简单，我需要向校方提交完整的研究计划来阐述我想要设计和打造的项目，还要提交精准的研究蓝图说明我打算怎么实施博士研究计划。

我的第一志愿是剑桥大学计算机实验室。两个多世纪前，数学家查尔斯·巴贝奇正是在这里构想出了现代计算机。我申请成为彼得·鲁宾逊教授的研究员。鲁宾逊教授在剑桥大学计算机实验室带领"彩虹小组"开展研究工作，小组的使命是重塑人机交互（HCI），跟我想要打造情感智能计算机系统的目标不谋而合。那些从事人机交互工作的人现在转而设计键盘、触摸屏和声控计算机，使没有技术背景的普通人能够轻松使用计算机。

因为提交申请已经很晚了，说实话，我对当年能申请成功不抱希望。我猜校方可能会建议我第二年再申请。结果，8月初我就收到了鲁宾逊教授的邮件，他祝贺我成功入选了剑桥大学计算机实验室的博士项目。我不仅被全球顶级的计算机研究中心录取了，还获得了全额奖学金。

收到这个喜讯，我理应欣喜若狂，但我反而慌了神。离开学只有不到一个月，留给我考虑的时间不多。我只有几天时间做决定——接受，或者拒绝。

心里有个声音告诉我：你其实非常想留在开罗，待在威尔身边，继续蜜月般的幸福生活。但另一个声音在提醒我：你要明白这次机会多么难得，它对你的未来意义重大。但我还是决定不了，于是我给鲁宾逊博士打了电话，向他介绍了我的情况。我对能够入选博士项目感到十分激动，但我已经成家了，想申请在开罗远程工作。我向他保证我会定期去剑桥实验室推进项目，但希望不用搬到英国。

彼得对我的情况表示理解，但他的回答是"绝对不行"。他希望我像其他博士生一样，全程留在实验室完成研究工作。现在，我终于明白他的坚持是对的。如果我留在开罗远程做研究，很多任务就根本无法完成，而一些深刻影响了我的研究与日后工作的人际关系，我也不可能有机会去维系。

威尔认为这对我来说是千载难逢的好机会，我个人也倾向于去剑桥读博，但我还需要有人肯定地告诉我，我的选择是对的。于是我去找父母商量，毕竟他们从来都把子女教育放在第一位，所以我理所当然地以为他们会鼓励我去剑桥大胆追梦。但就在那个下午，我明白了什么叫生活的真相。

我的母亲在照顾家庭的同时兼顾了职场，并且在她的专业领域被视为开拓者。在我看来，她兼顾工作和家庭，似乎拥有了全世界，她和父亲也是平等的。不过眼见不一定为实。

那天去找父母商量时，我从父亲的角度了解了母亲的真实生活状态，那是我从未见过的一面。虽然母亲在事业上很成功，但这一切在她妻子和母亲的角色面前都要让步。母亲一踏进家门，就得把职场风光抛于脑后，她从没在家谈过工作或者接打过工作电话。聪慧如母亲,却无法在职场上"向前一步",因为父亲希望下午 3 点学校放学时,母亲就已经在家准备好照顾女儿了。

我也从父亲那里了解到,母亲从不"被允许"独自一人出差。如果上司派她去国外拜访客户或去英国参加培训研讨会,只要出差的时间不是我们姐妹的假期,母亲就会推掉那个机会。只有当出差日期和我们的假期重合的时候,母亲才会答应出差,因为那时我们全家其他人会陪她一起出行,顺便度假。我以前怎么没注意到这一点呢?现在想起来,在这些所谓的"度假时光"里,母亲会有几个小时不在我们身边,由父亲带我们四处观光,原来她是去参加培训研讨会了。我从来没想过为什么我们会在那个地方,我也没思考过为什么母亲从来不在家谈论工作。

跟父亲商量的时候,我突然想起了我 6 岁时发生的一件事。有一天,母亲回到家,随身带着她上司给的寻呼机。她的上司担心银行工作出纰漏,希望在下班时间也能联系上母亲。这足以证明母亲的上司很重视她,她也即将获得晋升。但父亲看到后很生气,告诉母亲,不能把寻呼机带回家。第二天,她就把寻呼机带回了银行,上司则把它交给了别人。当时我无法理解为什么父亲那么生气,明明寻呼机在当时是很酷的技术,而且父亲本身喜欢那个新物件啊!这样就讲得通了——在父亲眼里,母亲的职场风光是有前提的,那就是工作不会影响家庭生活或给父亲造成任何困扰。寻呼机的出现,意味着有家庭之外的人占用了母亲的时间,这对父亲来说是无法接受的。我很好奇,当母亲不得不把寻呼机转交给别人,不得不把很多好机会拱手让人的时候,她心里是什么滋味?不过,母亲从没有一句怨言,她把事业心隐藏了起来,接受了自己在家庭中的地位。这就是母亲的生活方式。

我心想：我的命运也会是这样的吗？

父亲和我说："拉娜，你现在已为人妻。这个决定得由你和威尔来做。但你知道我们的态度，我们觉得你不该去英国。"

言下之意就是："你现在归威尔管，我说了不算。"

我一直是个乖巧的女孩，在任何重要决策上从不与父母意见相左。一想到我的决定可能会让他们失望，我就感到很痛苦。不过，父亲说这是我和威尔之间的事。

如果威尔不反对我去英国，我就决定遵从自己的内心：拉娜，如果你不去，你会后悔一辈子的。

我无数次地祷告、哭泣，最终我决定接受邀请去剑桥读博。我很庆幸自己嫁给了威尔，他思维开放，支持我追求自己的梦想。

于是，我订好了2001年9月18日星期二飞往伦敦的机票。

9月11日下午，我和威尔正在客厅休息，看到电视上一则新闻——纽约世贸中心双子塔被两架商用飞机击中后轰然倒塌，华盛顿的五角大楼也遭袭起火。关于这场悲剧的新闻铺天盖地，我们时刻跟紧新闻报道，关注事态发展。这件事就像发生在自家后院一样，看起来离我们如此近。我的直觉告诉我，如此规模的事件必将影响全世界。

然后我的电话响了。

"你现在不能去剑桥，"母亲对我说，"眼看着第三次世界大战就要打起来了。你会成为一个困在西方国家的穆斯林妇女，你会变成活靶子的。"

全家人都劝我打消去剑桥的念头。开罗人认为紧随"9·11"事件的是一场东西方对战。不过，威尔游历过全美，他比我们家的人更了解美国文化，他坚信不会爆发世界大战，而如果我不抓住这次机会去剑桥深造，我就永远没有机会了。而没有博士学位，我就不可能实现梦想进入开罗美国大学教书。

当时的政治氛围让我对剑桥之行充满恐惧，我不知道到那儿之后我会受到怎样的对待。

我离开埃及前的那个周末，家人在我和威尔的公寓给我办了一场告别"派对"。当时气氛很严肃，泪水多过欢笑。大家掩饰不住对我的担忧，他们担心我的安全，也担心我做了错误的决定。我的婆婆看起来很悲伤，她把我拉到一旁，小心翼翼地把一条项链戴在了我脖子上。项链上刻着《古兰经》经文，寓意保我平安。看到婆婆这么担心我，我多少有些不安。

有一位好友提醒我，去剑桥读博可能会毁了我的婚姻。还有朋友担心我远在他乡，孤独成疾。我让他们都别担心。我对我的婚姻充满信心，我认为威尔的想法和我一样，我们都相信时间和距离不会将我们分开。

我身兼数职：科学家／发明家和一个婴儿的母亲。我决心在这两方面都做到最好。

第二部分
科学家与"读心器"

7　陌生国度的陌生人

该出发去伦敦了。我和威尔一早就坐上了去机场的车，我心里五味杂陈。我一边满心期待着踏上一场冒险之旅，把打造情感智能计算机这个愿景变成现实，一边又感到恐惧和不安，不知道前路如何。我一个人住在剑桥，生活会是什么样的呢？我会不会是校园里唯一的穆斯林？不过占上风的还是怀疑情绪：我真的有能力胜任吗？有必要去剑桥走这一趟吗？作为乖巧守礼的埃及女性，我会不会不小心越界了？

我决意朝前走，但心里并非没有顾虑。去剑桥就意味着威尔和我在接下来的三年里不能常见面了。这次他去剑桥待不了太久，把我安顿下来，他就要回国。一想到我俩要分开，我就开始想家了。

虽然脖子上戴着婆婆给的平安符，但我自己很焦虑，再加上家人和朋友不断提醒我穆斯林女性在英国可能遇到的危险，总之，我整趟航程不太愉快。五个半小时的飞行后，我们坐上了去剑桥的车，车走的大都是不起眼的高速公路。窗外灰蒙蒙的，四处一派工业景象。我们在剑桥市中心下了车。我和威尔提着两个行李箱往康河边的一家旅馆走，途中经过了一条古朴的鹅卵石小道。我们又累又饿，出门找吃的时，偶然发现了一家简朴的日本拉面馆。后来威尔再来剑桥，我们就成了这家面馆的常客。

剑桥大学是英国两所享誉全球的高等学府之一，另外一所是牛津大学。剑桥大学实行学院制，全校18 000多名学生分布在31所不同的学院。剑桥的校园很大，学院各自独立、各有特色，且分布在不同的社区。学院就是每个学生的家，生活起居和社交活动统统在学院进行。

新生入校，必须加入31所学院中的一所。我刚来，面对这套学院体系一脸茫然。精明的学生可能会抓住机会，加入古老而颇具盛名的学院，比如国王学院、三一学院（艾萨克·牛顿爵士就是这个学院的校友）、圣约翰学院等。我的选择标准极其简单——我只去全是女生的学院。

剑桥大学的学院几乎都是男女同校，也就是说男女生住在同一屋檐下。我的成长背景让我无法接受年轻的男女在宿舍如此近的环境里挨着住。在中东地区，没有亲属关系的男女以及未婚男女要严格遵守人际交往的准则——不能挨着住，也不能随意产生肢体接触。

那时，我绝不可能拥抱一个不是我家庭成员的男性或者轻吻他的脸颊以示友好。而在西方，我发现大家一见面就又亲又抱地打招呼。我至今都记得一位男同学第一次和我打招呼时的场景，他只是轻轻地虚抱了我一下（他跟谁都是那么打招呼的）。虽然我当时没表现出来，但我真的被他吓坏了。回到宿舍，我整个人都在发抖，关上门大哭了一场。作为一个乖巧、有信仰的埃及女孩，一边是一个努力适应新环境的我，另一边是追求独立的我，我在平衡这两个身份时很是吃力。

总之，最终我选择了纽纳姆学院，这是剑桥仅有的三所女子学院之一。和我了解的一样，纽纳姆学院有着悠久的历史，它一直活跃在为女性提供高等教育的最前沿。结果证明我和这所学院十分投缘。

1209年，两名牛津大学前学生创建了剑桥大学，和当时其他知名学府一样，它只招收男生。六个半世纪后的1869年，剑桥才有了第一所女子学院——格顿学院。两年后，纽纳姆学院成立，为想在剑桥求学、心怀求知欲的女生提供安全住所，学院活动在当时被称作"为女性而设的讲座"。这两所女子学院直到1948年才真正为女学生颁发学位。老实说，我很惭愧在入校前没听说过纽纳姆学院的杰出校友们，其中有著名化学家和晶体学家罗莎琳德·富兰克林，尽管在1962年，詹姆斯·沃森、弗朗西斯·克里克和莫里斯·威尔金斯三人因有关DNA（脱氧核糖核酸）的重大发现获得了诺贝尔奖，但富兰克林女士在他们之前为发现DNA结构做出了重要贡献。不出所料！有一栋研究生宿舍就以富兰克林女士的名字命名。学院的其他著名校友还有珍·古道尔（动物行为学家）和西尔维娅·普拉斯（诗人、作家）。

纽纳姆学院离剑桥市中心比其他学院都要远。校园里空气清新，大约17英亩①的青草坪铺满了校园，很是壮观，学生们会在草地上悠闲地散步。校园里还有精心打理的英式花园，每年4月，生机盎然。

---

① 1英亩约为4 046.86平方米。——编者注

纽纳姆学院满足了我对一所英式学院的所有想象：学院建筑采用安妮女王风格（山墙、白窗、尖顶和凸窗，构成了精美的红砖建筑）。不过学院的最大特色要数学院官网的自我宣传："一座座大厅优雅矗立，大厅通过走廊相连，环绕学院的各个花园……全欧洲第二长的走廊。"这种建筑布局让学生们足不出户就可以在主建筑之间穿行。你想想剑桥的冬天有多阴冷，就知道这所学院多有吸引力了（这是一所既充盈头脑，又对你的头发照护周全的学院）。

我和威尔第一次走进纽纳姆学院时，就被它的静美气质震撼了。我申请住在全是女性的研究生宿舍，分到了一间房。签宿舍协议时，我和宿管说我结婚了，丈夫有时会到学院来看我，在这儿过夜。

这位宿舍"最高权力者"严肃地看了我一眼，摇摇头说："这是不可能的。学院对男性有严格的宵禁，不管已婚未婚。你的丈夫必须在晚上11点前离开宿舍。"

对来访的学生家属实行宵禁！恐怕连我父亲都会认为这是个极端的做法。显然，如果住在学校宿舍，那么每次威尔来看我，我们都不能住宿舍，必须出去住旅馆。因为威尔不是每天都会来学校，所以我也无权申请夫妻宿舍，也就是说，我必须迅速换住所。那个年代还没有智能手机和平板电脑，自然没机会呼叫Siri（苹果智能语音助手）和Cortana（微软人工智能助理）在几秒之内就列出周边可供租住的公寓。

在那个年代，如果登录不了一台带有调制解调器的老式电脑，就别想上网。那时也根本没有热点的概念，不能用手提电脑联网登录。有什么呢？有网吧，成排的计算机摆放在像阁楼一样的空间里。上网的费用按"网上冲浪"时长来算（现在世界上有些地方还有网吧）。

我们在学院附近找到一家挤满了学生的网吧,在后排找到一台可用的电脑,坐了下来。那时还没有谷歌,我们用的是雅虎搜索引擎。当我在搜索框里输入"租住剑桥公寓"时,搜索结果显示的几乎都是美国马萨诸塞州坎布里奇市的公寓。[1] 我越搜越不耐烦。

"雅虎难道不知道真正的剑桥在这儿,在英国吗?"我愤愤不平地问威尔。

"对,它不知道,"威尔回道,"计算机确实不清楚你的方位。"

对,它当然不清楚,因为我面前这台机器是个情感白痴,它当然不知道我对它提供的搜索结果有多么失望。不然的话,它就该从我的表情里知道,它给了我错误的信息。

我们好不容易找到了一间在二楼的公寓,骑车 25 分钟能到剑桥大学计算机实验室。我们马上联系房东看房。屋子里没有家具,是一个带卧室、客厅、卫生间和厨房的大开间——挺好,能满足我的需求。我们当场签了租赁协议,我和威尔在剑桥的一家经济型家具店买了些家具,一下午就把公寓布置好了。

威尔把我安顿好了,准备动身回开罗。一阵失落感迎面袭来。我们形影不离的新婚第一年终究是结束了,接下来三年左右,我俩每次见面顶多能在一起待一两周。威尔离开的那天晚上,我独自一人坐在剑桥的公寓里,一个突然间萌生的想法让我害怕。

安拉给我最严峻的考验就是把我和威尔分开。我祈祷我的丈夫平安,祈祷我们的婚姻不因距离而受到影响。我一遍遍地背诵《古兰经》里的一条经文,它的意思是:"安拉,请不要用我无法掌控的事

---

[1] 剑桥和坎布里奇的英文名同为 Cambridge。——编者注

来考验我；我请求你的宽恕和同情。"

不过，我不准自己坐在那儿无所事事，闷闷不乐。第二天早上，我就恢复了工作状态。我不愿为自己感到难过或沉迷于孤独，这就是父母从小教育我的应对方式。我还有工作要完成，我已经准备好为了实现目标付出一切。不过，适应在剑桥的新生活还是花了一段时间的。

一夜之间，我告别了埃及的生活。那儿有杧果色的墙壁、蔚蓝的天空和灿烂的阳光，而剑桥的生活有的是单调的地毯、米色的墙壁和米黄色/棕褐色的沙发。我的生活里没有电视机、收音机或CD（激光唱盘）播放器；早上出门，大多数时候抬头看到的都是潮湿的、灰蒙蒙的天空。

新落成的计算机实验室的一切设计都围绕"高效"展开，干净整洁、空间宽敞，墙壁光秃秃的，采光和照明很好，有不少金属和玻璃元素。我的办公室也很朴素——一张桌子、一把椅子，墙上没有任何装饰，桌上甚至没有全家福或我跟威尔的合照。我在工作场所传递的信息非常明确：一进来就意味着我进入了工作模式，不受任何个人情绪打扰。

独自生活在剑桥的我每天都会意识到之前自己被照顾得多么好。跟外祖父外祖母住在一起时，家里总有人负责打扫卫生和洗衣服。结婚后，我和威尔也请了管家每天来打扫公寓。在埃及请用人花费不高，这对中上层阶级来说很普遍，新婚夫妻也承担得起。当时我和威尔签下剑桥这套公寓时，我问房东的第一个问题就是："谁负责打扫房间呢？"他说："你打扫啊。"这着实吓了我一跳。

我只好撸起袖子学着自己打扫厨房。结束工作后，我会把脏衣服送去最近的洗衣房，每周送洗两次。洗衣房离住处有好几个街区远，洗衣机工作的时候,我就在那儿看书,看的通常是讲面部表情和人类情感的教科书。自己送洗衣物这件事,我适应了好长一段时间,随着天气越来越冷,风越刮越大,这件事逐渐变得困难。这跟我在开罗的生活太不一样了——在家里,这种小事都有人打理,我一回头,这些事就有人帮我做好了,好像施了魔法一样。

在剑桥的生活比在埃及难多了,残酷多了。我四周一个帮忙的人也没有,母亲、妹妹、婆婆、朋友都不在身边。不过,我把适应新环境当作一个挑战,这是生活教会我的一门课程,它教我如何变得独立,如何靠自己的力量解决问题。

不管是在剑桥校园里还是在实验室,我都不想太过引人注目,所以我决定不戴希贾布。但我还是想在室内或者有非亲属关系的男士在场的时候保持得体,遮住头发,于是我决定戴帽子。我买了几顶米色和棕色的软呢帽,但我戴得最多的还是一顶紫粉条纹的软呢帽,窄窄的帽檐能盖住我的前额。我明明说不想惹人注目,却选了这样一顶帽子,多少有些奇怪。我在室内戴着那顶帽子,看起来肯定很奇怪,但彬彬有礼的英国朋友从没对我的帽子指指点点。进实验室三个月后,我心里的安全感足了,于是戴回了希贾布——也没有人说什么。

康河穿剑桥城而过,我的住处在康河的另一边。我想象中的剑桥是座城市,但它实际上更像乡村。以前生活在开罗,习惯了城市里的钢筋水泥和地铁线路,剑桥对我来说就是乡村。天气好的时候,我会沿着康河散步,看着船只划水面而过,呼吸着清新的空气,享受宝贵的宁静。

几个月后,有天晚上我在河边散步,突然下起了雪。我在电影里见过雪,在书里读到过雪,但我没亲眼看见过,不知道下雪是什么样的。我被那场雪迷住了。我当然不喜欢冷天，但那晚我在室外待了很久，一直待到我全身覆满了白雪。

关于我的论文导师、剑桥大学终身教授、剑桥大学计算机实验室的副主任彼得·鲁宾逊教授，我们已经通过多次邮件，也打过几次电话了，但还没有见过面。坊间流传着一些有关导师们的骇人故事，听说导师不把博士生当人看，会窃取学生的研究成果，还使劲打压学生，不让他们取得研究进展。听了这些传闻，我一直对见导师这件事感到紧张不安。

第一次去实验室前，我像往常一样挑好了初次见面穿的衣服。我穿上了我的"实验室制服"：一条米色休闲裤、一件蓝色上衣，还有"那顶帽子"。那是个阳光明媚的日子，我骑了大约1英里路，从住处到了实验室。

到了学校，我径直骑到车棚停车。一位穿着卡其裤、蓝色毛衣的男士随后把他的自行车停在了我的车旁。那是一辆有些旧的自行车，看得出岁月的痕迹，车前挂着一个古朴的柳条筐，里面装满了书。他伸出手对我说："你好，拉娜，我是彼得。"

我顿时不知道该怎么回应了。全球顶尖的计算机科学家竟然如此谦逊，如此友善，最让我这个中东女孩吃惊的是，他竟然让我叫他"彼得"。在埃及，拥有像彼得这样的身份和地位的人，一般都会开着奔驰车进校园，有最佳停车位，而我则得恭恭敬敬问好才是。但在剑桥丝毫没有这种高低尊卑的观念，至少我的同事们都没有这样的想法。我后来发觉彼得真的在平等地对待每一个人，这正是我欣赏的英国和埃及的文化差异。

事实证明，我对彼得的最初印象果然没错。在剑桥的那些年里，他全力支持学生，低调谦逊，从不吝啬给予学生肯定，而他也不负众望，是他所带领的博士生们最坚定的啦啦队队长。

当时我依旧相信自己是个乖巧的埃及女孩，我希望得到所有人的认可。但我头一次在我的博士项目上遇到了真正的质疑，尤其是质疑我的是一群非常聪明而且经验丰富的计算机科学家。他们告诉我，目前的技术远远不够成熟，不足以支撑我完成我的博士项目。如果他们说的是真的，那我的职业生涯就一眼看到头了。

他们的担忧不无道理。从我完成硕士论文以来，技术的进步并不明显：当时的数码相机很大，像个箱子，运转速度很慢；计算机视觉领域的研究刚刚起步；对我的博士研究意义重大的那些人工智能工具（机器学习和深度学习）发展得还不成熟。好几位同行提醒我，我是在浪费时间，他们建议我换成一个能在三年内完成的项目。言下之意是：我再固执己见，就可能没办法博士毕业了。

想到这个项目可能行不通，我开始担心，但这并不会让我停下脚步。我研究这个项目并不只是想要获得博士学位，这是我深信会实现的未来。我坚信，追随这个目标、潜心研究，会彻底改变我的生活。科学家在开拓新领域的道路上常常会遇到逆风，但你不能因为逆风而停下脚步，当然也不能对它视而不见。

鉴于我的研究项目比较复杂，我意识到在推进工作时要特别注意策略。我想制造的这个面部解读器（我个人叫它"读心器"）将需要实验室不同领域多位专家的投入，我需要他们的支持。大家的质疑让我脸皮更厚，说话更讲究技巧，而这绝对是实现目标的两项必备技能。

在剑桥，我要努力获得支持的其中一位专家是戴维·麦凯爵士。

他是卡文迪许实验室的负责人，也是 Dasher 的发明者：Dasher 是一款无键盘的计算机追踪系统，它旨在帮助有严重残疾的人（如大脑性瘫痪患者）通过眼球运动、头部运动甚至呼吸来实现与计算机的交互。这项研究与我的项目高度相关，因为头部姿势和眼球运动是情感表达的关键因素。另一位是著名科学家安德鲁·布莱克。他是计算机视觉和机器学习领域的大师，也是微软研究院的剑桥实验室负责人，后来他成为我的博士项目的联合顾问。布莱克博士是微软的 Xbox（微软第一代游戏机）团队负责人，而他所研究的计算机视觉（指的是计算机"看到"人的面孔并锁定个人特征和细微面部表情变化的能力）是我开展研究工作的基础。

庆幸的是，彼得对我的项目很感兴趣——因为我们实验室没有其他人在做类似的研究——但他对这个项目并不十分热衷。好在彼得的思想和心态都很开放，这也是我能继续这项研究的原因。

我意识到，我讲的有关情感智能计算机的故事并没能引起人们的共鸣。既然很多同行都质疑我选择的研究项目，那我就应该更好地向他们解释我为什么必须做这个项目，以及为什么我愿意花三年的时间来研究它。我必须加倍努力说服他们，突破我研究道路上的障碍。

计算机、威尔和我

我和威尔习惯隔着屏幕交流。我们订婚的时候，每晚都会通邮件或者"老土"地发短信聊天，我们可能是世界上第一批网恋的人。很多情侣都会为他们的初次见面或初吻设置纪念日，我们不一样，我们庆祝的是第1 000封邮件往来的纪念日。这是我们还在约会阶段达成的成就。(威尔安排了一场浪漫的尼罗河日落巡游,给我送上了这个惊喜。)当然,除了发邮件、传短信,我们恋爱时还经常见面。不过我觉得哪怕我远在英国,我们也应该要能通过网络来分享彼此的感受和经历。

现在看来,我的生活确实就是由计算机屏幕串联的:我在家用笔记本电脑,回到实验室有台式电脑。午餐时间,我会端着盘子和博士生同学们一起用餐。但到了晚上,我通常是最后离开实验室的人。我是实验室为数不多的女性,还选了一个很多人认为实现不了的博士项目,我因此感受到巨大的压力。我要证明我自己。

威尔离开剑桥几周后,我突然发觉自己接下来三年都会很孤独。当时我正一个人在电脑前吃饭、做研究、写笔记,这让我感觉很是忧伤。打长途电话很贵,所以我和威尔会在晚上用即时聊天软件ICQ(软件运行时,计算机屏幕一侧会弹出聊天窗口)互道晚安。

威尔下班之后就会上线。

威尔:你今天怎么样?

我(输入中):我挺好。

实际上,我今天过得很惨。

威尔:今天工作进展怎么样?

我:很不错,我正在查资料,准备下周召集小组成员,向他们介绍我的项目。我快等不及了!你今天怎么样?

实际上，我不觉得实验室有谁看好我的项目，我根本不知道下周展示的时候要说什么。

威尔：今天开了几场会，都挺顺利的。我猜你现在忙得很，该放你去忙了。明天再聊。

我：好的！

打完最后两个字，我哭了。计算机屏幕映出我的影子，我的眼泪止不住地流下来。他怎么什么都没感觉到呢？我只能用键盘打字描述我的感受，威尔接收的信息和我的实际情况根本不一样。我其实是在向威尔寻求帮助。但如果他连我的真实感受是什么都不知道，他怎么帮我呢？

计算机是我和威尔交流的主要媒介，但我的真实情感和每秒都在变化的情绪就这么在网络世界消失不见了。威尔看不到我脑子里的想法，听不到我在自言自语。同样，我也根本不知道威尔在想什么。

科学家都讲究"顿悟时刻""觉醒时刻"，说的是突然有一个契机解开了一个复杂的谜题。对我来说，和威尔的那些隔屏对话就是其中一个"顿悟时刻"。我意识到计算机正在迅速改变人们的交流方式。当然，我们依旧把它当作好用的工具来解决实际问题（比如查找公寓、查看天气或给同事发信息），但它更迅速地成为人们沟通的主要方式。我们如今面临的挑战不再是人机交互，而是人与人的交互。计算机正迅速成为人与人互动的媒介。就像你能在我跟威尔的聊天经历里看到的：计算机这个"情感白痴"在人际交互这项任务中惨败。

虽说我的计算机和我在某种程度上形影不离，但我们之间有裂痕——计算机根本不知道我是谁，它把我当作一个普通用户；它也不明白我有什么感受，不知道它哪里让我觉得满意；它更不了解我今天过得好不好，我是在微笑还是皱眉，我感到开心还是愤怒，我对自己的项目兴致满满还是感到无聊至极。计算机不管我的心情如何，也不管和我交流的对方心情如何，它只是一遍又一遍地传输数据。但这样的数据经不起推敲，更毫无个性。

我和威尔之间的那一封封邮件在计算机屏幕上只是空洞的文字。我的丈夫丝毫不知道我多么想念他，他也不了解两地分离对我来说是多大的折磨。同样，我也无法得知他一个人留在开罗是什么心情。他很开心我去追求梦想了吗？还是在开心的表象之下，对我不在身边这件事感到失落？计算机看似能全天候不间歇地传送信息，但这只是一种人与人成功建立连接的错觉。我越来越意识到：缺失了情感的交流并非真正的交流。

8　对着墙说话的疯狂科学家

我进入了科学家创新周期的尴尬期，也叫潜伏期，那就是——"疯狂科学家"时期。我在脑子里已经把"读心器"3.0版本开发出来了，它能完美地解读人类的情绪状态。于是，就在这个10月的早晨，在我面对全实验室进行首次正式项目展示的时候，我的"读心器"3.0版本会成为我的项目的有力佐证。

我心想：嘿，拉娜，你有点儿着急了。再过一遍你的演讲内容。

这台机器反应非常灵敏。我一走进办公室，它就会调暗灯光，没有任何延迟。然后它会播放舒缓的水疗音乐，带领我做五分钟冥想练习，帮助我集中注意力。之后，善解人意的社交机器人就会给我递来一杯美味的埃及红茶。

我心想：好了，拉娜，快回到现实。

现实情况是，"读心器"1.0版本的草图都还没画出来。论情感智能这项本领，计算机和门把手的社交能力相当。梦想只是个梦想——一个可能目前只有我相信可以实现的梦想。

我清楚自己三年后应该做出什么成绩，但在此之前还要克服许多重大的障碍。进展顺利的话，这个梦想首先会变成一个原型，从一个无形的概念变成实体物件。这时算是"万里长征"迈出了第一步。我这个发明者得撸起袖子，不断调整、完善和修改软件。完成这一步骤后，我就能发现哪里出了差错，哪里需要一次次推翻重来，不断进行优化。视项目复杂程度而定，这个产品迎来高光时刻或许要耗费数年时间。

计算机在我们生活中的作用越来越重要，因此在我看来，让计算机具备情商是十分必要的。但我的同事们不这么看。他们认为正是因为计算机不像人类一样具有情感，它们"头脑清醒"，计算客观，才拥有胜过人类的优势。鉴于这个状况，在我第一次面对整个实验室做正式项目展示时，我必须让大家对"人性"这个概念产生深刻的印象。

史蒂夫·乔布斯有一句常被引用的名言，他说："顾客只要没亲眼看到你展示的东西，他们是不知道自己想要什么的。"我敢肯定，当乔布斯手里拿着一款时尚轻薄的智能手机向观众展示的时候，这句话就应验了。（谁会放着一部轻薄的苹果手机不要，去选一部笨重的翻盖手机或者又短又厚的智能手机呢？）但我的"读心器"还在孵化阶段，大部分知识细节仅存于我的脑海里。既然暂时没有炫酷的原型可以展示，我就得另想办法来激发观众的想象力，证明为什么我的研究项目值得拿到剑桥大学计算机实验室的博士学位；它不仅会是一项开拓性的成果，还是一项绝对必要的研究。

离正式的项目展示还有几天时间。有天晚上，我跟威尔在实时

"交流"，信息一来一回，字打得很快，但我从没觉得威尔离我那么远，甚至感觉我离自己的真情实感也很远。我从未感到如此孤独。这是我第一次在网络空间与人交流时感到情绪飘忽不定。那一刻，我和我的计算机一样，变成了一片情感荒漠。而我在项目展示那天要让每位观众体会我此刻的感受——他们都会想进行有意义的对话，但看不到对方的脸会让他们感到沟通受阻。

研究技术的人大多内向，但我不是。我喜欢在公共场合演讲，聚光灯下就是我的舞台。我在项目展示那天见到的人，大多是接下来三年会和我朝夕相处的人，一想到这点，我就既兴奋又紧张。作为一个乖巧守礼的埃及女孩，我希望他们不仅喜欢我，更尊重我的研究。

有的人做演讲或项目展示，不做准备也不提前做功课，生硬地切入主题，然后随意发挥。我每次做公开演讲和我对待工作的态度一样：我会细致而系统地安排好所有工作。为了这次项目展示，我一次次地准备材料、排练、完善、复盘。不管是洗澡、吃早餐还是坐公交车去学校，我每时每刻都在想着这次展示。事实上，临到展示开始的那一刻，我还在熟悉台词、调整表达。我向来这么做事，这次也不例外。台下的观众有不少是世界顶尖的计算机科学家，在他们面前演讲，我得做到滴水不漏。

项目展示安排在我们实验室的一个小礼堂。我很早就到了，这样我还可以最后演练一遍。我在礼堂前方等待着同事们入座。到场的观众大约有 50 人，绝大多数是男性，可能有两名女性。我的导师彼得坐在前排中间的位置。

待大家都落座了，我站起身来，面向观众，看了他们几秒。然后，我按照几天前的计划，缓缓转过身去，背对着观众。礼堂一下子安静下来。又过了几秒,我深吸一口气,开始做自我介绍,这时我依旧背对着观众。

"我叫拉娜·埃尔·卡利乌比,来自埃及开罗,刚刚加入实验室。我的研究主题是教计算机解读人类情感,尤其是通过面部表情进行解读。"

自我介绍后,我仍然背对着观众,进入我的项目展示。"人们无时无刻不在展示自己的心理状态,哪怕在跟机器互动时也是如此。这些心理状态影响着我们的决定,支配着我们与人交流的方式,还左右着我们的心理表现。"虽然观众能听到我的声音,但他们看不到我的脸。我也看不到他们的表情。

我已经排练了几十次项目展示,但临上场还是感到迷茫。我真的是面对着墙、盯着一片空白在说话。你记得边开车边跟后座的人说话有多困难吗?你得不停地从后视镜里寻找他们的脸,并且一直要别扭地转身向后看。看不到对方的脸,对话是不自然的。没错,这就是那天上午我背对着观众演讲时的感觉。我看不到任何反馈。背对着观众讲话,就不可能调整说话节奏、调节音量,也完成不了我们平常在面对一群人讲话并回应他们的反应时下意识会做的事情。

背对观众的演讲大概只持续了一两分钟,我却感觉时间太漫长了。我再也受不了这么讲话了。于是,我对观众说道:"所以,现在你们感受到了面孔在人际交流中的重要性,也能想象我们如果看不见对方的脸,就很难理解对方的意思。"

说完,我转过身来,露出灿烂的笑容。当我扫视观众时,所有人的目光都集中在我身上。没有人感到无聊,没有人打瞌睡,也没有人起身离开。通过礼堂里的"无声对话"(观众产生的乐趣、兴趣和好奇心），我知道我的展示已经给他们留下了深刻的印象。至少，他们想听我讲下去。

好吧，我承认，这是我吸引观众注意力的噱头，但它奏效了。更重要的是，它让观众意识到了当用计算机与人沟通时，我们往往没机会看到对方的脸。人们也没有机会像我这样"转过身来"观察对方的反应，更没有机会打量他们的反应，从而恰当地应对。这样的互动总是显得奇怪而不自然。

接下去的项目展示，我做起来很轻松。展示结束后，我接受了来自观众的提问和点评。这些反馈大多关于技术——毕竟这是一帮计算机科学家，但有一条反馈的切入角度落在了其他领域。

坐在后排的一位博士说："拉娜，你真的应该研究一下自闭症。我的弟弟患有自闭症，他很难理解非言语的交流，尤其无法识别人的面部表情。我认为你的研究对我弟弟这样的人很有帮助。"

我从未听说过自闭症。根据那位博士同事的描述，他的弟弟不仅很难看懂人的面部表情，更不愿意直视别人的脸。我很好奇：是否有天生情感识别无能的人，是否真有人挣扎于无法掌握我正试图教会计算机的"人类技能"？

我花了一整晚时间查找尽可能多的有关自闭症的资料，并对找到的海量资料感到震惊。"自闭症"在阿拉伯语里的表述是"*al tawahod*"，字面意思就是"孤独"。在我外出旅行的时候，没人提到过这个词。在一个所有人都在意"邻居会怎么想"的文化里，人们不会开放到在公众场合谈论家里不那么"正常"的家庭成员。在当时的开罗，几乎不太可能听到谁告诉同事们自己有一个"不一样"的弟弟。

此外，尽管已经有为特殊需要儿童提供的社会服务，但这种服务还是很有限。即使在今天，自闭症群体在美国教育体系里也不是主流，大多数情况下，寻常的孩子并不会真正跟患有自闭症的孩子交朋友。

对自闭症了解得越多，我就越能明白为什么罗伯博士会帮我指出这个研究角度。

在自闭症领域最重要的专家之一是剑桥大学自闭症研究中心的负责人西蒙·巴伦-科恩博士。我偶然发现了"眼睛读心"测试，这是巴伦-科恩博士设计的一个诊断工具，旨在评估自闭症群体中儿童和成人的患病程度。测试展示了一系列眼睛和眉毛的图片，男女都有，每张照片反映了不同的情绪状态。接受测试者要通过这些照片解读每张照片中主人公的表情所传递的心理状态。

例如，观察图中的眼睛和眉毛后，接受测试者必须从四个选项中进行选择，判断图中的这个人是在表达烦躁、讽刺、担忧还是友好的情绪。这听起来很简单——怎么可能区分不出讽刺和友好呢？事实上，这几个面部表情调用的肌肉群几乎一样。看似相反的情绪的差异也可能十分微妙：它们都可能需要眉毛微微上扬或眼睛斜视。这项测试独具挑战的地方在于，接受测试者无法看到完整的人物面部特征（例如嘴巴和鼻子）或身体姿势，也无法听到图中人物讲话的声调。这样做判断不是容易的事。有些人的测试完成得比较好，我就做得不错，也许是因为我学习过面部解读。

我有没有可能把这项测试变成一个训练工具？我可以教会计算机某个算法，让它通过这项测试吗？（我发现没有这么容易。我尝试了很多次，都失败了。）我从未接触过这样的测试，我知道我必须更多地了解巴伦-科恩博士的研究。

现在如果遇到类似的情况，我会先去领英找到我和巴伦-科恩博士共同认识的人，请他介绍我们认识，再做计划去接触巴伦-科恩博士。这可能要花几周时间。回想起来，当时还是一个不起眼的博士生的我，学的又不是心理学，竟然敢申请跟这么一位著名的科学家见面，这个决定有些大胆。但我不知道更好的方法了。我匆匆写了一封邮件给巴伦-科恩博士，向他介绍我的研究项目。我很快就收到了回信。巴伦-科恩博士说想看看我的研究，于是我们很快约好了见面的时间。

剑桥大学计算机实验室光秃秃的墙壁和宽敞的空间，是当时领先的设计风格。相比之下，心理系所在的有着80年历史的大楼则给人一种近乎古朴的感觉。从带有格子装饰的锻铁大门到砖砌外墙，再到狭窄的大厅，都给人留下这样的印象。大楼里熙熙攘攘，充满人文气息。

巴伦-科恩博士的办公室比我想象的小，而且看起来比较紧凑，因为他的个子很高。他说话轻声细语，为人细心周到，对我坦诚且友好。这位大家说起话来有礼有节，语气平静而令人安心。（他跟他的艺人堂弟萨莎·拜伦·科恩的形象完全不同，后者是一位喜剧演员，以喜剧特技闻名。）

在第一次给巴伦-科恩博士写邮件时，我就简单介绍了我的研究。见了面之后，我有机会向他描述更多的细节。我向他介绍了我对"读心器"的愿景：我过去主要依赖 CK 数据库，根据六种基本情感来训练计算机识别人"脸"。但我知道这样的训练远远不足以教会计算机全面理解人类的复杂情感。

我随后向他承认了一件我几乎不愿承认的事：我遇到瓶颈了。

如果那天我没有听同事提到自闭症，也没有拜访巴伦-科恩博士，我永远不会知道巴伦-科恩的团队正在搭建自己的数据库。他们邀请了演员来表现特定的情绪，从而开发针对自闭症孩子的训练工具。事实上，他们努力的方向正是我希望计算机能做到的事，只不过我的对象是计算机，他们的对象是自闭症群体。他们在开发软件来教自闭症儿童"读心"，即通过利用面部表情和语调等非言语线索来解码他人的情感和心理状态。

尽管巴伦-科恩博士把这个数据库称作情感分类学或情感百科全书，但他认识到人的面孔并非仅仅描绘了纯粹的情感信号，还传递了行为和心理状态——例如疲劳、无聊和困惑，这些状态不一定会被解读成情感，但仍然是非言语交流因素，也需要沟通的对方做出适当反应。

此外，巴伦-科恩博士的数据库包含多达412种人类情感和心理状态。

事实证明，在巴伦-科恩博士学术研究的早期，他曾发现自己处于与我当时相似的境地。那时，标准的教自闭症儿童学习情感线索的方式是一些卡片，卡片上描绘了人们高度夸张地表现心理学家艾克曼提出的六种基本情感：笑得合不拢嘴、夸张地鼓起下唇并皱眉等。这些卡片更像是情感漫画，不像真实的面孔，与自闭症孩子在现实世界中遇到的真实人物和表情几乎没有相似之处。这些卡片用来教学，效果不佳。

也难怪如此。毕竟，针对自闭症孩子的训练，目的是让孩子们学会与生活中真实存在的人们互动，而现实生活中有多少人会像电影《蝙蝠侠》里的小丑那样做表情呢？

巴伦-科恩博士的解决方案很直接：为什么不建立一个真实人物

的视频数据库，展示各种真实的、更微妙的情感，显示真实的人脸和面部动作的所有复杂性呢，就像人们在现实世界中的体验一样？

没人做过这样的尝试。要实现这个目标，第一步或许也是最关键的一步——确定应该将哪些情感和心理状态纳入数据库。问题是，怎么把握尺度？即使是同一种情感或心理状态，也有很多种表达方式。例如，"累了"有很多种可能。可能是有些疲倦，可能是精疲力竭，也可能是睡眠不足。每一种情况传达的含义都不同。同样，想想我们用来描述"爱"的各种措辞及其各自不同的含义：亲人之爱、恋人之爱、深情的爱、吸引、欲望、痴情、喜爱、迷恋、柔情、爱慕、情感依恋。还要考虑一点：爱的含义会随着表达爱的人而改变，例如父母表达对孩子的爱、两性关系中伴侣相互表达的爱等。

那么，如何将庞大而复杂的情感语言提炼成最重要的关键词呢？巴伦-科恩博士的团队与词典编纂者合作，挑出了英语中用于描述情感的每一个词。可以想象，这样的词有数千个。排除同义词和近义词之后，巴伦-科恩博士的团队确定了412个情感关键词。

之后，这412种情感和心理状态又被划分成24个"族"，或称不同的情绪类别。这样就使得描述愤怒的词归集在一个文件里，描述浪漫的词归集在一个文件里，描述恐惧的词归集在另一个文件里，以此类推。20多名演员（包括"哈利·波特"的扮演者丹尼尔·雷德克里夫）参与表现这些情感和认知状态。他们来到巴伦-科恩团队的实验室，在为项目定制的摄影棚中表演这些情感。巴伦-科恩博士担任导演，给每位演员定"剧本"，告诉他们如何表现特定的情绪，譬如嫉妒、厌恶、愤怒或讽刺。他有时也会向演员描述那些状态，例如他告诉对方要表现得"看起来很困惑"或"感兴趣"。

演员的年龄、种族和性别各不相同，因此视频材料很好地反映了自闭症孩子在日常生活中会遇到的复杂群体——他们可能遇到年轻人、老年人、不同肤色的人，以及来自不同国家的人。这比之前他们用的简易表情卡片丰富多了。

每条视频由一个10名评委（心理系的学生）组成的小组进行审核，根据表演者是否捕捉到了适当的情感状态对其进行评判。如果所有评委都给予肯定，视频就会进入数据库，否则就会作废。最终，审核小组筛选出6名演员，对412种情感状态逐一进行了6种不同的拍摄。2004年，也就是我和巴伦-科恩博士初次见面三年后，他的团队将视频制作成了《读心》(Mind Reading) DVD（数字激光视盘）。这是一份基于计算机的人际交互指南，指导人们根据接触的面孔和声音来解读对方的情感。无论是从原创性还是团队执行上讲，这都是一项了不起的成就。

回到我拜访巴伦-科恩博士那天。我在听他描述他数据库背后的研究方法时，被项目巨大的规模震惊了。尽管当时他们还在构建数据库，但库里已经包含了很多重要内容。我有点儿不知所措：如果我要训练一台计算机解读情绪，我将需要一个多样化的数据库，库里必须包含来自广泛人群的真实样本。但作为一名不起眼的博士生，我没有资金也没有足够的时间来建立这样一个数据库。

我有几秒像只泄了气的皮球，心想："我到底能做到这点吗？"

几秒后，巴伦-科恩博士开口了，那简直是所有做研究的科学家都希望听到的妙语："想看看我们的数据库吗？你可能会发现它对你正在做的事情很有帮助。"

随后，他把他团队的一名研究生叫到了办公室。我还记得他叫沃弗·戈兰,是我认识的第一个以色列人。

多年后,巴伦-科恩博士告诉我,他永远忘不了那重要的一刻——一个以色列人和一个埃及人携手合作了。"这是两位科学家,他们从事类似的科学研究,他们来自历史上一直处于冲突状态的两个国家。但真正令我欣喜的是看着这两位科学家单纯地因为研究工作而联系在一起,谈论着同理心这样的概念。能够把两个如此不同的国度的年轻人聚集在一起,并帮助他们找到共同点,我很欣慰。"

巴伦-科恩博士看到了心理学和计算机科学在每个项目上协同的可能性。他说:"如果我们能弄懂算法正在学习哪些特征来识别情感,那么我们或许也可以用同样的方式教自闭症患者学会识别情感。"

从那之后,我就得到了授权访问巴伦-科恩团队的数据库,查看那些经过精心收集和专业审查的原始视频文件,那些全方位捕捉人类情感的珍贵资料。这是我此前想都不敢想的——不只是这些宝贵的资料,更有巴伦-科恩博士的慷慨和提携,以及他为了推动研究和社会发展的无私分享。

我下载了这些视频,用接下来的几个月查看了每一个图像、每一种情感,以及每一位演员的表现。数据库里的视频有几千条。事实证明,这项工作绝对必要。在我可以教计算机解读面部表情和情感的细微差别之前,我自己要对人类如何解码这些微妙的信号有更深的直觉认识。毕竟,我是那个设计算法的人,如果我自身的知识储备不足,我创造的工具就可能有缺陷。

鉴于数据库极为庞大,我不得不缩小范围,只选择其中一部分情感数据来训练算法。我无法在三年内完成全部412种情感状态的研究。我当时才刚刚起步,计算机的情感识别能力为零。因此,我决定锁定六种不同类别的心理状态：认同、专心、反对、感兴趣、思考和不确定。在算法掌握了这六类情感后，我就可以推进研究其他情感。

我之所以选择这些类别，是因为这些认知状态中的每一种对于人际交流和人机交互都是必不可少的。例如，当你与另一个人对话时，无论是在现实世界还是虚拟世界中，你都需要知道对方是否理解你所说的话，你是否让对方感到无聊，对方是同意还是反对你的意见，这样你就可以做出恰当的回应。这是情商的基础。

同样，如果你的计算机输出了你并不理解的信息（就像我在剑桥租公寓时碰到的那种情况），或者它让你感到失望，那么它应该像人类一样改变它对你的回应方式。设想一下，如果软件可以针对学生的需求调整学习方式，在线课堂将会是多么不同的光景。

回头看，我发现我给自己设定了相当高的标准。就人类的表达习惯而言，人的心理状态是非常复杂的，并不总是显而易见的。例如，你可以点点头表示同意，你也可以微笑，但微笑并不一定意味着你同意对方的看法。例如，当你"表示不同意"时，你的脸上可能也会挂着微笑。因此，算法必须像人类一样识别、理解这些细微差别。

我花了几个月的时间才梳理了整个数据库。每隔几天，我就会选择一个类别，观看该类别中的所有视频，并记录我看到的每种心理状态下的独特面部表情。很多时候，我趴在笔记本电脑前睡着了，几个小时后才醒来，然后上床睡觉。我那时可以说是全身心投入。

那年深秋，威尔给我发邮件说他要去美国开会，准备在去的路上来剑桥待几天。收到邮件时，我正沉浸在研究工作里。我很激动！这将是我们9月以来的第一次重聚。威尔来时恰逢斋月，这是穆斯林历法中最神圣的月份。斋月期间，穆斯林从日出到日落必须禁食，在此期间我们会自我反省、祈祷，跟自己的信仰加深联结。人们会照常工作和生活，但不能喝酒、吸烟、举止轻浮，也不能有性行为。太阳落山后，教徒们的生活恢复正常，直到下一个黎明到来，又开始遵守同样的戒律。

  威尔到的那天，我很早就离开了实验室，回家等他。作为一个温柔贤惠的埃及女性，我为了丈夫的到来准备了一顿特别的晚餐。我把桌子布置得漂漂亮亮，让沉闷的客厅焕然一新。

  威尔到时是下午3点左右，我们一见面就回到了蜜月模式。我们本来打算等到日落再投入对方的怀抱，但几分钟后，我们就被激情征服，热烈相拥。我们吃着晚餐，聊了好几个小时。我和威尔分享了实验室正在发生的事，告诉他我的研究进展缓慢，还遇到了来自同行的质疑。威尔鼓励我继续前进，也跟我分享了他的公司的情况，说公司正处在飞速发展时期。我们虽然好几个月没见面，却比以往任何时候都亲密。我感受到了威尔的爱和珍惜，我认为威尔也能感受到我的爱意。这些年来，我们有过很多次重逢，其中一些我宁愿忘记，但这一次重聚至今还是我美好而珍贵的婚姻记忆。

  两天后，威尔离开剑桥飞往美国，我则回到了研究工作中。

9　遭遇挑战

巴伦-科恩团队为自闭症群体的训练提供了一种新方法，也改变了我看待自己的研究和看待世界的方式。在他的研究之前，自闭症大多数时候被认为是二元概念——你要么是自闭症（意味着你有"神经系统疾病"），要么不是。但巴伦-科恩认为，自闭症并不是一个是或否的概念。相反，他认为所有人类都处在自闭症谱系上的某个位置。

谱系的一端是移情者，即那些有能力"识别另一个人的情感和想法，并以适当的情感来回应这些情感的人。移情者会主动去弄清人们的感受，关心他们"。

谱系的另一端是模式追寻者，即那些愿意去"分析和探索某个体系、归纳行为体系的基本规则并有动力去构建系统的人"。

移情者擅长人际互动，但他们在技术方面（例如工程和数学）可能不拿手。相比之下，模式追寻者往往擅长处理技术、数字和逻辑，但可能在人际交往方面有所欠缺。根据巴伦-科恩的理论，自闭症患者在谱系上的位置倾向于模式追寻者那一端，他们往往缺乏社交技能。

我们大多数人都处于这两端之间。即使一个人没有确诊自闭症，他们也可能有自闭症的倾向。也就是说，他们的情商可能比那些倾向于移情者一端的人低，但这不影响他们在社会上的正常交往。同样，一个擅长数学的人可能仍然掌握了很好的社交技能，这可能使得他们更多地向谱系中间的位置移动。

基于自己的研究，巴伦-科恩发现男性倾向于谱系中的模式追寻者一端，女性则倾向于移情者一端。这么看来，被诊断为自闭症患者的男孩儿多于女孩儿也就不足为奇了。根据目前已知的统计数据，这个比例可能是2∶1、3∶1，甚至高达4∶1。

巴伦-科恩的理论最令人信服的一点是，他发现一个人在自闭症谱系上的位置并不是固定不变的。例如，一个正经历巨大压力的移情者可能不会对与他互动的人表现出足够的关心。此时，他可能会往模式追寻者一端移动。如果一个模式追寻者一头栽进了爱河，他可能会更积极地对伴侣的需求做出反应，并发现自己在向移情者一端移动。巴伦-科恩说，在适当的支持下，模式追寻者可以通过训练往移情者方向发展，反之亦然。我着实被这个流动谱系的理念震撼了。

和巴伦-科恩的合作让我看到了情感人工智能的真正潜力。我们生来平等，但我们并不是在所有事情上都同样优秀或一直表现优秀。有些人天生就情商很高；有的人，包括那些被诊断为自闭症患者的人，则因为缺乏情商而苦苦挣扎。绝大多数人介于这两者之间。

文化差异、偏见或种族固定观念也会影响我们的感知与判断。有的人会由于脑卒中、脑损伤、听力受损和视力下降等原因，丧失处理情感的能力。有时，我们可能会感到迷失了方向，感觉自己社交时是在对着一堵墙说话。我们也可能在处理某种情感或人际关系时感觉无能为力。在生命中的某个时刻，我们很多人可以借助"情感假肢"来渡过难关，更好地处理自己与他人的情感。

我相信，技术可以增强人类的潜力。就像人们用拐杖辅助走路、戴眼镜辅助看、戴助听器辅助听一样，"情感假肢"有助于提高我们的移情能力。这样的工具不会夺走我们作为人类的其他优势，反而会巩固我们与生俱来的能力。

我花了很多时间和巴伦-科恩的团队合作、参加心理系的讲座，以至于彼得以为我擅离职守了。有一天，他把我拉到一边，气呼呼地说："拉娜，你现在做的这些事都是在分散自己的注意力。请专注于你自己的研究。"鉴于我的成长背景，反驳导师对我来说并不容易，但我依然坚持自己的想法。因为我知道，我正在解决的问题不仅是个"工程"问题，我还必须透彻地研究人类是如何处理情感的，这样我才能造出一台可以处理情感的机器。

从本质上讲，彼得是个怀疑论者，他见多识广，对企业家宣传大事件的过度炒作做法不以为然。不过这并不意味着他不愿意接受新概念或非主流的想法（比如我的研究主张）。依我对彼得的了解，除非他亲眼看见某件事情发生，不然他是不会相信的。

彼得质疑我时，我就在想：他认为我做不到。我已经习惯了做别人眼中的完美女孩，成天沐浴在赞美声和荣誉之中。现在，我必须证明自己。不过话说回来，如果没有彼得一直以来的支持，我不会像今天这样成功。他之所以是一位好导师，是因为他的干预有度：在我需要他的时候，他就在那里，但不会表现得盛气凌人。他鼓励我把控自己的研究。到剑桥后的第二年，我和彼得走得越来越近，他的不懈支持改变了我的命运。他明确告诉我，如果这个软件要在现实世界中发挥作用，它就必须到现实世界中去接受考验。这意味着我得把算法带到实验室之外的地方，去现实世界运行它。但现实环境条件（如照明条件）往往不受我的控制，这就使得任务更加艰难，不过也帮助我成长为一个更出色的科学家。

训练算法

训练算法和训练狗很像，同样需要十分耐心、不断重复、积极强化。假设你要训练一只狗学会捡球，这是个很简单的游戏。几乎没有一只狗能凭直觉判断，在你扔出一个球时，它要跑出去把球捡回来还给你。要实现小狗的捡球技能，最有效的方法是将大目标拆解成一个个小任务。

首先，你要给小狗看你想让它取回的球或物体。接下来，你得把球扔出去，和狗一起追着球跑。然后，你们追到了球，你要把球放到狗的嘴里，拍拍它的头，告诉它"真棒"，并给它奖励。之后就是不断地重复。最后，小狗学会了把这一系列动作串在一起，等你再扔球时，它就会尽职尽责地把球捡回来给你。

同样的道理，如果你想训练一个数学算法，不要一次性用大量的指令让它超负荷运转。你应该像训练小狗一样，让它从小事做起，之后不断增加难度。算法是一组指令，计算机通过算法来接收你希望它"完成这个动作"的需求。我的研究目标是训练算法不仅能识别人脸、辨别面部特征，还能识别面部表情、推断表情背后的含义。这项任务需要被拆解成一系列的步骤。计算机必须首先"看到"人脸、识别人脸特征、分析表情，然后基于概率做出判断。这是构建人工智能的一种方法，称为"机器学习"。

其中的每一步都很困难，也很耗时。例如，我首先要教这个算法"找到一个微笑"。要做到这一点，我就必须在数据库里给它提供大量的微笑样本，然后测试程序，检测计算机是否学会了这个技能。算法每完成一个步骤，都会得到奖励。算法中有实际的"奖励函数"（方程）。这意味着如果算法给出正确答案，它就会得到加分；如果得出错误的答案，它就会被扣分。（可以把这看作"好算法"和"差算法"的区分方法。）作为计算机算法，它的任务是尽可能多地拿到加分。

我接下来要说句行话，可能会有点儿误导性。当我说"给算法喂图像"时，我并不是让它看一张脸这种人类可识别的图像。相反，我是在用一种计算机能理解的语言和我的算法进行交流。首先将图像分解成像素，并为每个像素分配数值，像素的数量取决于图像的分辨率。假设有96个像素排列成一英寸[①]的长度，如果像素是黑色的，它将被赋予0数值，如果像素是白色的，它将被赋予255的数值。但如果待评价区域介于两者之间，呈现灰色，那么它将得到一个介于两者之间的数值（比如125），具体的数值取决于灰色的深浅度。那么，你最终会得到一个数值列表（或矩阵），这就是算法最终"吃到"的内容。例如，它会逐个像素、逐个数字将一个微笑的表情分解成微笑的基本组成部分：嘴巴的轮廓、嘴唇上扬的动作、眼睛周围的皱纹等。

---

① 1英寸为2.54厘米。——编者注

随着算法接触越来越多不同性别、年龄和种族的人脸上的微笑，它就有了经验，会通过经验来学习。算法接触的笑容越多样，它就越擅长识别微笑。

这就是"机器学习"发挥作用的地方。接受一段时间的训练后，通过它的"生活经验"，一个"世故的"算法可以看着一张陌生的脸并做出评估——"噢，那是一个微笑"。它还可以判断出这个微笑出自真心还是假意。对于不走心的微笑，算法给的数值会低，而对于一个发自内心的笑容，算法给的数值会高。

这个过程产生了大量代码，一个页面上会有几十万个字母和数字，因此运转起来可能不太方便。但这些代码可以变换成更容易被管理的形式。代码可以形成代码块，与特定的部分产生链接。你可以把它想象成一本书，而一本书又分为不同的章节、页面甚至段落。

要设计出我所需要的那种算法，极其耗费人力，但我没有捷径可走。在人工智能领域有一个说法——"数据为王"。这是因为只有大量准确的数据，才有助于创建智能算法。打个比方，我正在教一个孩子关于苹果的知识，如果我只给她看红色的苹果，那她可能看不出绿色的苹果也是苹果。我要给她看不同类型的苹果，不同颜色（黄色、红色、红绿色）和不同形状的苹果。这和机器学习完全吻合：算法的能力天花板取决于你喂给它学习的例子。

拿面部解码来说，如果我只给算法看中年白人男子的脸，那么当它读取一张棕色皮肤埃及女孩的脸时，它可能无法识别，甚至可能根本不认为那是一张脸。你可能最终训练出的是愚蠢、天真或有偏见的算法。因此，构建算法的人有多聪明、思想有多开放，就决定了算法优秀与否。

我常常忙于训练算法直到大半夜，这同时也是在训练我自己辨别细微情感差异的能力。这项工作有时很无聊、没完没了、不见回报，但我不辞辛劳。我身心俱疲。2002年3月，我陷入了低谷。研究没什么进展，而且我离开家太久了，得到夏天才能见到威尔和其他家人，我似乎还要等一个世纪才能回家。我渴望回到家人身边，我太想家了。

我的公公"艾哈迈德大叔"刚在法国出完差，他打算在回埃及的途中来剑桥看看我。那是初春一个阳光灿烂的日子，正好碰上公假日，学校不上课。"艾哈迈德大叔"和我在康河边散步，他问我"拉娜，你最近怎么样？"我瞬间泪流满面。我承认，我一直感觉很糟糕——我很孤独，我的研究进度像乌龟在爬。

"艾哈迈德大叔"很担心我，他说："拉娜，如果你觉得痛苦，不必勉强留在这里。你可以明天和我一起飞回家，没有人会看低你的。威尔和全家人都会很高兴你回到他们身边。"

公公的提议让我很是动心。我已经在脑子里收拾我为数不多的行李，想象着明天晚上能回到家和威尔共进晚餐了。我可以把剑桥的一切抛于脑后，我和威尔可以回归在埃及时的甜蜜生活，我们甚至可以去海滩过长周末。我朝公公点了点头。有那么几分钟，我们计划次日就离开剑桥。

然后我回到了现实。我真的可以一走了之吗？

"我不能明天就走，"我说，"我的导师彼得正在度假，我应该等到星期一去实验室和他告别。我欠他太多了。"

所以，我的计划变成了过几天再走，这样我就可以和彼得当面道别了。第二天，我又考虑了一番，对公公说："6月就放假了，我至少先把这个学期读完。"过完这个学期，回到开罗后，我对自己说："好吧，最困难的一年已经过去了。我必须回剑桥完成我的研究工作。"

公公见我最后没有离开剑桥、留在埃及，感到有些失望。他是个睿智的老人，也许他意识到我已经走上了一条异常艰难的道路。我相信他会以我的意愿为重。我还有决心和抱负没有实现，所以在9月开学时，我再次登上了去剑桥的飞机。我不能放弃。

公公后来到剑桥大学看望过我几次，但他再没有提退学的事。

10　了解人类

　　埃及的年轻人一结婚,双方父母就会追着问一个问题,并且乐此不疲:"你打算什么时候让我们当爷爷奶奶呢?"这么看来,我母亲在我婚礼的第二天就开始唠叨让威尔和我要孩子,这件事也就见怪不怪了。我们小两口儿都喜欢孩子,而且本就打算要孩子,不过我们商量好了,先缓一缓,等我拿到博士学位再要孩子。这么安排比较合适。

　　老实说,我不怎么擅长避孕这件事。美国女性可以在畅销女性杂志上读到有关性和避孕的文章,但这在伊斯兰世界看来是不妥的。我讨厌吃药,任何药都不愿意吃。所以我是不吃避孕药的,尽管这是最简单而有效的一种避孕措施。我不太了解其他的避孕方法,所以威尔和我用了一种传统的避孕方式,也就是计算安全期。

　　我在剑桥读博的第一年,避孕计划如我所愿。第二年开始前的那个暑假,我发现安全期算得有些乱了。10月上旬的一天,我坐在公交车上，准备去计算机实验室。突然间，我感到一阵恶心，于是硬撑着挪到司机旁边，请他让我下车。第二天起床后，我感到一阵接一阵的恶心，于是决定去看医生。当时我已经大概猜到是怎么回事了。我去医院做了血液检查，结果证实我怀孕了。当时我不愿承认这个事实，但心里五味杂陈：我喜欢孩子，也很憧憬抱着宝宝的场景，但我害怕彼得在知道我怀孕的消息后会对我说"拉娜，抱歉，你得请假离开一段时间了"，也担心威尔在知道我怀孕之后不同意我继续读博。我当时很绝望，觉得自己的博士生涯肯定到头了，我可能永远无法拿到博士学位了。这在未来很长一段时间会影响我的事业发展。丢了名校的博士学位还想在开罗美国大学谋得一份教职，这件事几乎没有希望。我当时别无他路可走。

就这样，我恍恍惚惚回到住处，告诉了威尔我怀孕的消息。他和我一样，很开心自己要当爸爸了，但同时也很清楚我在纠结。威尔没有逼我做决定，但他让我立马把这个消息告诉彼得，我们才好决定接下来怎么做。

于是，我马不停蹄地前往实验室，敲开了彼得的门。我一进门，眼泪就止不住地往下流。等到彼得弄清楚我为什么哭之后，他放声大笑，对我说："拉娜，这个消息实在太棒了！"接着，他让我放宽心，无论我做什么决定，他都会支持我：如果我想继续这个博士项目，他会力挺我；如果我想请假离开，他也会尊重我的决定。

回到住处，我又和威尔聊了聊，但还是没拿定主意。威尔对我说："拉娜，如果你现在请假离开，你就永远也拿不到博士学位了。"就这样，在丈夫的支持下，我决定留在剑桥。人是留下来了，但我心里并非毫无顾虑。我陷入了自我怀疑：我会是个好妈妈吗？读博会不会占用我过多的精力？如果边照顾孩子边读博，我能够完成学业吗？如果没有学校的全方位支持，没有我的丈夫、其他家人、朋友的支持，我能安然度过这一年吗？以上种种都是挑战，不过也让我更有动力去克服困难。

得知自己怀孕之后的一两周，我整个人手忙脚乱，生活失去了平衡。但我很快找回了安定，并且决定要自然分娩，过程中还要尽量减少医疗干预。我请了萨莉·洛马斯来帮我。她是一名训练有素的助产士，在剑桥一流的妇产医院罗西医院工作。我也会在罗西医院生下我的宝宝。这个安排可以说是最佳方案。我分娩时会有一位医生在旁边，如果发生紧急情况，医生会立马进行处理，但整个分娩过程将由我的助产士萨莉和几名家庭成员协助完成。威尔对此没有异议。我报名参加了准妈妈瑜伽课程，也申请了拉玛泽分娩课程来学习减痛分娩的呼吸方法。家人没有来陪我上课，是助产士萨莉和其他准妈妈陪伴着我。我们互相打气，我十分感激她们。

在剑桥，不少产妇在分娩时会请助产士而非医生来帮助分娩。这种做法很常见，甚至可以说很流行。许多女性和我一样，都想找到另一种方式来替代医疗化的分娩过程。在剑桥，产房里配备分娩球和香氛蜡烛，丈夫、其他家人、朋友陪在产房里，这很常见。但在中东地区绝非如此。我打电话回家告诉父母我的分娩计划时，我父亲吓出了一身冷汗。他无法相信，像英国这样一个现代国家竟然会允许我做这样的分娩安排。在埃及，只有最穷最苦的家庭才会请助产士来帮助分娩，这些人往往没有接受过正式的分娩训练，这对产妇来说很危险。在埃及，如果请助产士帮助分娩，产妇死亡率会很高。我父亲认为，以我的条件，我完全请得到专业的医生帮我分娩，但我请了助产士，这让他感到不可思议。后来我告诉了他萨莉的资历和受教育情况，也告诉他我会在剑桥最棒的妇产医院罗西医院分娩，他这才放心。但我的父母和公婆实在无法理解威尔会陪我一起待在产房、协助我分娩这件事。穆斯林社会并不禁止这种行为，家人不理解是因为有文化差异——也许是因为他们生来就认为男人不应该看到女人分娩时的样子，或者更在理的解释是，他们认为男人受不了这种场面。

虽然我上了瑜伽课，也做了呼吸训练，但整个怀孕过程并不轻松，因为孕吐一直发生。有时我正在实验室开会，反应一上来，不管开着什么会，我都只能立马冲到洗手间狂吐、洗脸、刷牙，然后回去继续开会。有时我会惊讶自己的决心怎么这么坚定，但我内心其实极度孤独。夜深人静之时，我会崩溃大哭。怀孕太难了，我不确定自己能否坚持下去。

实验室的伙伴们

在剑桥，我的同学和同事们都是全球顶尖的计算机科学家，他们之中不乏计算机视觉和机器学习等尖端人工智能领域的优秀科学家。这样的环境促使我想成为一个更出色的科学家。但现在回想起来，我发现我在剑桥学到的最宝贵的经验不一定是计算机科学领域的，而是有关人性的启发。我认为这样的熏陶让我成为一个更博闻、更美好的人。

在中东，身体或精神上有残疾的人很少有机会接受教育或得到工作机会，大众对他们在生活中成功的期望值很低。因此，当我发现办公室的一位伙伴是半失明人士时，我惊呆了。我的这位朋友叫赛拉斯·布朗，是个年轻的英国小伙子。赛拉斯患有一种叫作皮层性视损伤（CVI）的疾病。他的眼睛功能正常，但他大脑中的光学处理系统出现了故障，导致视力非常差。尽管如此，他仍然能靠着一根白色拐杖在实验室和校园里快步走动。

显然，赛拉斯虽然视力不好，但过得很好。我十分佩服他不顾视力缺陷、勇往直前的精神。他从不抱怨，似乎对自己的状况泰然处之。但赛拉斯确实对我说过，他经常会在与人交谈时感到不自在——不是因为他不善于表达，也不是因为他不愿意社交，而是因为他视力有限，无法看到对方的面部表情。他经常弄不清和他聊天的人是否对他们的谈话感兴趣或是否真正参与，这使得他很难以适当的方式做出回应。我对此感同身受。在对自闭症的研究过程中，我意识到了，那些由于某种原因对非言语线索无法做出反应的人面临着许多困难。

2002年秋，我刚得知自己怀孕了。这时恰好以色列博士生塔尔·索布尔-席克勒加入了我们实验室。我俩的国家之间一直有一些不愉快，埃及人和以色列人都对1973年的战争记忆犹新。塔尔此前得知博士生项目中有一个埃及学生，她对这一点很是在意。后来我才知道，她曾写信给彼得说，如果彼得认为她的到来会引起冲突，她就不申请进实验室了。塔尔不是一个好斗的人，我们很快就成了好朋友。

塔尔已经结婚，有两个小孩。她的丈夫也在剑桥大学学习，她不是一个人在奋斗。我在一旁观察她如何兼顾事业、婚姻和养育子女的责任。我知道，到明年这个时候，我就面临同样的挑战了。塔尔和我一样，都有自己的抱负。尽管已经成家，她仍想在自己的专业领域里出人头地。我们还有一个共同点——渴望实现技术的人性化。她的博士项目是分析研究语音中的情感表达，与我的项目类似。只不过她要教计算机解码语言线索，而我要教计算机学会的是处理面部表情线索。

秋去冬来，天气逐渐变得寒冷，天色灰暗。然而，我的算法当时还识别不了任何面部表情。我感受到了巨大的压力。毕竟，我只剩下一年半的时间来完成这个复杂的研究项目。如果不尽快走上正轨，我担心我会完不成。

时间到了我怀孕的第七个月，我尽可能多地把白天和晚上排满工作。每天醒来，我摇摇晃晃地从床上爬起来，坐公交车去上班（我已经很久不骑自行车了），早上9点就到了实验室。我就这么一直工作到下午4点左右，再坐公交车回家，洗澡，随便找点儿吃的放进微波炉里加热当晚餐，然后坐在我的米黄色沙发上，把笔记本电脑放在越来越大的肚子上，一直工作到深夜。我通常会把电视打开，这样显得不孤单。

到底是什么环节花了我这么长时间？我并不是要教算法学会识别所有的面部表情，我只要求它学会一个基本表情：点头。我认为将点头作为第一个训练的表情正合适，因为这个动作的特征很明显，人们点头时一般会眉毛上扬或嘴唇上翘，很难识别不到上下点头的动作。

但从机器学习的角度来看，教一个算法识别点头的动作是很复杂的，因为它涉及动态的部分。我不能只使用一帧或一张静态图片。我的算法必须学习完整的头部运动，时间线从开始到结束的动作，它都要学会。大多数非言语线索都是如此，即使是最简单的表情（如微笑）也是随着时间的推移而展现的。这种时间特征，即表情展现的速度，是很生动有力的。

不同的点头动作有不同的含义。头部基本的、简单的上下运动表示同意，即"是的"，阿拉伯语里叫"*aywa*"。但你点头的速度又反映了另一层含义。例如，慢慢地点头和快速地点头，二者意味大不相同。前者可以被解释为犹豫不决的那种同意，而后者则意味着全然同意。点两次头和点五六次头所表达的意思又截然不同。我的"点头检测器"需要了解这些错综复杂的情况，才能够识别所有不同形式的点头动作，并做出回应。

我花了一整晚，试图为这些时间特征编码：慢速点头、快速点头、点两下头、点六下头。我给算法提供了几千个例子，这是训练算法的其中一个环节。算法在分析图像时，会输出一个介于0和100的数字（概率分数），衡量它是否认为某个图像属于点头动作。如果数字接近0，那么那个动作就不是点头。相反，数字越接近100，算法就越有可能认为那是个点头动作。

几个月来，概率分数一直在50分以下。唉，抛硬币也能得到同样的结果！这让我非常沮丧。

有一天深夜，在对最新版本的算法进行编码后，我给它看了许多它从未见过的点头例子。然后我等着看它得出的数字是多少。看到第一个数字时，我本来已经很累了，准备收工，第二天再试。

点头测试1：概率得分91%。

这表现很好。

点头测试2：概率得分95%。

我心跳开始加速。这是一个我从没见过的高分。

测试继续，结果让我兴奋了起来，但我还不完全相信事情就这么变得顺利了，还有更多的测试要做。我决定弄得更复杂一些，以确保算法不是见到什么都将其识别成点头。于是，我悄悄地加入了一些摇头、歪头和随意的头部动作作为例子。每次我骗它，它都会给出一个低概率的数字。

换句话说，我做到了。经过一年半的"人性化"教学，这个算法已经经过数百个小时的训练，它终于能够区分点头和非点头动作了。如果我可以做一次zaghroota，也就是埃及人会在婚礼上发出的喜悦的号叫，我一定会那么做的。

我终于闯过了解读面部表情这一关。让算法学会点头只是一个开始。现在，这个算法终于明白了它要寻找的是什么，以及表情是如何随着时间的推移而展现的。我可以把不同的数据逐帧、逐个像素地加以分层。我可以用这个算法来训练微笑、皱眉、扬眉、斜眼、皱脸及其他所有的面部表情。这意味着我有望完成我的博士论文，我将有可能造出我梦想的"读心器"。

我的女儿雅娜

我不停地做研究，几乎是边编着码边进的产房。直到我女儿雅娜出生之前几天，我还在工作。2003年5月23日傍晚，在最后一堂孕妈呼吸课上，我感受到了第一次分娩阵痛，当时威尔也在场。我们回家一直待到晚上11点。后来，宫缩每8分钟就来一次，我们就去了罗西医院，在那里见到了助产士萨莉。我的母亲、妹妹拉莎和我的婆婆都特地飞到了剑桥，母亲和威尔一起在产房里陪我生产。

萨莉做的第一件事是把病床推到墙边，这样我就有了充分的活动空间。唯一的医疗干预是我在腰间佩戴的监测器，用来监测宝宝的心跳。整个晚上，我都坐在分娩球上晃动，在房间里踱来踱去，还做了一些瑜伽动作（比如四肢着地的猫式动作），并在威尔的指导下配合宫缩呼吸。母亲则坐在房间一角的椅子上，一遍遍地诵读《古兰经》。窗外正下着雨。

宫缩越来越频繁，我的感受也越来越强烈，一次比一次痛苦。我开始用力。5月24日上午8点55分，雅娜出生了。萨莉把她放在我的胸前，脐带连接着我和小宝宝。雅娜用她那双钢灰蓝色的眼睛看着我，我把女儿抱在怀里，心里满是欣慰和喜悦。我哭了。我感激又敬畏，发誓要成为世界上最好的母亲。

按照伊斯兰教的习俗，新生儿首先应该听到的是 Iqama，即穆斯林的祈祷呼唤。母亲意识到了这一点，在雅娜出生后立即俯下身子，在她的耳边轻轻地说着祈祷词。

几年后，我了解到，按照伊斯兰教的惯例，新生儿要聆听父亲或祖父的低声祈祷，这事儿不会交由一个女人来完成！但我的母亲是虔诚的穆斯林，由一家的女主人来为她的外孙女念诵祈祷，我认为是正确的。我并不知道我们当时已经在打破性别成见了。

10天后，威尔、婆婆和我妹妹返回开罗。母亲留在剑桥多待几周，帮我照顾雅娜。生产一周后，我回到了实验室——倒不是因为我觉得有压力要回去工作，而是因为我想回去工作。研究进展好不容易变得顺利，我想保持这个势头。我花时间对一篇研究论文做了最后润色。几天后，我向智能用户界面国际大会提交了这篇论文，该会议是计算机工程领域的一次重要聚会。我不知道我的论文是否会入选，但无论如何我都要在截止日期前把它发出去。

　　同年 8 月，我带着 3 个月大的雅娜开始了她的第一次飞行——我们回埃及度假。英国航空公司那趟航班要飞 5 个小时，我得在飞机上给雅娜喂母乳。我还没习惯在公共场合这样做，所以喂奶的时候犹豫不决。我提前准备了几瓶泵出的母乳，但雅娜不愿意喝。她一定是感受到了我的焦虑，一直在哭闹。我尽力安抚她，但这对我俩来说都不是一次轻松的飞行。等我们一踏上埃及的土地，雅娜就平静下来了。我非常开心能和家人团聚，每个人都在逗雅娜。她就像我一样，被家人宠坏了。在异国他乡独自生活了那么久，我终于又能感受到家人的关心，真是太好了。朋友们组织了一场小型的庆祝活动。大家都在开玩笑说："你当初是怎么怀上孩子的？通过网络怀上的吗？"所有人都知道，我和威尔见面的次数少之又少。

　　很快就到了 9 月，我和雅娜坐飞机回到了剑桥。是时候重新开始行动了。

11 "妈妈脑"

关于"妈妈脑"的文章很多——女性生产后,其认知能力会在一段时间内下降,因为她会把注意力集中在婴儿身上。女性的大脑在分娩后确实发生了某些变化,特别是大脑中涉及母性本能的区域,以及控制情感和理解能力的区域。我确实感受到了一种新的情感,一种对雅娜深沉的爱和保护欲,这是我以前对其他任何生物都没有过的感觉。但是,有了孩子并没有让我放弃事业。事实上,我的"妈妈脑"处于高速运转的状态。

是的,我想尽可能多地抽出时间和雅娜待在一起——我们在一起的时间很宝贵。但这并不意味着我打算放弃其他的梦想,而只意味着我必须更有效地利用时间。从某种程度上说,在剑桥有个家让我更有动力,我不再孤独了。我母亲经常来帮忙,但我还是要把雅娜送到托儿所。我在离住处一个街区的地方找到了一家口碑不错的日托中心。

那里的工作人员训练有素，也很热情，剑桥大学的一些老师也把自己的孩子送到那里。我没有预料到的是，当我把 5 个月大的宝宝送走时，我开始感到内疚。我担心她还太小，这么小就被送去日托所，我担心她一生都会留着这段不好的记忆，以为自己被妈妈抛弃了。但我的担心很快烟消云散，雅娜喜欢日托中心，她每天都是个快乐活泼、反应灵敏的婴儿。事实证明，她在早教机构的经历似乎让她更能适应和接受生活中出现的陌生人和生活的变化。雅娜不会感到被抛弃。她很有自信，适应能力也很强。

即便有托儿所，我一天的日程滚动起来也不容易。我每天凌晨 4 点开始写论文，直到雅娜在 6 点左右起床，然后我给她喂奶。我陪她玩一会儿，然后送她到托儿所。之后，我就回家取自行车，骑车去工作，回到博士研究的模式。我专注地工作，下午 4 点左右去接雅娜，然后切换到妈妈模式。接着，我会带雅娜去河边散步或者给她念书。雅娜睡着之后，我又切换回工作模式。我没时间去社交，甚至放弃了实验室里大部分的集体聚餐。我很明白自己的处境。我越快完成博士论文，就能越快回到开罗，并且更多地和雅娜待在一起，她也能常常见到威尔。虽然日子过得很漫长，但我有一个很棒的孩子在身边，在工作中我也感到很充实、很有成就感。

对大多数人来说，学术界是一种稀缺的、象牙塔式的存在。但现实是，当你在追逐一项发现时，这座象牙塔也会变得像现实世界一样残酷。我知道其他实验室的研究人员正在进行和我类似的项目，而我希望我的项目能够成为第一个也是最好的同类项目。因此，我保持着工作节奏，不敢松懈。我的研究工作是在母乳喂养和陪伴孩子的间隙完成的。

那年秋天，我收到了好消息。我在产后几天提交给智能用户界面国际大会的那篇论文入选了。我受邀去葡萄牙马德拉群岛的年会，大会邀请我用"海报展示"的形式介绍我的项目。海报展示就像它的字面意思一样：我需要把研究工作总结展示在一块48英寸×36英寸的海报板上，在大会议厅里向与会者做介绍。这就好比一场科学展览。我连续好几个小时站在海报旁边向与会者描述我的研究，与数百名学者和行业专家交流。当时6个月大的雅娜就躺在婴儿车里，待在我旁边。如果雅娜闹了或饿了，我就会离开会议厅给她喂奶，然后回到展牌的位置。是的，这么做很尴尬，因为与会者大多是男性。我担心作为场上唯一一名带着婴儿的女性，我不会被认真对待。但在某种程度上，这反而对我有利，我从大约两百名演讲者中脱颖而出。事实上，雅娜和我都很受欢迎，人们很快就认出了我这个新手妈妈和我可爱的宝贝。

这是我第一次在公共论坛上介绍我的研究，反馈很是积极。其他科学家能够看到我在做一些事情，我感受到了同行的尊重和认可。最重要的是，我的研究做得很成功。

我身兼数职：科学家/发明家和一个婴儿的母亲。我决心在这两方面都做到最好。到剑桥的第三年，我越发努力地工作。对我来说，那是一个难忘的时期，研究进展顺利、颇有成效。现在，我的算法完全可以读取人类的面部表情了，我也能够快速地教它解读各种新表情。

进入4月，春天终于来临，白昼变长了，整个城市绿油油的，充满活力。如果天气允许，周末我会带雅娜去公园，坐在雏菊丛里玩耍。我们还会一起在草地上跑步、打滚。埃及和科威特基本上都是沙漠，所以我喜欢英国新鲜的花草味道，也希望雅娜能在我们永远离开剑桥之前好好地体验英国的广阔天地。

在剑桥的最后一年很快就过去了。6月初,当我正在给博士论文收尾,准备和雅娜一起回开罗过暑假时,我收到了彼得发来的一封邮件。他说《情感计算》一书的作者罗莎琳德·皮卡德教授将于8月24日到我们实验室参观。她想和实验室的学生见见面,了解我们的研究项目。彼得估计她会给每个学生大约10分钟的时间,他让有兴趣的同学都报名参加。

我当时还没有意识到这个机会对我来说意味着什么,但我当时确实得做些艰难的选择,那些选择最终影响了我的个人生活和职业生涯。我拼了命地想见到这个给了我启发、激励我进入目前研究领域的女人,她的书激发了我的想象。但有个问题,在和皮卡德教授见面之前,"读心器"还需要进一步完善。在知道皮卡德教授会来实验室之前,我的计划是暑假回开罗,秋天再回校完成毕业论文,但现在我得重新做打算。这是个艰难的抉择。过去三年里,我和威尔见面的次数少之又少。暑假正好是我们重聚的好时候,也是雅娜见到她的父亲、融入大家庭的时候。我并没意识到类似这种"选皮卡德还是家庭"的权衡将成为我的常态。

我给威尔打电话解释了情况,他同意我暑假留在剑桥去见皮卡德教授。回想起来,威尔做出这个决定一定很困难。他一定很失望。如果反过来,我也会失望的。但他从来没说过他对我的决定感到失望。

在我准备的项目演示中,我使用了一个连接在实验室电脑上的罗技网络摄像头和一个大显示器。显示器会显示网络摄像头所看到的图像,即人脸。显示器下方有许多滚动的线条图,旁边还有绿色和红色的色条。这些图和色条提供了"面部"所反映的心理状态对应的数字,实时显示这个人是在微笑还是在点头,是感兴趣还是感到困惑。

虽然我还没听说过其他哪个实验室的项目能达到我目前取得的效果,但我还是担心。皮卡德教授负责麻省理工学院媒体实验室的情感计算小组,而麻省理工学院是计算机科学领域的巨头,我一直担心她的实验室里有人已经破解了密码,担心我的研究工作在他们看来根本没有创新之处。我被这种恐惧驱使着不断完善自己的研究成果。我想给它创造一个最佳的呈现机会。

项目演示那天早晨,我早早地起了床,留出充分的时间做准备。我翻遍了衣柜,准备展示活动时穿的衣服。我想让自己看起来自信、聪明、优雅、正式,但不要过于正式。最重要的是,我希望别人能记住我。试了各种衣服后,我挑了一件橙色的上衣和一条配套的希贾布,还有一条深蓝色的长裤。

我把雅娜送到托儿所,那儿离我们的住处要走10分钟的路。之后,我坐公交车到了实验室,打开电脑,开始一遍又一遍地测试,确保一切顺利。我在脑子里预演了一遍:首先,我会向皮卡德教授介绍我自己和我的研究工作,然后邀请她观看"读心器"的演示。我坐立不安地在办公室等待她的到来。

皮卡德教授准时到达。她穿着衬衫、夹克和长裤,看起来干脆利落,很是专业。她有一头金色的短发,面容透着智慧和好奇心。

在听了我的自我介绍后,罗兹(皮卡德教授坚持要我叫她"罗兹")开始向我提问。她问我关注的是哪些情感,使用了什么研究方法。

我告诉她我用的是动态贝叶斯网络,因为我想在面部表情展现时同步纳入时间信息,并给面部表情及其含义的复杂映射编码。

她又问我是怎么实现系统运行的。

我告诉她,我用 C++ 进行编程,来确保我可以搭建实时的样品。

她接着问我使用了什么样的数据。

我回答说用的是西蒙·巴伦-科恩博士数据库的数据。

一问一答很是顺利。当然,如果演示出问题了,所有的问答都毫无意义。我怀着激动的心情,邀请罗兹亲自尝试一下"读心器"。她坐在我的办公桌前,直视着罗技网络摄像头,开始做各种表情:微笑、皱眉、看起来很感兴趣、看起来很惊讶。每次计算机都能成功识别。看得出来,她对我印象深刻,真的是印象深刻。我这才松了一口气。

罗兹在我的办公室待了 45 分钟,我也马力全开。我们是同一类人,我们语速都很快,都喜欢了解对方的观点,也很擅长接对方的话。我们一拍即合。我终于见到了这个人,她既充分欣赏我的研究,又全然理解我渴望创建的世界。我谈到了我的"顿悟时刻",意识到这项研究不仅关乎人机交互,更关乎人际交流。我还分享了我想为自闭症群体制作"情感假肢"的愿望。

最后,罗兹说:"这是一项特别棒的研究。你愿意在获得博士学位后作为我的博士后为我工作吗?"

我心想:我必须回到开罗,回到我的丈夫身边,他已经等了我三年了!

我安静了几秒。我告诉罗兹,她的书是激励我当初来剑桥深造的动力,我多年来一直关注她的研究。她不仅给了我灵感,还是我的榜样。和她一起工作对我来说意味着梦想成真。

但我也用玩笑的语气和她说(不知为什么,我至今仍记得那些话):"我是一个穆斯林。在伊斯兰教中,一个丈夫最多可以娶四个妻子。我已经离开三年多了，如果我读完博士还不回去，我的丈夫肯定会娶第二个妻子。因此，虽然我很想加入你的实验室，但我需要在读完博士后回到埃及。"

我是半开着玩笑说的。虽然中东地区仍然实行一夫多妻制，但在我和威尔这个教育层次的圈子里，很少有人这么做。不过，我还是担心如果我再次离开埃及，我的婚姻会亮起红灯。

当时我不知道罗兹的行事风格，她从不接受别人说"不"。我的回答让她对我更感兴趣了。在了解我的情况后，她说道："我们会想出办法解决的。到时你可以考虑在开罗和美国之间来回。"

皮卡德教授离开后，我马上给威尔打电话，告诉他我见到了罗莎琳德·皮卡德，一切都很顺利——真的很顺利。但我没有告诉他皮卡德教授邀请我加入她实验室的事儿，我想之后再处理。

我的研究工作还没结束，我还需要几个月来完成我的博士论文。我想留在剑桥，但威尔坚持要我回家。他想念雅娜，也希望我回去。他这样做是完全可以理解的，但我想留在剑桥完成我的研究。留在剑桥的话，我的生活有节奏可循，就是围绕着研究工作和雅娜转。而回到开罗，我又会被卷进家庭生活和我的其他社会义务里。我担心自己会分心，没办法专注地写论文。我推脱说我还没准备好回家，但威尔不同意，于是我妥协了。幸运的是，彼得理解我的处境。我在实验室已投入了足够的时间，所以他允许我在家工作。

在我回到开罗的 6 个月里，我坚持执行严格的时间表，和我在剑桥的生活节奏一样。凌晨 4 点，其他人还在睡梦中，我就起床写论文了，我还会趁雅娜小睡的时候写论文。就在我即将结束博士生学业的时候（2005 年初春），我意识到我需要一段连续的、不受打扰的时间来完成最后的论文章节，而我很难同时照顾雅娜。威尔作为ITWorx公司的首席执行官，工作安排很紧张，所以他也没有太多时间带雅娜。于是，我的母亲向学校请了假来帮我。我收拾好我和雅娜的行李，去阿布扎比待了一个月。母亲陪着雅娜，带她逛公园、逛商场，我则把自己关在十多岁时住的卧室里，不停地写论文。

有一天，我去拜访父亲。父亲的办公室里除了几位助手是女性，其他都是男性。父亲为内政部长工作，负责实施信息技术和搭建人工智能系统来支持阿联酋相关部门和机构的运转，例如警察局、消防站、机场安全部门等。

我走进去，说我想找艾曼·卡利乌比。其中一个人喊道："阿布·拉娜在哪里？告诉他，他的女儿来了。"

阿布·拉娜？我简直无法相信自己的耳朵。

在阿拉伯国家，人们习惯用长子的名字来称呼男性。如果我有个哥哥叫艾哈迈德，我的父亲就会被称为"阿布·艾哈迈德"。如果这个男人没有儿子，那么别人就会直接叫他自己的名字，也就是艾曼。

我父亲的同事们用他的长女——我的名字来称呼我的父亲！他们这么叫我父亲，意味着他一定经常谈起我，并为我的成就感到自豪。他的同事们很认可我，羡慕他有一个值得骄傲的女儿。我深深地被感动了。

毕业答辩

2005年春天，我早早地回到了剑桥，参加论文答辩。在美国，要完成你的博士生学业，你就必须在公开论坛上为论文"答辩"，当场回顾你所完成的研究，解释研究方法和获得的成果。在英国也有一个类似的规定，叫作 viva voce（是拉丁语，意思是"实况人声"），或叫"口试"。说实话，我害怕论文答辩不亚于害怕做根管治疗。论文答辩很艰难，气氛很紧张。每个人都讨厌论文答辩。届时，每个学生都会被分配到由两名考官和一位主席组成的评估委员会，由主席掌管你的答辩项目。我的评估委员会成员有罗兹·皮卡德教授（她应我的邀请而来）、彼得·鲁宾逊和肖恩·霍尔顿（剑桥大学机器学习教师之一）。

论文答辩是全封闭式的，没有时长限制。考查通常至少持续90分钟，长则可能会持续3个小时。我不记得对我的考查持续了多久，但我确切地记得，在感觉到一阵恶心之后，我机枪似的开始了我的论文陈述。三年半之后，我才意识到我的研究领域很冷门。论文答辩时，我其实很是享受。

皮卡德教授问了很多具有前瞻性的问题。"你用这个研究结果去做什么？""现在有哪些应用了？""系统里有哪些空白还没填补？"当时我还没有确定加入麻省理工学院媒体实验室，但我可以看到罗兹在思考未来，思考我们可以用我的研究成果做些什么。

论文答辩结束后，我搬回了埃及。在实验室度过的最后几周里，我很伤感。过去的三年半里，实验室的伙伴们就像我和雅娜在剑桥的家人，而我忠于与我关系亲密的人。此外，未来的不确定性让我感到焦虑。

2005年5月，我回到剑桥参加毕业典礼，陪同我的是威尔、我的父母和雅娜。这是我的父亲这么多年里第一次来剑桥。毕业典礼那天,蓝天白云、阳光灿烂,是剑桥少见的好天气。真是完美,没起雾,没下雨,天气晴朗。

当然,我戴着帽子,穿着长袍(我的学位帽是戴在希贾布上的,我费了好大劲才把帽子戴稳)。

剑桥大学是一所具有前瞻性的学府,但也是一座尊重历史的殿堂,毕竟它的历史可以追溯到1209年。学校继承了许多历史悠久的传统。我记得我和第一批毕业生一起上前接受学位时,听到了很长的拉丁语发言,然后我们走上了舞台。

"最尊敬的副校长和全校师生,我向各位推荐这位女士,我深知她的性格和学识都很适合接受博士学位,我向全校师生做此保证。"

叫到我名字的时候,我走上前去,跪了下来。

"我凭着交付给我的权力,以圣父、圣子和圣灵的名义,授予你博士学位。"

那时,雅娜很快要满两岁了,她参加了我所有的毕业活动。那天,她穿了一件可爱的白裙子。我给了她一瓶泡泡水让她吹,保证她开开心心的,不会发脾气。当我从一场活动转到另一场活动时,她也一直乖乖地待在我身边吹泡泡。

这就是我对毕业典礼那天印象最深的地方。就在那一刻,我感觉自己可以拥有一切:一份令人惊叹的事业、一个支持我的丈夫和家庭,以及一个健康快乐的女儿。我知道我很幸运。不是每个人都能在他们的一生中体会到这种感觉。

12　疯狂的点子

如果平行宇宙理论是真的（我有什么资格和霍金争论呢），那么在某个时空，会有这么一个拉娜：她搬回了开罗，成为开罗美国大学计算机科学系的终身成员，她住在校园附近郊区的时尚住宅里，那是个具有当代阿拉伯建筑特色的地方，她有着幸福的婚姻，说不定现在可能有三四个孩子……

这就是我的"宏伟计划"，我一直相信我在获得博士学位后会回到埃及过这样的生活。但是，地球上的星星并没有完全指向那个时空的拉娜所在的方向。

话说回来，2005 年秋，当我从剑桥大学以博士身份回到埃及时，一切仍然"在正轨上"。我回到了我的母校开罗美国大学教授 CS106 课程，也就是计算机科学导论。当时 27 岁的我是学校最年轻的教师之一，我努力让我的课堂充满新鲜的思维。在十多年前我念书时，学校课程的重点仅仅是编程。但对我来说，只教给学生编码的艺术是不够的。尽管那时还没有苹果手机和其他智能手机，但越来越多的人在使用 Myspace（聚友网）、AOL 即时通信、谷歌和聊天室，并在 eBay（易贝）和亚马逊等网站购物，每次网络互动都会留下大量的用户行为数据。对我们这些业内人士来说，数据就是新型货币。随着技术越来越了解我们的生活方式、喜好、关切之事、医疗状况等，数据的价值只会越来越高。如今，计算机科学家必须考虑一些以前与我们的工作不相关的问题。（在庞大的数据库形成之前，保护用户隐私、不把他们的个人数据卖给出价最高的人而破坏用户信任，这些在当时并不是主要问题。）此外，我想让学生们思考，我们创造的产品不是只为少数精英（那些受过教育的、富有的、体格健壮的人），而是为来自社会各个领域的所有人服务的。

因此，我让我的学生更深入地讨论如何解决与科技公司有关的伦理和道德责任问题，这在计算机课上是很少见的。也许，如果道德是计算机科学工作者核心课程的必修部分，有些公司如今就不会痛失公众信任。我想激励这些孩子利用他们的知识给技术带来积极的影响，甚至改变他们的生活轨迹。

我喜欢教书，我爱我的母校。回到我曾经度过人生中最快乐的时光的地方，有一种很舒服的感觉。经过这么多年的分离，我和威尔终于能一起回家了，周围都是我在异国他乡每天都会思念的家人和朋友。我已经忘记英国单调的、灰蒙蒙的天空了。在开罗的日子几乎总是阳光明媚的——再也不用每天看天气预报了。

与我在英国剑桥过的日子相比，回到埃及的生活就像英国朋友说的：豪华！我不再需要骑车去上班，也不用站在寒冷的角落里等公交车。我有专职司机,他叫萨拉赫,是努比亚人(苏丹和埃及南部的一个古老民族),他每天开着宝马车送我去上班。开罗的交通状况很糟糕,所以我们有很多时间在车里聊天。我和萨拉赫至今仍有联系。我还有一个全职管家和一个住家的印度尼西亚保姆,以及随时愿意帮忙照顾孩子的家人。我不用接送雅娜上托儿所,不用做饭,也不用拖着一袋衣服走10分钟到投币式洗衣店洗衣服。(现在,深夜,在我把衣服扔进洗衣机、为第二天的晚餐准备蔬菜时,我时常会想起在开罗的那些日子。)每周五穆斯林的聚礼日,威尔会去我们常去的清真寺祈祷,然后我们回到家和公公婆婆一起吃一顿悠闲的午餐。

我从剑桥回来后,我们夫妻在阿尔里哈布区租了一套房子。这是一个非常理想的高档新社区,位于开罗郊区,能有效避开拥挤的市区(当时市区已经人满为患了)。2008年,开罗美国大学计划从开罗市中心搬到新开罗。作为一名教职员工,我有权以较低的价格挑一块地买下来,在新校区附近建房。那是一个黄金社区,我和威尔抢到了一块好地皮,我们可以一起规划我们的梦想家园了。虽然是因为我是学校教职工,我们才有机会购买这块土地,但我把产权转给了威尔,因为我以为我们会永远在一起。按照中东地区的习惯,我把所有的财务和法律事宜都交给了丈夫威尔。我从未对房子的事有过疑问,或坚持要拥有这块地或这栋房子的一部分。我只负责在文件上签字。我也没有问过我们家的财务状况。这是我受的教育中非常缺乏的一部分。

不过,我们的日子挺美好的。我努力工作,努力追求我的事业,但我也以西方人无法理解的方式被宠爱着。在中东,请帮工很便宜,一个富裕的中产阶级人士可以拥有美国更富有阶层享有的一些奢侈物。也许,如果我没有去过剑桥,没有认识罗兹,我就会满足于用这种方式度过余生。(当然,如果我没有在剑桥大学获得博士学位,我也不会被开罗美国大学聘用。)

自从皮卡德教授向我抛出橄榄枝,邀请我加入她在麻省理工学院媒体实验室的情感计算小组,这个想法就一直在我的脑海里打转。我有时不想去考虑接受博士后的工作。(如果我真的得到一份博士后工作,我将如何平衡与家庭和威尔的关系?)但是,不知怎的,我怎么也不能让这事儿翻篇。罗兹也对这件事念念不忘,她决心把我带到她的实验室,并且在想尽办法实现它。

威尔知道罗兹想把我带到麻省理工学院去,但我们从未真正深入地谈论过这个问题。之前我问他,我可不可以留在剑桥完成毕业论文,他的反应很是消极,因此我觉得我最好不要再提我可能会离开埃及的事。连我本人都不确定去不去呢。

虽然我愿意为了得到去麻省理工学院的这个机会免费工作,但罗兹那年没有资金雇用我。我作为一个外国人,需要麻省理工学院为我的签证提供担保,这意味着我需要一份更正式的安排,有工资可拿。

因此,皮卡德教授认为,我们应该申请美国国家科学基金会的计算机和信息科学与工程拨款。如果我们赢得了这笔资助,就有了资金条件,我就能加入实验室。但是,获得国家科学基金会的拨款这事儿,我们几乎没有任何把握。资金很难申请到,申请的过程本身也让人望而却步。

我们向基金会申请资金来建造"自闭症患者的社会情感假肢"。这是一种新型训练工具,能帮助自闭症谱系中的人更好地理解他人的情感线索。这将把我用"读心器"开发的技术带入现实世界,正是通过我所设想的它在现实世界中被运用的方式:加强人与人的交流。

我们建议在谷歌眼镜这类设备上嵌入一个摄像头,对其进行编程，以使它能够实时识别面部表情，并通过耳塞向佩戴者提供反馈。好吧，在 2006 年，还没有谷歌眼镜，苹果手机也还没有被推出，相机还不普遍，也不够先进。我们"疯狂的点子"不仅听起来雄心勃勃，而且绝对属于"外围"领域的研究。

但话说回来，我的"读心器"也曾被人这么看待。

那年秋天到冬天，我和罗兹都在远程通信，疯狂地申请资金支持。那是一个漫长的过程。我在开罗时间的早晨写作，然后在波士顿时间的早晨把草稿通过电子邮箱发给罗兹。罗兹会在开罗时间我睡觉的时候写作，然后在第二天早上（我这边的早上）用电子邮件发草稿给我。我们当时开玩笑说，我们两个人没日没夜地在工作。

我们的申请书经过了精心准备和深思熟虑，我和罗兹的合作正如我所希望的那样好。更妙的是，我向她证明了我可以远程工作。虽然我身处地球的另一端，但我仍能保持高效工作的状态。我希望如果一切顺利，她会像彼得一样同意我大部分时间在开罗的家里工作。

我们在 2006 年晚秋提交了资金申请，在初冬收到了回复。那是我读过的最积极的拒绝信。国家科学基金会挺欣赏我们的想法。我们的项目在"潜在影响力"方面得分很高，而且他们认为提出项目方案的团队（罗兹和我）具有实际创造这个东西所需的智力优势。但总的来说，他们觉得项目太冒进了，不可能实现。

太冒进？不可能实现？他们真这么认为吗？我听别人这么说过，但那些话并没有让我停下脚步。

但是，当时我还没有看到希望。我对被拒感到非常失望，而且我知道"读心器"（我的算法）的下一步将走得很艰难。它需要一个像皮卡德教授这样有才能、有远见的人加以指导——事实是，全宇宙只有一个皮卡德,除非我是她麻省理工学院的小组成员,否则我们真的无法进行有效的合作。有一段时间,我的梦想似乎已经枯萎了。

在收到国家科学基金会"你们的想法很好,但不用了,谢谢"的邮件后不久,罗兹给我发了一封邮件,让我给她打电话。我准备好了听她对国家科学基金会的事怎么解释。我在脑海中一遍又一遍地猜测,我猜她会说:"我很抱歉,拉娜,我们努力过了,但没有成功。祝你生活愉快。"我会感谢她的帮助,并尽量不表现得太沮丧。

终于,我鼓起勇气给她打了电话。我的手在颤,我的心在抖。我不愿意看到这个梦结束。罗兹马上接了电话,她的回复出奇地乐观。她说的第一句话是:"拉娜,他们喜欢这个想法,只是认为实现不了。所以,我们先把它建起来,建起来了再去申请资助——下次要申请更大的资助!"

我被罗兹的决心惊呆了,显然,这个女人没有放弃。我很高兴罗兹仍然在想办法让我去实验室,我很欣赏她的热情。但我还是有点儿警惕,我不想再让自己的希望落空。

"你打算怎么做呢?"我问道。我并不怀疑罗兹的诚意,但从我的角度来看,现状似乎对我们过于不利。

"不用担心,"她自信地说,"我会和尼古拉斯·尼葛洛庞帝先生聊聊。"

我从罗兹那里学到了很多人生经验,其中也许最重要的是——坚持是成功的关键。永远不要把拒绝当作结局,永远不要低估罗兹·皮卡德。

尼葛洛庞帝是科技界人人闻而生畏的名字,他在1984年创立了标志性的麻省理工学院媒体实验室。他闻名的由头不少,但其中最瞩目的是他在技术领域注入了充分的人文关怀。他经常被引用的一句话是："我们应该做的不是计算机扫盲，而是人类扫盲。计算机必须跟人类一样有学识。"

如果说有人理解并支持我和罗兹正在做的事情，那么这个人一定是尼葛洛庞帝。当时，他正打算离开实验室，专注于他的"一孩一笔记本电脑"项目。这是一个非营利组织，使命是向全世界的儿童分发低成本的笔记本电脑，让更多人拥有获得教育的机会。尽管尼葛洛庞帝一只脚已经迈出门，但他仍然对实验室的预算分配有一定的话语权。在他完全离开实验室之前，罗兹找到了他，请求他资助一个全实验室谁都没见过的人——来自阿拉伯世界的国度埃及的一名年轻穆斯林女性、剑桥大学博士，理由是她想制造"情感假肢"。

我如坐针毡地等待着命运的答复。与此同时，生活还在继续。我回到家时，正赶上妹妹拉莎的婚礼筹备。那个时代比较保守，妹妹的婚礼不会像我和威尔的婚礼那样大张旗鼓地庆祝，不会有DJ、肚皮舞者和歌手。那样的婚礼已经不流行了。我们都还戴着希贾布以示得体。事实上，我们还得抓住拉莎的胳膊带她跟着音乐动起来。"拉莎，这是婚礼，不是葬礼。"母亲、妹妹鲁拉和我一遍遍地朝她喊着，真是让人着急。

我们喜欢的西式晚礼服大多是无袖款，比较短，要么就是衣领太低了。我们只好让开罗的裁缝为我们定制礼服，好符合我们对得体的要求。有一天晚上，母亲和我们三姐妹正在裁缝店试衣服，这时我的手机响了。

"嗨，是拉娜吗？我是尼古拉斯·尼葛洛庞帝。"

电话线里的声音有些刺耳，有电流声，让人听不清楚。我想确保我没听错名字，于是我追问道："请问是谁？"

"我是尼古拉斯·尼葛洛庞帝。我打电话给你,是想邀请你加入麻省理工学院媒体实验室做博士后。"

这是我生命重置的时刻,毫无疑问我会接受这个邀请。当我开始在剑桥攻读博士学位时,我不知道这三年半的时间将如何改变我。我已经接触了一种新的生活方式和新视野,而这一切是不可能被抹去的。此外,我留下了太多未完成的事。要是我能够创造真正能帮助自闭症儿童的东西呢?如果这项技术能更好地改变人类在线"连接"的方式呢?这难道不是很重要的、势在必行的事吗?

收到加入麻省理工学院媒体实验室的邀请时,我几乎是通知威尔我要去做博士后。我并没有说:"不管你喜不喜欢,我都要去追求我的梦想。"但必须承认,在这件事上,我也没征求他的同意。这样的沟通和我们之前的互动方式截然不同。以前我总是在每件事情上都征求他的意见,并相信他的意见比我的更有道理。这是第一次,我足够自信地坚定自己的想法。我觉得我好像有什么重要的东西可以贡献给这个世界,我想把它创造出来。

但我必须承认,一想到他可能对我再次离开有什么反应,我就有点儿反感。但我先把这些想法抛到了一边。我兴高采烈、热情洋溢,不想去思考任何潜在的负面影响。这一次,我告诉他(也告诉我自己),情况不一样。虽然我仍然要处理去麻省理工学院的具体安排的事宜,但我告诉威尔,罗兹同意我大部分时间留在开罗远程工作,我每隔几个月去一趟麻省理工学院就好。如果说威尔的声音或表情里有任何一丝担忧,我真的完全没有注意到。他似乎支持我接受这份工作——怎么说呢,至少他没有反对,所以我相信了他的话。

现在回头看,我真希望当时有台录像机录下了威尔的表情,看看我是否错过了他脸上一些微妙的、转瞬即逝的表情，是不赞成、失望还是轻蔑呢？这可能是我情商上的巨大失败，但当时从我的角度来看，威尔的行为和话语释放的信号都很不错。但这也许是因为我不想接受任何负面的感觉吧。也许威尔也感到很矛盾，他既不想妨碍我，又想让我做一个"正常"的妻子。

我确实对要离开雅娜感到内疚。我把她留在开罗上幼儿园，我不想带着她在开罗和波士顿之间来回奔波。[①]当我要去波士顿的时候，我可能比她更难过。泪水顺着我的脸颊肆意流淌。她给了我一个大大的拥抱，和我吻别，但她并没有拖着不让我走。如果她求我别走，我就会很难离开。不过，雅娜习惯了身边有人照顾，她很喜欢我的公公婆婆，我在波士顿的日子里，他们经常照顾她。我在美国时非常想念我的宝贝。在我读博的时候，我们娘儿俩的关系变得很亲密，每次我回到家，她都很兴奋。但我不在的时候，她也过得很好。这让我很欣慰。

2006年2月5日，我来到了"另一个剑桥"（坎布里奇），开始了我在麻省理工学院媒体实验室的博士后工作。5天后，一场猛烈的东北风袭来，波士顿下了15英寸厚的雪。这儿的天气很冷，一直很冷，而且越来越冷，寒冷刺骨。英国剑桥的冬天就已经很糟糕了，结果我来到了一个冬天天气更糟糕的地方，这怎么可能呢？但我不仅留下来了，还一次次地回到这里，这足以证明这个地方对我来说多么重要。它和世界上其他任何计算机实验室都不一样。

麻省理工学院媒体实验室成立于1985年，是尼葛洛庞帝设想的一个技术孵化器，为"媒体融合"（计算机、报纸、电视和其他通信

[①] 麻省理工学院所在的坎布里奇市与波士顿市仅一河之隔，同属波士顿大都市区。本书中的"波士顿"有时可理解为"波士顿大都市区"。——编者注

方式的融合）做准备。尼葛洛庞帝认识到，这种融合将改变社会。与传统的"计算机"实验室不同，麻省理工学院媒体实验室自豪于自己的"反学科"属性，或更准确地说是"跨学科"属性。是的，实验室的每个人都善于编程，这一点毫无疑问。但计算机科学并不是他们的唯一爱好。这个团队里有音乐家、神经科学家、医生、艺术家、设计师、教育家和心理学家，甚至还有一位研究"奇迹"科学的专业魔术师。和我一样，他们来到这里是为了把他们"疯狂"的点子变成现实。

尽管不同学科的人聚集在同一屋檐下，但实验室有一个统一的主题——我们正在创造改善人类生活的技术。这正是将这群看似毫不相干的人聚集在一起的黏合剂。

与剑桥大学计算机实验室的结构相似，麻省理工学院媒体实验室所在的威斯纳大楼也是方方正正、棱角分明的。但当我穿过玻璃门进入主区域时，风格就大不一样了。当我第一次环顾四周时，我有点儿茫然。这里纯粹是一片混乱，到处都是东西，要么堆在桌子上，要么在一个大的、开放的阁楼式空间里堆放着。与剑桥实验室不同的是，这里没有整齐的一排排桌子或格子间，相反，一个小组紧挨着另一个小组。每个空间都是一个"创客空间"。有一些靠墙的小办公室专供教师使用，门是关着的。还有正式的"工作站"供各小组使用，但我们经常在公共区域的简易椅子或沙发上度过休闲时间。当时，实验室正在扩建，我们的所在地周围正在建一个闪亮的、新的玻璃扩展区。施工队又给我们增加了一点儿拥挤和混乱的气氛。（新的媒体实验室大楼于 2010 年启用。）

剑桥大学的学生和教师严谨保守，"很得体"，而这儿的人却穿着运动裤来工作，我怀疑有几个人连睡衣都懒得脱下来。但没有人介意这些事情。

我必须承认，在严肃正气的剑桥大学学习了三年多，又在宁静的开罗美国大学教了一年书，这次到了麻省理工学院，我感觉可以自由地追随自己的方向。没有人会给我下定义，没人会说"哦，你是个计算机专家，老实待在你的赛道上吧"这样的话。相反，实验室允许我以一种我从未体验过的方式体会知识自由。

媒体实验室在许多方面都很独特，尤其是在它的资金来源方面。7 500万美元的年度运营预算大部分来自行业赞助，而不是来自政府。80多家赞助商里有一些世界顶级的企业，比如谷歌、三星和推特这样的科技公司，也有所谓的非科技公司，比如二十一世纪福克斯、德勤、雅诗兰黛、奔驰北美研发中心和乐高集团。

私人资金使得实验室摆脱了对政府拨款的依赖，但也有其弊端。2019年9月，实验室的第三任主任伊藤穰一引咎辞职，因为他被指控试图掩盖金融人士杰弗里·爱泼斯坦对实验室的捐款，后者被爆涉嫌性交易。这些事都发生在我离开实验室多年之后。

罗兹的情感计算小组在一楼，紧挨着由休·赫尔率领的生物机械电子学小组。赫尔是一个潇洒的双小腿截肢者，常常穿戴着他的小组设计的两只生物机械下肢在实验室里冲刺。我还惊奇地发现，自己离终身幼儿园小组只有一步之遥。这个小组成立的灵感来自已故的西摩·帕珀特博士，他是一位著名的数学家，提出儿童应该在学校学习编程技能。当时，只有少数精英派成年人懂得编程。帕珀特是Logo编程语言的共同发明者。我对这门语言很了解，这是我在小学时用来学写代码的软件，我就是用它写下了人生的第一段代码。用户使用这款软件，能够在计算机上画出一棵圣诞树，并配上闪烁的灯光。正是它开启了我的计算机科学道路。

当我来到罗兹的小组时，我对团队正在开展的各种不同的项目感到敬畏。情感计算小组正在研究 iCalm，这是一根腕带，可以实时追踪个人的交感神经活动，从而测量人的压力水平，并将数据以可访问的形式发送到笔记本电脑或手机上。这是罗兹的宝贝，她总是在实验室里戴着她的 iCalm 腕带。

韩国博士生安亨镒刚刚建立了一个 RoCo 原型。这是一台机器人计算机，它的显示器（它的"头"和"脖子"）可以移动，以一种有趣的方式与用户互动，目的是改善用户的姿势。后来，我和亨镒合作完成了一个项目，结合了我的面部分析技术以及他感兴趣的"喜欢"和"想要"的区别。我们进行了一项为期数月的研究，测试用户对著名的百事可乐和可口可乐口的味道的反馈。我们要求志愿者尝试不同口味的软饮料（这是一项盲测，因为参与者不知道他们喝的是什么口味或品牌）。他们每喝一口，我们都会逐帧对他们的反应进行量化。他们的鼻子有没有皱起来，头有没有往后缩？如果有，那么他们并不喜欢那种味道。他们是否扬起眉毛并舔了舔嘴唇？嗯，这说明他们对这种味道很感兴趣。这项工作标志着第一次有人能够逐帧量化人们对新产品的反应。这项研究不出意料地引起了一些赞助商的注意，比如宝洁公司和美国银行。他们想知道如何利用这种应用来测试消费者的体验感，因为它的反馈是实时的。

但最吸引人的项目也许是塞思·拉斐尔的研究——"寻找奇迹：测量我们对奇迹的反应"。赛思是一位魔术师，他的成名原因是将技术和魔术结合。例如，他曾经让我在脑海里想一个物体，任何形状或大小的物体都可以。我想到了埃及金字塔，然后他用他的平板电脑在谷歌上开始搜索，瞧，屏幕上弹出了一张金字塔的图片！作为一个优秀的老派魔术师，塞思没有告诉我他是怎么知道我当时在想什么的。总之,我肯定他看到了我脸上惊讶(惊奇)的表情,那正是他所关注的。

如果说我是我们小组那个专业但不苟言笑的成员,赛思则和我完全相反。他经常穿着红红绿绿的疯狂套装出现在校园里,他根本不在乎别人怎么想。多么自由啊!

在麻省理工学院媒体实验室,我越来越感到自在。当然,与我曾经学习和工作的其他地方相比,我更习惯和麻省理工的同事相处。问题在于,它离我开罗的家有5 400英里远。不过,我还是能够安排好,大部分时间都待在开罗。我经常开玩笑说,"我的通勤时间是最长的"。每年秋天和春天,实验室都会举办"赞助商周",邀请资助实验室的《财富》500强公司来观看学生的项目演示。我答应过要去参加这些活动。另外,我会在夏天的时候和雅娜一起搬到坎布里奇市,在实验室里全职工作。过去这一年里,我每几个月就会去坎布里奇待两个星期。

我常年在两个国度之间游走,这种灵活的时间安排有其优点和缺点。理论上,我在开罗待的时间比在坎布里奇的时间长,但我觉得我待在哪里都心不在焉。我在开罗时,按照波士顿的时间安排工作,希望和团队成员保持联系,而且总是惦记着下一次美国之行。而在波士顿时,我又担心家里会发生什么事。我感到很纠结。

麻省理工学院媒体实验室和开罗相隔半个地球,但事实上,它们不仅地理位置不同,还奉行着完全不同的世界观。在实验室,你不会因为听话而得到加分。恰恰相反,在这里当一个在智力上藐视他人、不听话的不合群者是很酷的事。实验室的宗旨就是挑战规范,这也正是我的做事风格。

我是一个已婚的穆斯林妇女,有一个孩子,有着保守的生活方式。我打破了人们对我的刻板印象,实验室成了我的完美选择。我和其他人一样，用我自己的方式表达叛逆。考虑到我成长的文化环境，更是如此。我在实验室找到了归属。

由于我经常在开罗和坎布里奇之间穿行，两种文化并行之下更显得它们特点突出。在埃及，你会因为冒险而受到指责。在一个循规蹈矩的社会里，冒险是不光彩的事。你不会想引起别人的注意，不会想脱颖而出。因为那么做可能会让你成为众矢之的，让你失去事业和婚姻，在某些情况下，甚至还会威胁到你的生命。

而在麻省理工学院的实验室里，大胆、思考和冒险的行为被赋予了新的含义。甚至可以说，冒的险越大越好。风险的结果如何并不重要，冒任何风险都是一种成功。因为在你冒险时，在你因为信仰而跃跃欲试时，你贡献了新的创造。即使失败了，你也能从中学习。

每次我来回穿行于开罗和坎布里奇之间"通勤"时，我都在努力调和我所生活的两个世界。我的家人已经开始问我："你为什么不待在开罗美国大学教书呢？这不是你一直以来的计划吗？"

没错，我越来越多地收到家人的否定性反馈。人们通常会谈论梦想，并花时间去实现梦想，但他们很少谈及实现梦想之后的事情。在我还是开罗美国大学新生的时候，我的梦想就是成为那里的一名教师。但我在英国的博士求学经历和在麻省理工学院的博士后工作经历让我看到了更多可能性，看到了我在塑造技术和人类未来时可以发挥怎样的作用。

我们进入了技术发展的关键时期。我们正快步进入一个移动时代，每个人手上都有强大的计算工具，这为与人交往以及创造学习的新方式打开了大门。对我来说，已经没有回头路了。我想成为这个新世界的一部分，我想成为引导这项技术向正确方向发展的人——我再也抑制不住这种渴望了。

从某个层面来说，我很好地融入了这个充满不合群者和梦想家的地方。在那之前，我一直是个有"疯狂"的点子的人。但在这个实验室里，人们在疯狂这件事上的竞争很是激烈。当我刚刚加入实验室时，我是一个戴着希贾布的女人——我是唯一一个戴着头巾的女人，这让我显得非常与众不同，人们觉得很新奇，但并不真正理解我的穿着。在英国剑桥，我遇到的每个人几乎都曾周游世界，许多同学都去过埃及或者至少一个讲阿拉伯语的国家。但在马萨诸塞州坎布里奇市，许多人从未到过美国以外的地方。即使他们出过国，也很少有人去过埃及。他们对埃及人和穆斯林的看法在很大程度上是由媒体塑造的，他们对我们了解甚少。我猜他们想象不到一名有宗教信仰的穆斯林女性会成为一个科学家，更想象不到她会成为在一个以特立独行著称的实验室工作的科学家。

在美国，我总是受到尊重，人们对我慷慨相待。但有时我觉得自己好像被视为外来生物或"特殊外国人"，这是美国移民局在面试我的工作签证时给的说法。（这个标签总是让我感到好笑，让我联想到《怪兽公司》里的那只绿色的独眼怪物。）作为戴着希贾布的"特殊外国人"，我在面试签证时会被问到一些特殊的问题。"你是因为生病才戴头巾的吗？""你的头发是湿了吗？""你在家也戴头巾吗？"人们不知道该如何看待我的希贾布，也不知道该如何看待我。他们更觉得神奇的是，我竟然从不喝酒；在这个性解放的时代，所有人都在"互撩"，而我竟然只跟一个男人也就是我的丈夫约过会。

不过，在一个"异类"得到欣赏的环境里，我还是以自己的方式融入了。实验室里从来没有过像我这样的人。虽然我们除了文化差异还有很多差异，但我们都在一起工作，并在我们试图创建的技术中找到了共同点和融合点。

当我纵横全球，分享我如何教计算机解码人类情感时，我竟然错过了自己丈夫的情感暗示。我是否不再是他的伴侣，而是他的竞争对手？

第三部分
横跨两个世界

13 另一个剑桥

在我成为媒体实验室的一员后,我就一直热衷于把实验室令人难以置信的技术和创新精神带回我的家乡。我了解到时任总统胡斯尼·穆巴拉克的妻子苏珊娜·穆巴拉克正在规划建设苏珊娜·穆巴拉克家庭花园。它在赫利奥波利斯有42英亩的"实践"中心,现在成为小孩和大人玩乐与学习的场地。我立即看到了家庭花园与媒体实验室的一些项目的潜在合作可能,比如终身幼儿园小组。媒体实验室曾协助在东京打造了儿童艺术博物馆和公园(CAMP),这是一个借助音乐、技术和艺术来培养创造力的工作室。开罗如果也能有类似的场所,那就太完美了。

时任媒体实验室主任弗兰克·莫斯对我的这个计划竖起了大拇指。我利用我在开罗的关系,抓住机会向穆巴拉克夫人做了项目介绍,并向她提出了媒体实验室与家庭花园合作的想法。穆巴拉克夫人是一位受过良好教育的社会学家,她非常热心,还邀请我到开发家庭花园项目的规划小组去做分享。

会议在穆巴拉克夫妇位于赫利奥波利斯的一座住宅里举行(穆巴拉克家族有8个正式住所)。我敲开了前门,在工作人员的陪同下进入了一间会议室。五六位客人已经围着一张长方形大桌坐了下来。我注意到自己是房间里最年轻的人。令我惊讶的是,没有人邀请我坐下来。相反,坐在桌子旁的一个人,我认出来是埃及前文物部长扎西·哈瓦斯,他抬头看着我,向房间另一端的桌子打了个手势,那里摆着咖啡、苏打水和水。他没有明说"请给我一杯不加冰的水",但隐含的姿态肯定是"饮料区在那边,去做你的工作吧"。

我其实并没有感到屈辱,只是觉得好笑。我还没来得及纠正他,一秒后,穆巴拉克夫人就走了进来和我握手。她坐到哈瓦斯旁边,向全场介绍道:"这是我们今天邀请的麻省理工学院专家,是我们的荣誉嘉宾。"

我都不需要拿出我设计的面部解码器就能猜出哈瓦斯的表情:彻底的惊讶,甚至是惊奇。会议室里的人几乎都是这种表情。我想,在他们听说有一位来自麻省理工学院的专家将把最新的技术带到埃及时,他们并没有想到是像我这样的一个人——一名女性,很年轻的女性,还是"宗教人士"。在他们眼中,这些标签当然意味着我不可能成为一个成功的科学家,更不用说是世界顶级院校之一的科学家。我没有说一句话,就已经抛出了一个重要观点。

我站在大家面前,开始演讲。我对这次演讲做了很多思考。在场坐着埃及最具创新意识、最有学识的人,我知道这是一个改变现状的机会。我先讲了一个故事,它或许更像是一个警世故事。

"我和我在开罗美国大学教过的许多学生保持着联系,其中有几个学生正在写毕业论文。于是,我和他们分享了目前麻省理工学院流行的一些新想法,并建议他们也考虑将其做进项目里。我得到最多的反馈是'但这个想法太冒险了,从来没有人这么做过'。是的!这就是问题的全部。与埃及规避风险的文化相比,在麻省理工学院,你不能提出一个已经有人提过的想法,关键是要有创造性。你必须去探索新事物,即使失败了也没有关系。"

我成功引起了大家的注意。有几个人在点头表示赞同,有些人则明显不同意我的说法。我继续说。

"20年前,这么循规蹈矩是没问题的,但现在我们不能再这样了。如今的经济增长靠的是才华、创造力和无所畏惧的精神。我们需要创新,需要与众不同。我相信,如果我们想实现这样的经济增长,成为不断创新的大军中的一员,我们就必须从孩子抓起,培养他们对学习、创新和创造力的热情。"

最后,穆巴拉克夫人的团队投票决定与麻省理工学院开展合作,但我们在谁来出资的问题上遇到了阻碍。麻省理工学院不愿承担这笔费用,穆巴拉克夫人也不愿承担。很遗憾,这场谈判以失败告终。

生活的教训

我在麻省理工学院待的时间越长,就越发现它与我的原生文化差别巨大。我的导师和榜样罗兹,在我形成对世界的新看法上起了重要作用,她让我看到了新的可能性。我俩的成长背景完全不同:罗兹在一个无神论者家庭长大，成年后皈依基督教。抛开我们的职业关系，我也在观察她如何主导个人生活的过程中学到了很多东西。

罗兹确实是国际公认的科学家和一位成功的职业女性，但这不妨碍她已婚妇女的身份。她和丈夫育有三个儿子，他们都在上学，她非常重视家庭。每次我在市里，她总是会邀请我去她家吃饭。我永远忘不了第一次拜访她位于波士顿郊区的家的情景——她向我介绍她的丈夫莱恩，莱恩是波士顿一家上市公司的工程经理，罗兹说莱恩那晚要"负责做饭"。

我满脸疑惑地问："你是说你先生要做晚饭？"

"当然。"罗兹回答道。她解释说，因为他们夫妻都有全职工作，而且工作都相当紧张，所以他们会轮流做晚饭。罗兹的做饭时间是周一、周三和周五——她是个超级有计划性的人，会提前一晚计划好所有的事情，包括最不起眼的细节；莱恩的做饭时间是周二、周四和周六。周日是自由活动日，我猜这天他们会在外面吃饭或共同分担烹饪任务。

那天，莱恩（他是意大利人的后裔）不仅做了非常美味的千层面（他祖母的食谱），布置了桌子，甚至还把食物端到了桌子上。晚餐结束后，大家一起帮忙收拾了碗筷。也许，看到罗兹家的三个小男孩尽职尽责地把他们吃饭的盘子端到厨房，才是我当晚最震惊的时刻。在我的外祖母家里，当全家老小齐聚一堂时，用餐一结束，男人们就会齐聚在天井喝茶，男孩们则会跑到花园里打闹。家里的女性就负责洗成堆的脏碗、把剩饭包起来放好，还要准备甜点。传统的性别分工在我的大脑中已经根深蒂固，以至于当我看到莱恩收拾桌子、把脏碗放入洗碗机时，我感到相当惊讶，甚至是不适。我不断提出要帮忙，但莱恩拒绝了我的提议。"不用了。我来负责把碗放进洗碗机，我喜欢用我的方式来摆放这些脏碗。"哇！这真是让人大开眼界：男人原来也可以洗碗！

我在一个相当现代的中东家庭长大，我的母亲有一份全职工作。但是，即使她被"允许"出门工作，她也仍然要独自负责每天照顾孩子。我所在家族的其他家庭也不例外，我的姑姑家和叔叔家同样如此。我从未见过我的父亲（或任何男人）把脏碗放进洗碗机。就连像威尔这样的现代青年也真的没有做过什么家务。

我想，罗兹拥有世界上最好的丈夫。当然，这个地球上没有其他男人能跟莱恩相提并论。但随着我对美国文化有了更多了解，我发现配偶双双参与做家务是很普遍的事。家务也许并不总是男女平等分配，但美国男人需要做些家务。不过，罗兹和莱恩已经拔高了夫妻相处的标准，他们是我见过的第一对真正平等的夫妻，我很羡慕他们的关系。虽然从中东的标准来看，我的婚姻是很现代的——不像我的母亲，我可以在家里谈论工作，也可以独自出差——但它不像罗兹的婚姻。我"开明"的丈夫允许我来去自由，追求自己的事业，但这与先天就拥有管理自己生活的自由，或拥有像罗兹和莱恩一样的真正的合作关系是非常不同的。

我也很佩服罗兹能挤出时间陪伴孩子。她的一个儿子在练击剑，所以她总是带他去参加击剑练习和击剑比赛。那时，她总会带上笔记本电脑，在等孩子的间隙工作。这也是我现在带孩子去参加各种活动时的作风。

罗兹做事很有计划性，令人佩服。她把日程上的每块时间都利用起来了，我现在也是这样安排日程的。她甚至每天早上还会抽出时间锻炼，而莱恩会骑自行车去上班。他们夫妻两人都启发了我要把锻炼身体当作生活的头等大事。

在我成长的地区,有许多国家对其他宗教很不友好。事实上,在当地人的观念中,如果你不是穆斯林,那么你不仅会被误导,甚至还会直接走向地狱。我曾在科威特和阿联酋的英国学校上学,我在开罗美国大学也有基督徒朋友,但我年轻时的大部分时间都沉浸在穆斯林文化中。当我与罗兹和莱恩走得越来越近,并有机会观察他们在工作中展现的核心价值观和高度的诚信时,我开始怀疑,像他们这样的人,生活堪称典范,怎么会下地狱?而一个穆斯林就算行事腐败或对人不友善,也能因为每天祈祷 5 次就自动进入天堂?这个说法在我看来完全站不住脚。

我仍然深深地相信我的信仰的指导原则——仁慈、慷慨、同情心、付出、努力工作、过能力范围内最好的生活,但在罗兹和莱恩家的那天,我对我认知中的宗教惯例产生了怀疑。

14　两个"新生儿"

2006年夏，我泡在实验室里工作，继续开发我在麻省理工学院研究的核心面部分析引擎。我把更新后的算法称为"FaceSense"，它可以算是"读心器"的2.0版本。到此时为止，FaceSense仅限于笔记本电脑或台式机使用，装有一个拳头大小的罗技网络摄像头。我们的目标是在2007年春的赞助周前，为自闭症群体开发出iSET——一种可穿戴的谷歌眼镜式设备，在上面运行FaceSense。

我们疯狂的点子现在有着落了。但正如国家科学基金会评审员预测的那样，开发iSET几乎是一项不可能完成的任务。事实上，我们不得不解决一个又一个看似无法解决的难题。请记住，我们的设计需要一个小到可以安装在眼镜上的摄像头，一台小到可以佩戴或携带但功能强大到可以运行FaceSense程序的电脑，以及可以通过蓝牙技术向用户传递信息的耳机（例如"朋友很高兴，朋友很困惑"）。由于这些技术当时都还不存在，我们只能边研究边想办法。

我们一路狂奔，却撞上了一堵墙。首先，即使是当时为电脑设计的最先进的摄像头（网络摄像头），我们也觉得太大了。而且我们不可能把一个笨重的罗技网络摄像头安装在一副眼镜上。我们需要一个小摄像头，但它要有足够高的分辨率，能够识别细微的面部表情。

这难住我们了，要去哪里找这样的摄像头？然后我们想：谁会使用微型摄像头呢？间谍！这一发现为我打开了一个全新的世界，我之前甚至不知道这世界上有间谍的存在。真正让我吃惊的是，早在第一次世界大战期间，手表、打火机和形形色色的各种物品都被嵌上了微型摄像头。它们甚至被绑在了信鸽身上，向前线发送信息。现在，普通民众则用这些工具来监视他们的保姆，戳穿出轨的配偶，排除保险欺诈，消灭行业间谍活动，等等。

我不喜欢拿技术监视别人的做法，但我觉得我们的目标很单纯。我们的目标是让自闭症谱系中的孩子在进行对话时能够读懂别人的非言语信号——我们没有什么坏心思。因此，我们从网上订购了一批间谍摄像头，看看它们是否有效。最初的几个并不奏效，输出的图像很模糊，我们很失望。但最终我们找到了完美的间谍摄像头，而且只花了80美元。它具有高分辨率，而且适合安装在眼镜上。

下一个障碍是找不到合适的平板电脑。显然，智能手机是最理想的，但当时还没有这种产品。那时甚至没有Kindle阅读器或iPad（苹果平板电脑）。我们最后决定使用华硕的平板电脑。它在当时很先进，但依旧不理想：华硕电脑很重，而且很难实现编程。

到了初冬，经过几个月的拼凑和修补，我们已经搜集了所有的部件。每个部件都能独立完成任务，但把它们放在一起能奏效吗？埃及有一个说法——*tala3 komash*，字面意思是："它织出东西来了！"这是对埃及作为棉花工业时代的领导者的一种回顾。一家纺织厂可能有五六台不同的机器一起工作，将棉花纺成织物。但如果有一台机器出现故障，整个过程就会被迫停下来。埃及人今天用它来形容为了获得成功所付出的努力。

检验的时刻来了，我们要测试做出来的那副安装着间谍摄像头的眼镜。眼镜的太阳穴位置安装了一根电线，连接摄像头和平板电脑（当然，这看起来并不酷）。我戴上眼镜，把平板电脑塞进双肩包，然后把蓝牙耳机塞进耳朵里。我面朝与我一起工作的硕士生阿莱娅·提特斯，阿莱娅非常有创造力，善于修补，擅长处理硬件。如果系统运行顺利，摄像头会检测到她的脸，并将图像发送到运行 FaceSense 的平板电脑上。之后，FaceSense 会对阿莱娅的面部进行分析，检测出她的情绪，并将描述这种情绪的词语发送到我耳朵里的蓝牙耳机上。

阿莱娅笑了。

我等待着，心里暗暗数着秒。然后我听到："笑了。概率得分 90%。"

这套设备起作用了！*Tala3 komash!*

接下来，我需要确保无论谁戴着眼镜或谁在表达情感，它都能很好地发挥作用。

2007 年 3 月，在赞助周的前夕，我和其他同学、博士后一样，在实验室待到很晚，为活动做准备。（毕竟，赞助周期间的口号是："不演示就灭亡！"）第二天，我们将有两个项目要演示。

我并不担心 FaceSense，我在剑桥大学时就已经完善了这个算法。它运行可靠，使用了标准的计算机和网络摄像头。但是，可穿戴设备 iSET 在最后一刻还是可能闹别扭的。几个月里，我一直在给它做调整，以便有一个版本能放在赞助周上展示。届时将有数百名赞助商涌入实验室。阿莱娅和另一位硕士生米里·马德森（他现在是医学博士）在帮我忙。米里擅长可视化，他负责将程序的输出映射成人们可以理解的可视物。

赞助周其实并没有持续整整一周——它其实是不间断的三天，但这足以让我们精神紧张。上午8点，我给笔记本电脑设置好FaceSense程序，将电脑与大屏幕连接，电脑屏幕上方安装了一个摄像头。iSET眼镜放在桌子上。

赞助商开始一拨接一拨地到场。他们对着我的笔记本电脑做鬼脸，看着自己的面部表情被软件分析出来。他们试戴iSET耳机，跟平板电脑互动。很神奇，项目进展得很顺利，我们的展示很受欢迎。

吉列公司的一位高管想和我们谈谈，他想了解我们的技术在测试产品体验方面的潜在应用。具体地说，他想了解男人（和女人）在刮胡子/脱毛时的感觉：我们能不能检测出用户在使用刮胡刀/脱毛刀时，什么时候发生了刮伤？能否对其进行量化？

福克斯公司的一个制片人团队也希望使用FaceSense来观察和测试观众对即将上档的秋季新节目阵容的反应。

宝洁公司则希望用FaceSense来测试人们对不同沐浴露的香味的反应。

丰田公司希望我们的软件能够识别分心或打瞌睡的司机。

之后，罗技的一些高管（就是我们使用的网络摄像头所属公司的人）也来了。我向他们展示了已安装间谍摄像头的iSET。其中一位高管在询问了我们的间谍摄像头的规格后说道："噢！我们最新的光学传感器完全胜过了这款摄像头，我们会送几个最新的摄像头过来。"

这就是麻省理工学院媒体实验室的真正魔力，创新在不同领域的交叉点上骤然发生，跨行业、跨地域、跨学科的想法不断交融。我们的赞助商并不只是单方面接受我们的技术，然后同意使用它；相反，他们经常帮助我们优化想法，用科学家没有想到的方式来应用技术。

赞助周的工作很辛苦。到第二天，我已经说不出话来了，只好压低声音讲话。但我肾上腺素激增。见到越多的赞助商，我就迸发了越多的想法。一个为自闭症群体开发的技术能有这么多不同而富有想象力的潜在用途，这是罗兹和我可能从来没有想过的，我感到很兴奋。

实验室和赞助商之间的协议有一条是这么规定的：赞助商可以访问学院的在线加密资源库，查看我们的研究进展。学院师生可以在网上发布他们认为赞助商会感兴趣的任何程序。2007年，我把FaceSense放到了网上。2008年，FaceSense爆火，迅速成为实验室当时下载量最大的程序。

与赞助商的合作让我感受到了新技术可触达的广度和深度。但我在麻省理工学院媒体实验室的这些年里，最难忘的经历还是要数我和自闭症谱系中的孩子们相处的时光。有了研究原型，我们决定再次向国家科学基金会提出申请。这一次我们申请并获得了更大的资助。资助条件之一是要求我们和一个为自闭症儿童服务的进步学校（罗得岛州普罗维登斯的科夫中心）合作。科夫中心归属于"格罗登网络"，后者是一家为自闭症群体以及该州其他有发育障碍的儿童和成年人提供服务的领先机构。科夫中心的研究负责人马修·古德温博士是一位充满激情的年轻临床心理学家，他非常相信技术能够为自闭症领域带来改变。

在项目中，我坚决要求采用设计思维。这意味着让实际用户来帮忙设计系统，在这个项目中，实际用户就是孩子们和他们的家庭。用户大多是高功能自闭症青少年（和成人），他们在与同龄人互动时，由于无法理解非言语线索而面临重重障碍。和大多数青少年一样，他们希望与同龄人相处、约会、参加聚会，做其他孩子会做的一切事情。但由于他们有社交障碍，他们常常受到排斥，甚至成为霸凌对象。由于他们区分不了礼貌的微笑和"我想认识你"的微笑，也不能识别意味着"不要再谈这个话题了，太无聊了"的翻白眼动作（自闭症群体的这种行为被称为"独白"），这使得他们处于极其不利的地位。他们根本看不懂什么叫讽刺（青少年是很喜欢讽刺别人的）。他们缺乏社交技能，这使得他们处在主流生活的边缘，无法结交朋友或维持友情，甚至无法保住工作。

这些孩子缺乏情商，也让他们的亲子关系变得紧张。有一次，我们邀请了 8 对母子来尝试新优化的技术，并采访他们在交流中遇到的一些挑战。我对其中一对母子印象尤其深刻。孩子认为他的母亲总是对他发脾气，而且他不明白声音的波动可以有许多不同的含义。对他来说，任何听起来"响亮"的声音背后都是愤怒。iSET 让他知道，他的母亲并没有总是对他发脾气，我们的设备也帮助他更好地理解了他难以识别的一些微妙情感。通过和这些青少年的合作，我们学到了很多东西，其中一些患者朋友提出了很好的设计建议。

但最激动人心的时刻也许是在项目进行了 6 个月左右的时候。那时，我已经去过科夫中心很多次了，我对孩子们非常了解，但那里的男孩没有一个跟我（或其他任何人）有过直接的眼神接触。这就是自闭症的核心问题之一。自闭症群体发现看人脸让他们很难受，所以他们会干脆避开这个动作。但是，为了让他们更善于解读情绪，我们必须先让他们学会看脸。考虑到他们经常使用 iSET 平板电脑来破除直接看人脸的障碍，我们于是用平板设计了一个游戏，孩子们每次直接抬头看人脸都会获得积分。在陪孩子们进行了几个月的尝试后，有一天，我在科夫中心周围闲逛，其中一个高功能自闭症青少年停了下来，放下他的平板电脑，直视我的眼睛。我们对视了几秒。在这一瞬间，这个年轻人和我在人类交流的基本层面产生了联系。这是真实而有力的。这一切都因我们所创造的技术而成为可能。这再次提醒我，我在技术领域的主要任务是把人们更深层次地联系在一起。

和这些年轻人一起工作，更坚定了我持续研究情感解读的信念。我也相信作为"情感荒漠"的技术可以通过情感人工智能重新焕发生机，从而加深我们对彼此的理解。

到了我在媒体实验室的第二年，我开始觉得坎布里奇比开罗更像家。在开罗，似乎没有人知道该怎么看待我这个每个月都要消失一周到坎布里奇的某所学校工作的"头巾妈妈"。我更觉得奇怪的是，我的朋友和家人从来没问过我在麻省理工学院的工作。我不知道他们为什么不问，也许我让大家感到不舒服了。我绝对不是大家印象中一个埃及妻子应该有的样子！

我喜欢媒体实验室的活力和创业精神。我在实验室第一年的工作做得非常好，也为实验室拉到了不少资金支持，于是我被提拔为研究科学家。我决定申请麻省理工学院的终身教职，这意味着我要在实验室投入更多的时间。我仍然有很多时间是远程工作的，我对这一点必须做出改变。我向威尔提出要搬到波士顿去住，这样我就可以获得学院的教职。威尔告诉我，这不是合适的时机。第二年，在教职申请日期截止前，我再次问威尔要不要考虑搬到波士顿，他还是说没到时候，于是我又没有提出申请。

威尔认为，他留在埃及会对社会产生更大的影响，因为他在那里已经很有名气，受到人们的尊重。他的公司在持续扩大规模，在整个中东地区都有投资。我也能理解他，毕竟我最初的计划是申请开罗美国大学的教职。这是一所很棒的学校，但跟麻省理工学院媒体实验室不同，前者侧重于教学，而后者侧重于研究。当时，开罗美国大学还没有博士生项目，考虑到我有剑桥大学的博士学位，我是学校竞选教职的有力候选人，但我并不想申请。

看到威尔的态度，我决定放弃成为麻省理工学院全职教师的想法，只是作为研究科学家继续和罗兹一起工作。这意味着我花了很多时间在飞机上。有一次，我从开罗飞往波士顿，中途在伦敦转机（全程花费16个小时），我读到了裘帕·拉希莉的普利策获奖小说《同名人》。故事围绕来自印度的孟加拉国移民阿肖克和阿西玛展开，讲述了他们适应美国生活的故事。20世纪60年代末，阿肖克带着他的新婚妻子阿西玛告别家乡亲密无间的大家庭来到波士顿，获得了麻省理工学院工程系的奖学金。随着时间的推移，他们的孩子变得越来越美国化，在移民国和祖国的传统之间踌躇不定。

这个故事的有些内容触动了我的神经，我抽泣起来。在内心深处，我知道我正处于一个转折点。我正在踏上一趟旅程，这趟旅程将带我离开埃及，也许还会让我离开我的家人。正如一位朋友所说，我正在变得"美国化"。我正在挑战现状，并重新思考我的宗教信仰和男女角色分工等问题。我亲眼见证了拥有学术自由和自我表达权利的科学家是如何用最好的状态完成工作的。我希望在我余下的职业生涯中，周围都是无畏、大胆、富有想象力的人，他们不会因为害怕犯错而僵在原地。这些想法让我感到害怕，因为它们让我和我祖国的文化相抵触，而且我看不到我前进的方向。当时，光是想想这条道路会通向何方，我就觉得可怕。

那年春天，我参加了一场关于自闭症的国际会议。我在那里又碰到了沃弗·戈兰，我在剑桥大学认识的那个巴伦-科恩团队的以色列研究生。我们已经有5年没见面了，听说在这段时间里，他已经有了两个孩子，我惊讶于此，甚至嫉妒他。我突然想到，雅娜已经5岁了，却还是家里的独女。虽然威尔和我都有生第二个孩子的打算，但我们的生活太紧凑了，两个人都忙于工作。而我在家时把主要精力都花在陪雅娜上，所以我们几乎把再生一个孩子的想法忘记了。那年夏天，我就要30岁了，我担心自己不能像第一次那么容易怀孕。我和妹妹们关系亲密，我喜欢家里有兄弟姐妹。我希望雅娜也能有同样的体验。当然，要生孩子就得有性生活，我已经不记得我和威尔最后一次亲密接触是什么时候了，但我觉得问题不大。我们不仅是一对双职工夫妇，要努力兼顾家庭和工作，夫妇中还有一个人要时不时飞到地球的另一边去工作。我们的生活很复杂，但我仍然渴望再生一个孩子。

我回到家，告诉威尔，是时候给雅娜添一个弟弟或妹妹了，他也同意了。大概一个月后，我和威尔去一家海鲜餐厅吃饭。回到家时，我吐了。我很激动，我知道自己又怀孕了。就像第一次怀孕的时候一样，我常常感到恶心，但我一直在努力克服。我包里时刻装着饼干，常常要喝姜茶来平息胃痛，想吐的时候我就跑去洗手间。

我和威尔一致认为，这个孩子应该在波士顿出生。因为我参与实验室的工作越来越多，所以固定待在一个城市对我这个孕妈妈来说更轻松，尤其是在怀孕的后期。我通过麻省理工学院的关系找到了一位助产士，又买了一个分娩球，报名参加了准妈妈的瑜伽课程。我感到无比快乐，这是我生命中一个特别的时期，与第一次在英国怀孕时的状态完全不同。我没有任何事情需要证明。我已经获得了博士学位，我的研究项目进展非常顺利，罗兹和我从实验室的赞助商那里得到了非常积极的反馈。我对即将拥有第二个孩子感到无比兴奋。

引爆点

到 2008 年夏，有超过 20 家赞助商想要和我们合作开展项目。但麻省理工学院的代码不是"商业级"的，我们展示了概念可行——对，这是可以做到的，但它还不够可靠，无法进入市场进行复制。换句话说，一家公司不能简单地把我们的代码应用到他们的产品上，我得让代码顺利启动并运行才行。

赞助周结束后很久，我们还会陆续接到合作意向电话，但实验室人手不够，无法回复所有的请求。于是那年晚秋，我和罗兹带着一份有意合作的赞助商名单，闯到了麻省理工学院媒体实验室主任弗兰克·莫斯的办公室，向他发出请求："我们快被合作电话淹没了。我们需要更多的人手。"

莫斯在担任媒体实验室主任之前，是一位成功的连续创业者。对他来说，问题的答案显而易见。

他看了看我俩，说道："不。你们需要的不是更多的人手，你们需要走出去。"简单来说，他建议我们成立自己的公司。

我的第一反应是"但我是个学者"。在美国开公司，这绝对不在我的"计划"之内。还有，我已经怀孕 6 个月了。这也是我不愿考虑这样一个激进方案的原因。

更重要的是，我不认为自己有做生意的头脑。金融和交易的世界是威尔的专长。就在刚刚过去的9月，美国股市崩盘时，我们夫妻俩去短暂地休了个假。道琼斯指数在一天内下跌了777点，是有史以来的最大单日跌幅。威尔既担心，又敏锐地意识到，美国经济下行将对包括开罗在内的全球各地的商业产生影响。他目不转睛地看CNN新闻，不愿离开酒店房间。我在做什么呢？我拿出我的笔记本电脑，抓紧时间工作，完全没意识到发生了什么。这就是我对商业、市场和金钱的思考和态度。

但我确实希望看到我们的技术能到达那些真正需要它的人身边。莫斯、罗兹和我一起讨论成立公司的利弊。我越发觉得，如果我们想让自己的研究发挥最大潜力，单独成立公司是我们唯一的选择。如果我们留在媒体实验室，由于缺乏资金和人力支持，我们将四处受限，无法推动我们想做的一切。但如果我们成立一家公司去筹集资金，我们将可能遇到独特的机会，把我们的创造推向世界，改变人与技术、人与人之间的互动方式。我们有机会对世界各地的人的生活产生积极影响。对我来说，这是一个引爆点。

孩子的预产期在次年2月，而我不想在妊娠第三期还跨国通勤，所以那年秋天我带着雅娜住到了波士顿。我和威尔决定让雅娜入读波士顿的英国学校。我们商量好了，威尔暂时留在开罗，在我快生产的时候再来美国。每天早上，我都会送雅娜去坐校车，下午及时赶回家在校车站接她。我在学校附近和一个博士生合租了一栋小房子。1月中旬，我的母亲和威尔都到了美国，和我们住在一起。

雅娜一直陪在我身边，真是太好了。我一直跨国通勤，所以很怀念在英国剑桥的那些日子，那时我和雅娜有很多时间待在一起。一个周末，我带雅娜去了波士顿艺术博物馆。在波士顿参观博物馆，比在开罗参观一般的博物馆更有吸引力、互动体验更强。雅娜很喜欢。每位游客都戴着博物馆提供的语音导游耳机，在悠扬的音乐声中漫步参观。我们听到了不同乐器演奏的音乐片段，有小提琴、钢琴、长笛，还有一些比较特殊的乐器。然后，雅娜站在竖琴展品前，听着音频指南里的竖琴音乐，停下了脚步。她被迷住了。"妈妈，我想弹这个乐器！"

我们面前的这台竖琴很大，足足有 4 英尺[①] 高，比当时的雅娜还要高。我根本不知道在哪里能找到竖琴！我想了想，还是算了吧。我试图说服她去学长笛、竖笛、单簧管或其他更容易掌握的乐器，但她一心想学竖琴。于是我找到了离麻省理工学院两站地的一个竖琴班——这像极了我母亲的做派。母亲不遗余力地让我们姐妹追求自己的兴趣，我则继承了她的传统。

这次生产，我执意再次进行自然分娩。我坚持要把产房里的床移到墙边，以表明我的态度（不到万不得已决不躺下），这样我就有足够的空间踱步和在分娩球上晃动。宫缩变慢时，我就戴着耳机在医院的走廊里轻快地走动，重复播放 Abba 乐队的歌曲《去年夏天》，帮助加快产程。当然，这是我一厢情愿的想法——当时外面下着雪，冷得要命。

2009 年 2 月 4 日上午 11 点，亚当在马萨诸塞州坎布里奇市出生。威尔和我考虑过好几个名字，但当我们第一眼看到他时，我说："他绝对是亚当！"这是一种直觉上的反应。他看起来就像一个亚当！当

[①] 1 英尺约为 0.3 米。——编者注

亚当第一次躺在我的胸前时，我念了一段祈祷词："愿他成为一个善良、有同情心的小伙子。"在这方面，我的祈祷得到了回应。

产后第二天，罗兹到医院看我。我坐在病床上，背后靠着枕头，就这么写好了一份第二天就要提交国家科学基金会小企业创新研究（SBIR）的提案，来继续我们的自闭症相关研究工作。我们当时正在寻求资金支持我们启动公司。

威尔得赶回开罗经营公司，但我的母亲一直和我待在一起，帮助我照顾亚当和雅娜，3月才离开美国。我在美国没买车，所以我们只能冒着波士顿的严寒走路出行。我把亚当绑起来，塞进婴儿背带里。把雅娜送上校车后，我带着亚当又在严寒中走到全食超市。我很害怕亚当会被冻坏，所以经常停下来检查他是否还有呼吸。如今在我们家，亚当是唯一扛冻的人！

不久之后，我回到了实验室。筹备新公司消耗了我大部分时间。亚当和他的姐姐不一样，他有腹绞痛，晚上经常醒来。这让我很累，睡眠不足，但我还是坚持继续工作。母亲在回阿联酋之前，在冰箱里装满了腌制好的鸡胸肉，这样我就可以直接煎着吃了。有一天晚上，我把几块鸡胸肉扔进煎锅，打开炉子，然后到客厅去查看电子邮件。我完全忘记了时间。后来，炉子着火了，火势蔓延到整个厨房。我惊慌失措，不知道是应该把火扑灭，用水把它浇灭，还是直接离开房子。我愣了一会儿，然后抱起亚当，抓住雅娜，逃下楼去找室友，他们打电话叫了消防队。我们都跑到了室外的安全地带。几分钟内，四辆消防车停在了屋门口，消防员冲进屋里救火。火势控制住了，但是屋里一片混乱。几周后，厨房才恢复使用，在此之前我就在客厅里用烤面包机和微波炉做吃的。我感到丢脸，不停向房东和室友道歉，好在他们对我非常友好。

这个故事本来可能有个不同的悲惨结局。好在我们都毫发无损，为此我永远感激不尽。我从这次经历中吸取了一个重大教训：我需要给我的生活带来更多的正念和平衡。我一直在不停地工作，显然我已经筋疲力尽了。但正如我所学到的，仅仅意识到这一点并不足以带来行为的改变。我可以保证不会再烧一次厨房，但事实是，启动一家初创公司可能成为一种痴迷，因为我总是把这件事放在心上，而如今全天不间断的沟通连接技术又使人很难拔掉插头，把工作放在一边。我很难从工作模式切换到生活模式，这有时让我付出了沉重的代价。

2009年4月14日，罗兹和我成立了Affectiva公司。

我俩决定用我们自己的钱来启动公司。但我们知道，很快我们将不得不接触投资人，其中许多人还是科技行业的资深人士。这一切对我们来说都不容易，我们完全是新手。尽管赞助商对我们很热情，但在科技界，我们是在逆水行舟。我们仍然要面对弥漫在整个行业中的旧观念——"情感是非理性的"。用巴伦-科恩博士的话说，我们的大多数潜在投资人在自闭症谱系中的位置倾向于"模式追寻者"一端，而不是"移情者"一端。也就是说，他们对情感或"感觉"有些反感。

作为两位女性联合创始人，我和罗兹在男性主导的科技创业界已经是异类。因此，我们做出了一个战略决定——避免使用"情感"（emotion）这个词。罗兹在10年前创造了"情感计算"（affective computing）这个词后，也做了同样的决定。这就是公司名字Affectiva的由来，它是affective computing的一个无害变体。

起初我们并不确切地知道我们心中的公司应该是什么样的。考虑到赞助商的兴趣不一，我们可能会在不同的方向上产生偏离。但我们知道，有一件事必须明确，即我们的核心价值观。核心价值观对于我们这样的公司尤其重要，因为我们处理的是有关个人最深切感受的高度个性化的数据。

初春的一天，新成立的 Affectiva 团队——包括我们的第一批员工乔斯林·谢勒和奥利弗·威尔达-史密斯，还有罗兹和我——齐聚在罗兹家里开会，讨论公司的战略和发展方向。那天特别暖和，我记得当时我们围着罗兹家的厨房中岛开会，阳光正好穿透厨房的大窗户。

我们回顾了公司核心技术的所有潜在用途：营销、教育、心理健康、汽车、自闭症、安全和监视。我们商定了一套核心价值观来指导公司决策，涉及我们要进军的行业和我们不可涉足的行业。我们希望 Affectiva 能成为人们信任的公司，放心地向我们提供他们的情感数据。我们知道，公司要获得成功，人们得信任我们的方法，相信科学的完整性。除非大家完全信任我们，否则我们将无法获得数据来帮助他们。我们也知道，我们一旦破坏了这种信任，就会失去那些我们想要帮助的人。

因此，我们决定只和那些认可我们公司的"选择同意"条款的公司打交道，这意味着用户在使用技术时必须被告知他们的情感数据正在被收集。最重要的是，他们必须同意这样做。同样重要的是，人们在任何时候都有选择退出的权利。这意味着我们不会与监控型企业或安全公司合作。在未来的发展中，这确实限制了我们的选择，但这是正确的决定。

在距离麻省理工学院30分钟车程的沃尔瑟姆郊区，一个叫一号穆迪街的地方——是的，确实是这个名字——我们租了一间办公室。这是一个破旧的、相当朴素的办公场所，木质地板踏上去会发出吱吱声。但对我们这个年轻的四人团队来说,这是个完美的家。

我不能跟父母透露我在媒体实验室兼职其他工作的消息,这样我就可以专注于初创公司 Affectiva 的事情。(还记得吗?我的父亲对初创企业的评价并不高。)我没让他们知道开公司的事。威尔知道这件事,但有两年时间,我的父母以为我还在媒体实验室全职工作。我不想一边焦头烂额地经营公司、接触投资人、照顾亚当,一边还要应付他们的关注和担忧。当时我还在哺乳期,亚当也跟着我来回奔波。我的父母认为,在一所著名大学得到学术任命是一个人的事业巅峰。我没有勇气告诉他们,我已经继续向前迈出一步,去追求自己的梦想。

我在波士顿的生活有很多事情没法儿在开罗和家人分享。我和罗兹的行动非常迅速,Affectiva 稳步前进。莫斯跟波士顿商界有着不错的交情,他很慷慨地帮我们协调时间、对接资源。莫斯让我们联系安迪·帕尔默,后者也是一名连续创业者,专门为 Affectiva 这样的公司效力。我们企业的目标是成为一家可持续的、繁荣的企业,但也要致力于社会公益,特别是帮助那些在沟通和调节情绪方面面临困难的人。安迪很欣赏我们的双重使命,他成为我们的第一个顾问。

大多数初创企业(90%)在头一两年就倒闭了。这是令人害怕的,也是我不想告诉父母的原因之一。我不会告诉他们:"爸,妈,我刚开了一家初创公司。"没错,我和罗兹开的公司确实比一般的初创公司有优势。我们已经知道自己的产品有市场,我们有一长串赞助商名单,他们都想用我们的软件实现各种目标。但是,任何新公司面临的风险都是巨大的,尤其是对那些从未经营过公司的人来说。虽然罗兹为媒体实验室筹集了数百万美元资金,我自己也筹集了超过 100 万美元,但我们不是商业专家。我们两人都没有创办公司、处理相关问题的经验。幸运的是，我们有机会接触麻省理工学院的风险指导服务项目（VMS），这是一个了不起的商业网络，其中也有麻省理工学院孵化的其他创业公司。

在 VMS，我们被分配到一个由 11 名导师组成的团队，他们有各自专业的领域。有些导师是风险投资家，有些则有金融、法律、知识产权、营销或制造方面的背景。我们可以在任何时候通过电子邮件向他们提问，不管问题多么简单甚至愚蠢。有一次，我和罗兹都被一个正在接触的投资人（他最终成为我们的第一个投资人）吓到了，他在邮件里要求我们提供"BS"。我和罗兹所知道的 BS 在融资的语境下没有任何意义。我们给其中一位 VMS 导师发了封邮件，请教 BS 是什么意思。导师当时一定把头都笑掉了。

"噢，这说的是资产负债表！"唉，我们即将经历一条陡峭的学习曲线。

每周我们会和导师见一次面，向他们做推介，他们则充当投资团队。模拟推介结束后，导师们会拆解我们的推介过程。在他们无情的批评中，我们的脸皮越来越厚，为应对未来向真正的投资人推销产品做好了准备。这种情况持续了好几个月，直到一个秋日，我们的模拟推介变得很顺利。我们对于投资团队提出的任何问题都对答如流，我们的推介看起来很专业。哪怕睡着了，我们都能说清楚公司技术的巨大潜力。最后，VMS 团队看着我们说："行，你们已经准备好了。去推介你们的项目吧。"

下一站，硅谷……

15　创立新公司

亚当的保姆一大早起来发现自己病了,在最后一刻取消了我的预约。但我上午的会议太重要了,不能推迟。我冲会场接待员笑了笑,问她能不能帮忙照看一下亚当。当时他才9个月大,躺在便携式婴儿车里小睡,我向她保证"他很听话"。我递给她一个奶瓶,把亚当推到她桌子旁边的地板上。这位金发碧眼的年轻女士看起来惊呆了,但还是笑了笑,同意了我的请求。

我和罗兹飞快地跑进会议室,正好赶上。一分钟后,硅谷一家头部风投公司的合伙人加入了会议。他衣着光鲜,看上去40多岁。我们进了一个有一面玻璃内墙的木板房,在一张巨大的长方形胡桃木桌旁坐下来,手里拿着我们的Affectiva名片和推介展示工作板,上面显示了公司的演示文稿。好了,准备就绪。我和罗兹穿着我们的"推销"制服:我们穿着男士西裤,罗兹穿的灰色,我穿的棕色。没有首饰，没有明亮的颜色，也没有太多女性化的东西。我戴着配套的棕色希贾布。

合伙人走过来和我们握手，然后在一把软垫扶手椅上坐了下来。他笑了笑，示意我们开始。但这不是一个真诚的"很高兴见到你"式微笑，他的嘴唇两侧均匀地拉起，更像是一个不对称的唇角拉动，接近于一个假笑。如果这是漫画书中的一个场景，我敢肯定，他脑海中的想法会是："天啊，我得在这里坐一个小时，听这两个女人给我推项目？谁给我约的这场会议？"

"你知道吗？"他轻描淡写地说，"风投公司做的第一件事就是解雇创始人。"

罗兹的眼睛睁得大大的。我也是。准确地说，我们做出了5号动作单元：一个表示惊讶和恐惧的表情。

他看了我们的反应，说道："我只是在开玩笑！"

但他真的是开玩笑吗？关于没有经验的创始人被赶出自己的初创公司、让有经验的人去做老板的传闻比比皆是。风投家在投资看起来安全又熟悉的事物（无论是团队、技术还是想法）这方面名声并不好。但在2009年秋，当我和罗兹为我们的创业公司筹集资金而决定引入硅谷风投时，我们并没让大家感到"安全"和"熟悉"。麻省理工学院的出身为我们赢得了基本的尊重，让我们有机会进门推介。但对于保守的投资人来说，我们的出现意味着"高风险""不同"，甚至"危险"。

毕竟，我们是两个"女科学家"（在白人、男性投资人的世界里已经是异类），其中一个（我）还戴着希贾布。我们来自学术界象牙塔。没错，我们在各自的领域都很成功，但我们之前都没有创办或经营公司的经验。如果这些还不够构成劣势，我再说一个我们面临的巨大障碍——我们提出的想法让一些人感到很不舒服，甚至对我们产生了敌意，我们只好不明确地介绍项目，而是改成其他形式的描述。

几天下来，我们从早到晚地和顶级风险投资公司开连续会议。我和罗兹住在机场附近的一家酒店，由于我还在哺乳期，亚当也跟着来了。每天早上第一件事，我和罗兹通常会把亚当交给一个来自埃及的朋友，他会在白天帮忙照顾亚当。但有很多时候他不在，我们就得带着亚当一起。大概8个小时后，我们做完推介就会去接亚当，然后带着他去和潜在的商业伙伴共进晚餐。

风险投资公司都位于沙山路，这条路在门洛帕克绵延5英里。我们把租来的丰田凯美瑞停在风投公司的人开来的奔驰、保时捷、路虎和玛莎拉蒂旁边。（还有几款车太高端了，我从没听说过。）然后我们去前台报备，之后被领到一个会议室等待风险投资人。合伙人通常会有一位年轻的同事陪同前来。风险投资人都是男性，我们从未有机会向女性投资人或有色人种投资人做推介。

我们在描述工作时尽量避免使用"情感"相关的字眼或任何过于感性的词汇。在介绍我们的想法时，我们尽可能多地使用极客的技术术语。那些对"情感"这个词反感的人，往往热衷于反复听到数据点、情绪感知互联网、情绪分析、机器学习和计算机视觉等术语。

我们让推介演示回归科学的高度。首先，我点击幻灯片，屏幕上出现了"Affectiva提供的解决方案专注于'选择同意'技术，使人们能够顺畅地交流情感，轻松读懂这些信息背后的含义"字样。

下一张幻灯片："Affectiva的核心技术包括情感在两个关键维度的测量：唤醒（高/低）和期望值（正/负）……"

我们展示了图表，介绍了一长串技术的潜在用途：自闭症、非言语学习障碍、心理健康障碍、睡眠障碍、远程学习、新产品反馈、呼叫中心、在线客户服务、在线社会互动……

一个产品原型抵得上一千张幻灯片，所以罗兹建议我们在推介的一开始就把原型展示出来。她曾在麻省理工学院研究人们的生理状态，即他们的唤醒水平。想一想，当你接触不同的刺激时，你的警觉性和参与度如何？罗兹发现，当人们被动地听人讲话时，他们的兴奋度最低；当他们进入互动体验，可以参与并提出问题时，他们的参与度最高。

一旦我们开始产品演示，哪怕是房间里最持怀疑态度的人也对我们心生尊重。这些人开始做鬼脸，看着软件跟踪他们的表情。然后，罗兹会把商业版的 iCalm（现在叫"Q 传感器"）拍在他们手腕上，他们可以看到自己兴奋程度的波动图。这些演示总是能引起他们极大的兴趣，让他们大笑甚至着迷。但至少在早期推介阶段，没有人拿出支票簿买单。

我们已经向 20 家风险投资公司做了推介。有的人不屑一顾；有的人即使没有向我们提供资金，也给了我们很好的建议——虽然我们列出了一长串技术可能应用的领域，但这实际上令人反感，因为投资人会认为我们没有重点。我们一次又一次地从投资人嘴里听到"专注"这个词。我们是一家围绕两类截然不同的产品（一款软件、一款硬件）起家的公司，专注对我们而言真是说起来容易做起来难。

事实上，我们正在接受初创企业的现实版速成课程。尽管风险投资人尊重我们为自闭症群体创造技术的好意图，但他们关心的是我们如何能更快地让他们收到投资回报。他们担心自闭症群体的"总目标市场"太小，比不过脸书或推特这样的社交媒体公司，毕竟后者吸引的是所有能上网的人。投资人告诉我们，自闭症的市场太过"小众"。还有一个额外的障碍，那就是技术必须接受临床试验，并在产品进入市场之前获得政府批准。我们收到的信息是：你可以在一定程度上做个慈善家，但现实是投资人想赚钱，而且想赚快钱。这意味着我们不得不放弃原本设想的许多应用领域。

我们的团队

出去推销一家新成立的公司时，投资人问的第一件事就是"团队"。当时，我们的团队由罗兹、我们的两名员工和我四个人组成。我们没有首席执行官，这是一个劣势。由于我和罗兹都缺乏管理公司的经验，我们都意识到需要雇用一个经验丰富的人。我们在波士顿面试了不少候选人，但都不满意。其中有一个过于懒散的中层管理人士：比起关心公司的发展，他似乎对我们的休假政策和是否为员工提供夜间鸡尾酒更感兴趣。他不了解我们的目标，也没有紧迫感，我们感觉他会把公司经营成一个乡村俱乐部。另一个候选人似乎根本不了解公司或我们的技术，但他仍然相信他能"把我们带到新的高度"。

终于，有一次我们去硅谷拉投资，一个投资人建议我们联系戴夫·伯曼。伯曼曾是 WebEx Communications 公司的全球销售和服务总裁，这家公司刚被思科收购，所以戴夫正在寻找下一个目标，而那个投资人认为他和我们公司将是一个完美的组合。

我们和伯曼约好了一起吃饭。我又找不到人手帮忙带孩子了，所以亚当也跟着一起来了。我把他的婴儿车停在餐桌旁边。伯曼有三个儿子，他对饭桌旁有婴儿一点儿也不反感，我们一拍即合。这位先生很聪明，有干劲，有野心，他真的想成为我们的首席执行官。当我们向他演示技术时，他大吃一惊。我们谈到我们在使用技术时很重视道德承诺，他欣然点头。唯一需要注意的是，他需要每周从加利福尼亚来波士顿上班，因为他的妻儿都住在加州。"这有什么关系呢？"我想。我还从开罗到波士顿来上班呢。伯曼的通勤距离比我近好几千英里，我们会想到办法解决的。最后，我们录用了伯曼担任公司的首席执行官。

伯曼果然不负所望，他把公司变成了一家名副其实的创业公司。他雇了一个执行团队和一位销售高管，他们都在加利福尼亚。这些人的专业水平令人赞叹。我们后来聘请了蒂姆·皮科克来负责工程管理。蒂姆是麻省理工学院的校友，也是一位计算机专家。他曾主导Lotus 1-2-3 的开发，这可是 IBM 在 20 世纪 80 年代的"撒手锏级应用"。蒂姆后来成了公司的首席运营官，他是我们经营 Affectiva 值得信赖的合作伙伴。与我不同的是，罗兹在成为 Affectiva 的首席科学家的同时，并没有辞去她在麻省理工学院媒体实验室的职位，所以她并不是每天都到公司上班。我是公司的首席技术官，负责监督核心技术的开发——并尽量多花时间在现场办公。

在开罗—波士顿—沙山路之间的一番奔波之后，我们获得了第一笔投资。资方是罗兹在媒体实验室工作时认识的一家机构，那家机构很欣赏她。瓦伦堡家族成员彼得·瓦伦堡曾在几年前参观了媒体实验室。瓦伦堡家族是瑞典最富有、最著名的家族之一，他们在多个行业（从大型制药公司到电子再到工程）和慈善事业中都有大量投资。彼得当时观看了罗兹带领的情感计算小组做的项目演示，他对罗兹说："如果你需要有人资助你的工作，请告诉我。"我们在沙山路冒险之后，罗兹决定联系彼得。

彼得很感兴趣，很快就回复了，并介绍我们认识了汉斯·林德洛特——彼得的基金会"瓦伦堡基金会"的总经理。汉斯为人低调，不苟言笑，但聪明绝顶，你只需与他交谈几分钟，就会对他印象深刻。汉斯每周都在全球各地出差——他在中国管理投资组合公司，在布隆迪和巴西管理非营利组织，与瑞典女王会谈……他很欣赏我们的技术，尽管他也和我们强调要"专注"；我们很快达成了共识。当时还有其他对我们有意向的投资人，但最后瓦伦堡基金会胜出。原因之一是它在埃及影响力很大，在那里经营着几个非营利组织，并承诺投资于埃及青年的发展。我很欣赏这一点，这意味着它会支持我们将来在开罗设立办事处，这一点对我很重要。

对于一家初创企业来说，时机就是一切。如果进入市场太早，公司可能在成熟之前就消失了；如果进入太晚，就总是在追赶别人的脚步。Affectiva 刚好处在正确的时间点、正确的位置上。我们刚成立的时候确实时机尚早，但此时技术已经朝着我们预料的方向发展了。此时，Fitbit 计步器刚刚进入市场，"穿戴式空间"概念很火，但仍处于早期阶段。智能手机浪潮正在兴起，笔记本电脑也有了第一个内置摄像头，这两种趋势都为未来基于视频的通信开辟了空间。反过来，这意味着人们开始适应电脑摄像头的存在。因此，请求人们打开他们的网络摄像头、使用我们的面部分析追踪系统，似乎是下一步自然而然会发生的事情。

资金已经到位了，我们准备在新技术浪潮中大展拳脚。

16 我的"阿拉伯之春"

2011年,Affectiva越来越需要我投入心力经营,我每个月至少要去一次美国,有时甚至次数更多。大多数时候,我都把亚当带在身边。但快8岁的雅娜正在上学,不能和我们一起。我尽量每天和她打电话,哪怕只是简短地说一句:"嗨,宝贝,你今天过得怎么样?"

我在飞机上度过了无数个小时,我在笔记本电脑上紧跟商业和技术行业的新闻,但我完全不知道家乡发生了什么事。我完全没察觉到,埃及人民正在酝酿一场反对政府滥权,特别是反对警察暴行的基层运动,人们怒气冲天。而这场草根运动有一个新的动员工具:社交媒体,即脸书和推特。

我成长的那个年代,大多数人都对政治保持警惕。政治体系太过散漫,父母和我,还有我们社交圈里的任何人,都不屑于去投票。与美国选举日的郑重其事不同,埃及的选举日并不是什么大事,人们是否知道投票时间都不一定。大多数人认为投不投票没有任何区别，因为选票上只有一个政党、一个候选人。选举中充斥着欺诈行为，点破它只会给自己找麻烦。其结果是什么呢？公民很少参与投票，对政治越来越冷漠。

2011年1月20日，我带着当时只有23个月大的亚当飞往波士顿，对开罗的情况一无所知。那次，我和开罗美国大学的一位年轻毕业生梅·巴格特一起飞往美国，她在几年前是我计算机科学导论课的学生。梅很聪明，也很有抱负，我把她招进了Affectiva的开罗办事处。这趟带她去美国就是想把她介绍给波士顿的团队。

这下我们多了个人帮忙。Affectiva的人当时正在埋头搭建Q传感器，强化面部分析平台，为与福布斯在线合作的联合网络项目做准备。项目将在3月到4月正式开展，届时我们会邀请用户访问福布斯网站，请用户打开他们的网络摄像头，同时看一些"超级碗"广告。在他们观看广告的同时，算法将对他们的笑容实时评分。通过这个项目，我们不仅能够收集更多数据，而且可以提升我们在全球商家和品牌心目中的形象。这是第一次有人收集公众对广告的情绪反应。

到波士顿几天后，梅看起来惊慌失措。她把我拉到一边，告诉我开罗发生的事情。她说数以万计的人正在开罗美国大学附近的解放广场参加抗议活动。我没有从威尔或家里人那里听说任何相关的消息。于是，梅给我看了她的推特账户，有数千条从米丹（阿拉伯语中的"广场"）上传的实时推特。我很天真地没理会它们，我说，穆巴拉克政府会处理抗议活动的，然后我就回去继续工作了。

第二天，梅似乎更加担心了。她的父母催促她回家，这意味着我必须和她一起飞回去：虽然她已经20多岁了，很聪明，也很独立，但她家里人不允许她独自旅行。我觉得她父母的担心是没有根据的，我试图说服她留下来，因为我认为家乡发生的事情会逐渐平息。但事实并非如此。抗议活动的规模进一步扩大，新闻评论员将这场运动称为"阿拉伯之春"。

第二天，所有飞往开罗的航班都被取消了。开罗机场关闭，学校关闭，办公场所关闭，全国实行下午3点的宵禁。母亲给我打电话，告诉我小妹鲁拉也在抗议者之列，母亲担心得要命。起初，鲁拉向家里隐瞒了她的抗议行动，她在解放广场把手机关闭了，这样谁都找不到她。但是，随着示威活动持续发酵，她在那里抗议的事已经瞒不住了。母亲担心妹妹会丢了性命，父亲也一样担心（尽管他为女儿有勇气站出来反对穆巴拉克的腐败政权而暗暗自豪）。

但坏消息不断传来。暴力罪犯纷纷从国家监狱里逃了出来，在开罗的街区袭击老百姓。我的叔叔和妹夫举着刀轮流守卫我们的家——在埃及，除了警察和军队，没有人能够获得枪支。

我疯狂地给威尔打电话，告诉他："把雅娜带到我身边，尽快坐飞机离开开罗。"我希望我的女儿和我待在一起，我不知道抗议活动会持续多久。威尔向我保证雅娜很安全。他已经把她送到公公婆婆那里，他们住在开罗城外的郊区，很安全。公公留在家里陪雅娜学习，婆婆则负责照顾她的饮食起居。他们还一起做饭，婆婆把饭菜送去支援解放广场上的那些抗议者。

当时，雅娜正在学习如何使用Scratch。这是一种可视化编程语言，由米奇·雷斯尼克和他在麻省理工学院媒体实验室终身幼儿园小组的团队开发。我是米奇的研究项目的超级粉丝，我也成功让雅娜对这个项目产生了兴趣。公公婆婆有一台大电视，全天候播放新闻。雅娜在家没去上学的时候用 Scratch 搭建了一个复述新闻的程序,我想这是我女儿自己对当时发生的事情的处理方式。

到了周六,开罗的电话网络和互联网都被切断了。我没有办法知道雅娜和其他人的情况。在你无能为力的时候,恐惧真是一种可怕的情绪。我在美国马萨诸塞州的沃尔瑟姆,什么也做不了。

为了分散注意力,我重新投入工作,因为这是我可以控制的事。我无法控制埃及的政治局势,但我能够影响 Affectiva 的未来。我给团队(当时有 15 人)发邮件,召集大家在办公室开会制定 2011 年的战略。那是一个周六上午,是周末时间,但大家都来了。我们在大会议室里开会。我给亚当带了一些玩具,让他在会议室角落里玩。

我问大家:交付的截止日期马上到了,进展如何?福布斯项目的软件测试进度如何?我们在 2011 年要筹集更多资金,潜在投资人名单里都有谁?

到了周日,还是没有家里的任何消息。我开始想象最坏的情况:如果暴徒冲进我们家怎么办?如果我的家人受伤了怎么办?

到了周一,美国和埃及之间的通信恢复了。联系上家里人的时候,他们告诉我发生了动乱,但雅娜很安全,我的公公婆婆把她保护得很好,她过得很快乐。我顿时松了一口气。时至今日,那两个星期的家庭教育依然是雅娜对祖父最美好的回忆。

开罗国际机场重新开放时,我在为数不多的飞往开罗的航班中订了机票。2 月 2 日,梅、亚当和我从波士顿飞往法兰克福。那趟航班满员——每个座位都有人。但当我们从法兰克福中转飞往开罗时,飞机上异常空旷,除了我们,只有两名乘客。

下飞机时,我终于知道是什么原因。机场挤满了人,无论是埃及人还是游客，都急于离开这个国家。

我还记得坐出租车去公婆家的那段漫长的路。我们到时，已经快接近政府规定的下午3点宵禁时间，司机争分夺秒地把我们送到目的地。街上除了士兵和坦克，空无一人。但当我到了公婆家，把雅娜安全地抱在怀里时，其他一切都不重要了。

接下来的几天里，我在电视上亲眼看着开罗街头的革命上演。数以十万计的支持者继续围攻解放广场，我的妹妹也在其中。我专注于开罗的动乱，无心工作。终于，在2月11日，穆巴拉克政权被推翻，权力被移交给武装部队最高委员会，即埃及军队。埃及人欢欣鼓舞。第二天，我们回到自己家，在路边涂上埃及的国旗色：红、白、黑。每个人似乎都在大街上挥舞着旗子，身边洋溢着希望和团结的力量。

几周后，开罗危机结束。我回到波士顿，却发现自己陷入了另一场危机，但这场危机的后果会影响我的公司——200万美元的种子投资即将用完。我们正在以烧钱的速度大笔花钱。我们需要再筹集500万~700万美元，来拓展团队并投资技术建设。不少企业已经对使用我们的技术进行市场研究产生了很大兴趣，那似乎是拉投资的合理去处。

有几十年，市场研究在很大程度上依赖于焦点小组，即由潜在消费者组成的小组。他们通常会线下见面，在主持人的引导下对产品（如饮料或电视节目）、商业，甚至是政治候选人的辩论表现评分。然而，焦点小组的形式存在很多问题，因为人是复杂的，有时甚至带有偏见。

这样得出的数据本身就存在缺陷，我们都希望被人喜欢，参与者有时会说他们认为主持人想让他们说的话，而不是做出真实、直观的反应。有时，样本本身也存在偏差。想一想，有多少人真正有时间参加小组活动？如果你要工作或者在抚养孩子，或者是一个全日制学生，或者只是忙于生活，你可能不愿意牺牲一个下午或一个晚上的时间来参加焦点小组的活动。仅仅这一事实就限制了小组样本的多样性。

  这并不是说从传统的焦点小组收集的数据一定是错误的或有偏差的，它们可以提供有价值的启示，但不足以说明问题的全部。这就是为什么如果采用焦点小组来测试表现不错的产品或广告，那些按理来说应该万无一失的赢家却可能会在真实的市场上惨遭滑铁卢。毕竟，如果你花了几百万制作了一则广告在"超级碗"期间播放，你要确保广告能帮公司卖出产品且不冒犯任何潜在客户。

  我们为传统的焦点小组提供了一个新颖的替代方案。配备了最先进摄像头的智能手机逐渐普及，这使得从世界任何地方的不同人群中收集数据成为可能——人们可能在工作、生活和娱乐的场景中贡献了数据。这就像给潜在参与者的智能手机或电脑发送链接一样简单：给他们发一条链接，询问他们是否愿意观看一则广告，并允许我们用他们的手机或电脑上的摄像头记录他们的反应，以便我们的面部解码器分析这些反应。向每个参与者付 5 美元或 10 美元就可以轻松达到目的，这也是我们收集大量数据的一个可复制的办法。而且这个过程是经过参与者的同意才进行的，有时我们甚至会提出向他们展示机器识别的结果。

  光是邀请人们参与福布斯项目，我们就收集了 3 268 条视频。当时，我们已经建立了有史以来最大的自然面部反应数据库。记住，这些人不是演员，而是自愿登录网站参与测试的普通人，也许他们只是出于好奇心。但这是个非常多元化的群体。

  福布斯项目引起了明略行的注意，明略行公司是大型国际品牌和营销公司WPP的子公司。明略行愿意投资700万美元来获得我们的技术，这是一笔我们迫切需要的资金。但他们首先希望我们在他们已经用传统方法测试过的四则广告上使用该算法：多芬的一则名为"抨击"的广告、好奇纸尿裤的广告、凌仕止汗剂的广告，以及宝马的广告。明略行对这些广告的投放效果心知肚明，但他们想看看我们的算法如何表现，看它能否准确识别观众何时微笑、皱眉，是否看起来很投入，等等，他们也期待我们的算法能提供更多信息。

和明略行的人打交道，我们觉得很舒服。和另一些与我们接触的公司不同，他们同意在未经参与者同意的情况下不使用我们的技术。

我们团队的每名成员都联系了1~5位家庭成员或朋友观看广告。幸运的是，团队本身就是一个多样化的群体，所以我们的样本同样多元化。第一轮测试的目的是确保能在多台笔记本电脑和多个浏览器上播放广告。我们还没有把技术应用到手机上——那时移动革命才刚刚起步。在确信一切运行良好时，我们进一步通过互联网招募志愿者，向任何愿意观看广告并允许我们通过网络摄像头观察其反应的人提供5~10美元的报酬。

好奇纸尿裤的广告在与消费者的连接和保持品牌形象方面是最成功的。但对我来说，多芬的广告"抨击"的观众反馈是迄今为止最令人感兴趣的，也许是因为我也有一个女儿，而这则广告关注的是女孩和她们的自尊心。

多芬的广告以一个八九岁的有着偏红金发的女孩展开镜头。然后，观众很快就会被那些纤瘦的模特身材吸引，她们有着常人几乎不可能达到的美妙身材，穿着比基尼扭动着身体。广告承诺能让你变得"更年轻、更苗条、更轻盈、更紧致、更纤细、更柔软"。广告的高潮是一系列女性准备接受整容手术和隆胸手术的画面。这则广告让人看不下去，并引起了非常强烈的负面反应，特别是来自女性的反感。

在我们收到的反馈视频里最令人难忘的一段，是一位女性观众在观看多芬广告时展现的厌恶表情。她每一次嘴唇的撅起、皱眉和鼻子的抽搐都被生动地量化记录。情感人工智能完美地捕捉了这些细节。

这则广告的结尾是一个青春期女孩自信地走过街道的场景，这是下一个画面的引子。下个画面里出现了这些字眼——"在美容产业改变你的女儿之前，和她聊聊"。再下一个画面则显示了一行文字，告诉观众可以访问一个网站以了解该公司的自尊项目。最后一个画面显示了这则广告的赞助商——多芬自尊基金会。这则广告的问题在于，最后一个镜头才有品牌露出，时间切入太晚了，许多观众都以为广告已经结束了。

尽管这则广告在激发观众的负面反馈方面取得了巨大的成功，而且受到了评论界的好评——《广告时代》的评论员说它应该获得奥斯卡奖，因为它采用了"非常简短的主题"——但可惜它并没有真正发挥预期的作用。整容手术的场景引起了极其强烈的厌恶和反感，但没有足够的时间让观众在看到这些令人不安的画面后进行反思。另外，这则广告缺乏一个让人感觉良好的结尾，也许是因为它的结尾不够鼓舞人心。尽管它很有力，但它没有像多芬的其他广告那样得到病毒式的传播。

我们通过每一则广告向明略行提供了它从焦点小组或调查中无法得到的启示。我们能够实时描绘观众的情感过程，一秒一秒地指出观众情感的微妙变化。我们可以跟踪情感的强度和观众的参与程度。

到了4月，当我们还在为明略行疯狂地收集数据时，公司的银行卡里只剩下运转两个月的现金。很快，我们就付不起工资了。我们还在就筹款的事和明略行的母公司WPP谈判。但就像所有的筹款进程一样，真正拿到资金比想象的久得多。在一个天色阴沉的日子里，我们接到了一家情报机构风投部门的电话，电话那头语气很冷淡。他们对资助我们公司非常感兴趣。他们认为我们的技术在监视和检测欺诈方面有巨大的发挥空间，并希望资助我们探索这一领域。他们为我们提供了4 000万美元的资金，这对我们这样一家年轻的初创公司来说是一个惊人的数字。这将让我们能够扩大员工规模、扩大发展，好几年都不用担心筹款的事。

于是，我们有两个选择，两者天差地别。A选项：接受政府资助，并将公司的重点转向安全和监控领域——我们在这个过程中可能会赚一大笔钱。B选项：放弃政府资助，这样我们就可能会在7月前耗尽资金，被迫关停。

我回到家，整夜辗转反侧，思考应该怎么做选择。我迫切希望我们公司能够生存、发展，但我无法想象把我的时间花在那些以监视别人为目的的软件上。我希望我们能成为人们信任的公司，大家能放心地把自己的信息交给我们。但如果我们把用户的数据卖给政府，我们怎么可能成为值得信赖的伙伴呢？我刚在埃及目睹了政府压迫和践踏个人权利的惨状，不希望我们的技术以这种方式被使用。

我想起了2009年年初我和罗兹在她家的谈话，当时我们提出了核心价值观，界定了我们作为科学家和人类的身份。想到这一点，做决定就很容易了。我们创立Affectiva的核心是信任和尊重人们的隐私，我们定下的这几个目标在两年后同样很重要。我走进首席执行官戴夫的办公室，告诉他我们不能接受政府的钱。我们必须加倍努力争取其他潜在的投资方。

接下来的两个月里，我每天都带着不知道能否生存下去的担忧去公司。我看着员工的眼睛时就在想，我还给他们开得起工资吗？

谈判进行到了最后一刻。5月，当我们完成了明略行的项目时，项目的执行发起人格雷厄姆·佩奇飞到波士顿与我们会面。他是英国人，是牛津大学的校友。

我们和他分享了目前的成果，强调了哪些方面做得很好，但也强调了技术的不足之处。例如，在有些情况下，测试者明明面无表情，机器却误认为是微笑。我们还向他展示了一些"面孔"的视频，也就是参与者允许我们采集的数据，它们记录下了参与者看到整容手术场景时或痛苦或厌恶的反应。来自用户的真实反馈十分有力。我认为正是这些视频和数据，以及我们团队开放透明的态度，使得命运的天平朝我们倾斜了。

还有7天就要弹尽粮绝时，明略行和公司签了约，给我们带来了700万美元的投资。虽然没有4 000万那么多，但这笔投资足以给我们喘息的机会，维持公司生存。更重要的是，我们将与我们欣赏的、使命和核心价值观与我们一致的合作伙伴一起工作。

手上有了钱，我们终于扩大了团队，雇用了更多的机器学习科学家和软件工程师，靠他们确保我们的面部平台全天候完美地运行。既然我们离开了学术界，我就不能再"握着算法的手"，在它出问题的时候手把手教它。大多数情况下，它都表现得不错。不过，在一个非常重要的场合，我们的技术出问题了。

走向世界

明略行开始在世界各地使用我们的软件,逐个国家测试。我们遇到了一个挑战。公司刚刚成立的时候,哪怕小问题也是大问题,而一个大问题则可能威胁到公司的生存。有一天,我们接到明略行高级合伙人的一个惊慌失措的电话,他告诉我们,我们的技术"在中国派不上用场,但中国是我们最大的客户"。当时,明略行正为在中国做生意的《财富》500强公司测试广告。

我惊呆了。发生了什么事?我也深感担忧。如果我们要成为一家全球性的企业,我们的算法就必须能够在中国这个人口占世界总人口约1/4的国家顺利运行。如果不能解决这个问题,Affectiva的曲棍球棍形增长就会戛然而止。

我要求团队收集明略行到目前为止积累的所有关于中国的数据,便于我展开研究。我一帧一帧地观看每条视频,试图理解为什么算法似乎没有"抓住"中国观众。在观看了数百条视频后,我开始注意到一个规律。中国的参与者在看广告时,如果旁边站着研究人员,他们的情感和面部表情就都非常克制——事实上,几乎没有表情。但他们在独自观看广告时,表情就变得非常丰富,与我们在美国观察到的人们的表情处于同等水平。

我潜心研究了文献,回忆起了不同文化背景的人在表达情感方面的差异。在中国这样的集体主义文化中,文化规范会放大或掩盖人的真实情感,而这些规范在人们面对陌生人时显得最为牢固。

我在看视频的时候,还注意了一些可能使结果歪曲的因素。例如,许多中国测试对象都带着微笑,这是他们的基本表情,他们会做出一个轻微的拉动唇角的动作。一个经验不足的观察者可能认为这是一个表达快乐的微笑，但我知道不是这样的。这是我自己作为一个"乖巧的埃及女孩"也经常使用的礼貌性微笑，是一个不想冒犯任何人的微笑，是一种保证安全的微笑。

在分析了数百万个数据点之后，我们现在知道了，这种礼貌性、社交性的微笑，在集体主义文化中比在美国这样的个人主义文化中普遍得多。因此，我们需要改变在中国的原生态测试环境，让参与者在研究人员的视线之外单独观看广告，这样参与者就能放心地表达自己的真实情感。我们还往算法训练集里增加了几十个礼貌性微笑的例子，这样算法就可以把它和真正快乐的微笑区分开来。

一周后，明略行合伙人给我回了电话。他很高兴，说中国市场的问题已经解决了。大家都松了一口气，危机解除了。

这段经历给我们的启示是：虽然人工智能是一种设计精良的工具，但出了问题时，最终解决问题的还得是人（具体而言是我的团队和我）。我们利用生活经验和直觉来解除危机，这些是永不过时的技能。

通过与明略行的合作，我们的技术已经部署在 90 个国家，我们的数据库也已经收集了数百万条人类面部反应视频。这极大地扩展了算法的洞察力（算法的情商），并且迅速让我们更加理解不同性别、不同年龄、不同种族和不同国籍人士的情感。如果我只是麻省理工学院的研究科学家，我可能既没有资金也没有人手来完成这么大规模的项目。

17 "禁足"在开罗

我们和WPP建立了新的合作伙伴关系，Affectiva在2012年又向前迈出了一大步。但工作是无休无止的，哪怕在假期，我也几乎要24小时亲力亲为……那年夏天，我和家人决定去墨西哥洛斯卡沃斯旅行一周，放松一下。我们住在一套面朝太平洋的舒适公寓里。但我发现我很难把工作放到一边，我一直在查看邮件，整天都在开电话会议。

我突然意识到，自从三年前我怀上亚当之后，我和威尔就再也没有过性生活。实际上，在我怀上亚当之前，我们就已经有两年没有亲密关系了。这怎么可能呢？我这个"情感专家"怎么会错过这么大的红色预警信号？我和威尔已经习惯了分床睡，那是我们在孩子们还小的时候就养成的习惯，因为他们不愿意自己睡觉。我不是婚姻专家，但我们的婚姻也许早在我意识到出问题之前就漏洞百出了。

一天晚上，孩子们早早地睡了，威尔躺在沙发上看电视。太阳落山了，那是一个美丽的夜晚，我感到轻松而浪漫。我坐在威尔旁边，俏皮地对他说："我们已经有一段时间没有做爱了。你感觉怎么样？"

威尔的回答就像一记重拳打在我的脸上。"拉娜，你在开玩笑吗？你之前都去哪儿了？我已经受够了我们的婚姻，我想离婚。"

我在他的脸上看到了愤怒，甚至是轻蔑。威尔说，他从来不是我生活的优先级。我就这样知道了威尔想离婚。说得轻些，我很受打击。他感到如此被疏远、如此不快乐，但我竟然一无所知。当我纵横全球，分享我如何教计算机解码人类情感时，我竟然错过了自己丈夫的情感暗示。这很讽刺。我一直没有注意和威尔单独在一起的时间有多少，这不仅是因为我经常不在家。我知道，哪怕我在家，我也经常会因为 Affectiva 的事分散精力。

我们长时间分居，再加上快速发展的初创公司需要我花时间用心经营，这已经给了我们的婚姻重重一击。自从 Affectiva 成立，我的日程就变得异常紧张。我穿梭在公司和孩子之间，几乎没有自己的时间。威尔说得很对，在我的生活中，工作和孩子是第一位的。我以为我们夫妻关系很亲密，以为我们的婚姻会维持下去，我认为这是理所当然的。我以为，威尔专注于他的工作，我专注于我的工作，我们一起专注于孩子，一切都会好起来。但他显然并不满意这样的安排，他已经很久没有感到被珍惜、被支持和被爱了。

同时，我也在向一个新的、让威尔感觉不舒服的方向发展：我不再是一个学者，我和他一样，有自己的公司要经营。而且我的公司蒸蒸日上，风险投资公司已经在我创立的公司里投入了数百万美元。现在我的梦想就是集中精力让公司发挥全部的潜力。在这个过程中，我是否戳到了威尔的痛处？我是否侵占了他擅长的创业领域？我是否不再是他的伴侣，而是他的竞争对手？

我想，威尔早在我意识到自己的变化之前，就发现了我有多大的改变。我不再是他娶的那个单纯年轻的埃及姑娘，而我此刻对未来的规划最终肯定会与"我们的家庭规划"相冲突。

也许威尔说得最简明扼要。"你不需要我。"

没错，一段时间以来，我们几乎是各过各的生活。但当我们重聚时，我们谁也不想承认这一点。我们从来没有吵过架，总是很尊重对方。但我们的婚姻已经丧失感情，只留下一堆家庭事务要处理。爱情的浪漫火花已经熄灭。意识到这点让我震惊，非常震惊。威尔——我的丈夫，我孩子的父亲，一直是我最好的朋友。我相信，只要我们努力，我们就可以消除分歧。我提议一起去见见婚姻顾问，但威尔不听。他的立场很明确：他已经受够了。他想离开。我们之间的关系已经结束了，离婚只是一个要走的程序。

在阿拉伯语中，*talaq* 是离婚的意思。这是一个我和威尔都不想在父母面前提起的词。我们害怕，不知道告诉他们会怎样，所以我们对这个情况隐瞒了一段时间。在公众面前，我们还是一对完美幸福的现代夫妇，有两个优秀的孩子，过着美好的生活。没人察觉我们的婚姻已经支离破碎。因此，当我们终于鼓起勇气告诉父母我们要离婚时，他们惊呆了。双方父母都很生气，甚至大发雷霆。母亲们伤心欲绝——她们甚至每次都哭着和我们说话，但两位父亲则和我们面对面定了规矩。他们说，离婚是不可能的。这么做会让我们的家庭和我们自己蒙羞，我们的职业生涯会受到影响，我们的孩子会在情感上受到伤害，人类已知的所有灾难都会降临在我们身上。他们恳求我们——更像是命令我们——采取任何必要的措施来修补婚姻。威尔的哥哥住在美国，他特地飞回开罗，帮我们寻找和解的方法。我肯定是同意的，因为我想跟威尔和好。我怀念我们曾经的亲密关系。威尔同意试一试，但很明显，他是被迫的。我们从小接受的观念就是要服从父母。即使我俩都已经是30多岁的成功人士，我们也会屈服于这种压力。我不想放弃我们的婚姻，因为我不想被看作一个失败者。出于爱、责任、尊重和对离婚后果（以及人们会怎么看我们）的恐惧，我们不再抵抗。我俩决定顺从父母的意愿。

父母将我们的婚姻破裂大部分归咎于我。我是一个非传统的埃及女人，我是那个到美国上班的创业者。对双方父母来说，解决我们婚姻问题的办法很简单，那就是我要做个更称职的妻子，我也那样努力过。而今天，更成熟、更明智的拉娜明白，跳探戈需要两个人。不是只有我没在努力维系这段婚姻，威尔从来没表达过任何担心，也从没和我坦陈过自己的情绪。但是，乖巧的埃及女孩拉娜成功地屈服于她脑海中的那个声音，那个声音一遍又一遍地说："这都是你的错，都是你自己造成的。你真是个失败者。"所以，当公公和我的父亲为拯救我们的婚姻定下规矩时，我顺从了。公公敦促我提高厨艺，因为他说"抓住一个男人的心要先抓住他的胃"。我的父亲坚持不让我再去美国，让我放弃经营Affectiva，把精力放回到家庭中。厨艺我可以学，但美国的事业我不能放弃。整个家族给我施压，要求我彻底改变自己的生活节奏，而威尔却根本不需要做任何改变。我和父亲为此争论了近一年。2012年年初，我心力交瘁。屈服于家庭的压力，我同意暂时不去波士顿，全职留在开罗试图挽救婚姻。我开玩笑地和Affectiva团队以及董事会说，我已经被"禁足"在开罗了，以后只能远程工作。

威尔的态度是拒我于千里之外，这让我心碎。我尽全力来应对自己受到的伤害和损失。我以解决问题的心态来对待现状，于是我制订了一个行动计划。

其中最重要的是"拉娜计划"。威尔想退出婚姻，这对我的自尊心是一个巨大的打击。我开始专注于我的身体和外表。我只有34岁，但我看起来很疲惫、很无趣，怀亚当之后体重超标。我觉得自己好像不再有趣了，也不性感了，甚至老了。担任着母亲和创业者的角色，让我不再跟得上潮流，也不操心衣服搭配，更不去健身房锻炼身体。但既然我在开罗居家工作，我就有了很多的时间。我加入了一个健身房锻炼身体，开始瘦身。我丢了所有的旧衣服，换上了更时尚的服装款式。我试图从外到内地重塑我的形象。

我一定要保持身体健康和心理健康。我需要振奋精神，所以我养成了边在椭圆仪上锻炼，边用iPad看爱情喜剧片的习惯。这能帮我舒缓心情。我最喜欢的爱情喜剧片是《恋爱假期》，这部电影讲述了两个女人的故事。她们一个来自古朴的英国小镇，另一个来自洛杉矶，都是爱情里的倒霉蛋。她们在圣诞假期交换了住所，都幸运地遇到了自己的爱人。这部电影我看了一遍又一遍，显然，我在寻找一个快乐的结局。我还特意去融入周围的人：我积极参与雅娜和亚当的学校活动，还志愿加入了校董会。

我为修补婚姻关系倾尽全力。虽然我本来就不怎么会做饭，但我把厨艺练好了。有一天晚上，我召集全家人一起做寿司，威尔挖苦说这是在搞"团队建设"。趁威尔去迪拜出差的那四天，我决定重新装修卧室，消除一些不好的回忆，希望能和威尔重新开始。在母亲和姑姑的帮助下，我挑了新的墙纸和可爱的床上用品，把房间重新布置了一遍。威尔回到家时，我带着灿烂的笑容给他看我们的卧室。他点点头。在这之前，我一直睡在亚当的房间里。于是我问他："那么，我可以睡在这里吗？""绝对不行！"威尔斩钉截铁地回答道。我掩饰了满脸的失望，把眼泪往肚子里咽。

必须公平地说，威尔并没有给我释放我俩关系缓和了的信号，他告诉我他留在这里是因为他的父母要求他留下来，而且他是为了孩子。换句话说，他在告诉我不要再试图解决一些无法解决的问题。

在开罗被"禁足"好几个月后，我要求离开几天，飞往波士顿和几个重要客户会面。我飞这趟只是因为这次见客户对公司的未来很重要。我正坐在波士顿的办公桌前翻看数据，父亲打来电话通知我："拉娜，忘掉 Affectiva 吧！把它卖了吧！或者辞职。甩开它！告诉他们，你不能再在那里工作了。"

"父亲，你在说什么？这是我的公司！"

我知道他是从爱我的角度出发说的那番话——他最希望我修复婚姻，因为他相信这么做会让我幸福，但我仍然感到失望。我也很清楚，父亲给我定的规矩并不适用于男人。没有人要求威尔离开他的公司，搬到波士顿和我在一起。为什么只对我这样呢？我的公司起步不久，刚刚步入正轨，父亲却要求我放弃这份事业，这让我很受伤。

我难以接受。当时，我认为我的父母并不理解我的工作。我觉得他们并不为我感到骄傲。我觉得，如果他们可以选择，他们会宁愿自己的女儿是一个婚姻幸福的母亲、一个家庭主妇，而不是现在这个成功的人工智能企业家拉娜。我个人的梦想和追求是什么，这件事对他们来说根本不重要。

我从未跟任何人提起过我的父亲在那通电话里对我说的话。我也没有再和父亲谈起过这件事。但我已经知道他的态度了，我从未忘记他的话。

尽管我远在开罗，但我的工作还是得到了各界关注。2012年9月，我被《麻省理工科技评论》选为科技领域"35位35岁以下创新者"之一。这是一项非常有分量的荣誉，入选的人里还有脸书的创始人马克·扎克伯格，以及谷歌的联合创始人谢尔盖·布林和拉里·佩奇。

我不能去波士顿领奖，因为我被"禁足"了，所以母亲在她家举办了一个小型的庆祝会，邀请了我的妹妹们、我的姑姑和我的公婆。她准备了一桌菜，还买了一个蛋糕。当我到了父母的公寓，了解到她的想法时，我很震惊。这样的聚会只会加剧我和威尔之间的紧张关系。

"母亲，请不要这样做。"我说，"不要提我得奖的事，我们就把这当作一次家庭晚餐，好吗？"

母亲明白了我的意思。她知道我不想再让身边的人注意到我变得越来越成功这个事实。这会进一步加强威尔的执念，认为我把工作和事业看得比他重要。我知道，如果这么做了，我的婚姻就会产生新的裂痕。于是我决心淡化我的成功和成就，避免拿它去伤害威尔。尽管如此，我还是很遗憾不能亲自到场去领奖。

2.0版本的拉娜

在我为婚姻焦虑的那段时间，我临时做了个决定。那是一个风和日丽的12月早晨（事实上，那天是圣诞节），我准备去买些吃的。穿牛仔裤和毛衣的时候，我能听到雅娜和亚当在楼下玩耍的声音。我随手从梳妆台上的一排希贾布里挑了一条。就在我准备戴上它时，我停了下来。我把它放回了梳妆台，下楼拿起我的钱包和车钥匙出了门。3岁的亚当立马注意到了，大声叫住我："妈妈，你忘了你的头巾。"我停了一下，和亚当说我不需要它了。亚当从生下来就没见过我不戴希贾布出门的时候。他看起来很不高兴，还有点儿困惑。这时，我冲了出去，担心自己会失去勇气。

我摇下车窗，飞快地开上高速。我想感受一下风吹拂头发的感觉，这是我自12年前第一次戴上希贾布以来一直都没有体会过的。我打开收音机，调高了音量。

从表面上看，摘掉希贾布是一种"反抗"行为，反对一种把我和威尔区别对待的文化，一种似乎只对我不利的文化。在某种程度上，这是对受到不公平对待的一种应激行为。但这个行为比表面看起来的更复杂，其中一些行为纯粹和虚荣心有关。说实话，戴希贾布让我觉得自己老了。我想让时间倒流，再次成为那个头发飘逸的年轻女孩。她很有趣，"与时俱进"。我不喜欢此刻这个似乎最好的时光已经逝去的老女人。我不仅感到自己身体上没有吸引力，而且开始觉得我的个性和我的外表一样沉闷。当时，我恨我自己。摘掉希贾布是我大声宣告的方式，我告诉大家："嘿，这是2.0版本的拉娜，是个有趣又酷的拉娜！"

但毫无疑问，当时的政治气候也影响了我的决定。摘掉希贾布是对穆斯林兄弟会的一个小小的反抗举动，这个政党通过承诺改革赢得了全国范围的选举。埃及人渴望结束穆巴拉克政权倒台后的混乱局面，但穆斯林兄弟会似乎一心想让妇女权利倒退，这让许多参加过"阿拉伯之春"示威的年轻人备感失望。女性在埃及社会中突然失去了力量。

我认识的女性，包括有宗教信仰的女性，都不太愿意看到这种情况。

但在更深的层次上，我对宗教的看法——我的世界观——已经发生改变。我不再觉得宗教信仰的外在表现是衡量一个人灵性的唯一标准。对信仰的真正考验是你如何在这个世界上表现自己，是你对他人的尊重和善意，以及你所表现出的同情心。"戴着你的宗教"这个说法对我来说似乎已经不再重要了。

这并不意味着我不再是一个穆斯林，也不意味着我不尊重戴希贾布的人——我的母亲和妹妹依然戴着希贾布，为我工作的许多女性都戴着希贾布。她们都是聪明而有见识的人，对如何实践她们的信仰有自己的主张。但对我来说，希贾布已经不再能代表我已成为什么样的人。

几天后，我正式推出了新的、改进版的拉娜。在放假的那一周里，我为雅娜的朋友和他们的母亲举办了一场姜饼屋派对。这场派对发生在一个穆斯林家庭中，听起来似乎有些奇怪。但即便在一些穆斯林国家，圣诞节和新年也是可以作为世俗节日来庆祝的。我穿着非常时尚的衣服，展示了我新练出来的苗条身材。你知道吗？新的拉娜感觉比旧的拉娜更轻盈、更有趣。我玩得很开心。有几个小时，我全然忘了自己正被困在一段悲惨的婚姻里，对方是一个不想和我一起生活的男人。

然而，无论我是否戴着希贾布，我在内心深处都是一个善良、乖巧的埃及女孩，我从小就被培养成了这样子。在开罗的日子，我像我的母亲那样确保一切活动都围绕着家庭开展。我的一周分为"开罗日"和"波士顿日"，两者交替进行。每天早上，我都会为雅娜和亚当做好上学的准备。在"开罗日"，我会去 Affectiva 的开罗办事处和同事们一起工作。下午3点，孩子们坐校车回到家，我会飞奔回去拥抱他们。

在"波士顿日"，我就在家里办公。那儿有一把大扶手椅，就对着我家正门。威尔有时会在晚上回家，这时我可能正在开电话会议或跟团队聊得正欢。他进门时，我的心会沉下去。尽管他知道我已经努力地每隔一天才和波士顿团队碰一次面，但他在家时，我还是会因为自己仍然在工作而感到内疚。当孩子们和威尔在家时，我不会谈论Affectiva或聊事业，我尽职尽责地遵守父亲定下的规矩（就像我母亲做的那样）。

但是，我还是不能完全不管Affectiva，也不能忽视我们遇到的问题。如果我们不解决问题，那我们最终可能会面临破产。所有的初创企业都有成长的烦恼，我们也不例外。烦恼之一就是建立我们的身份、我们的品牌。创始人需要时刻准备好简短的"电梯推销"，向投资人和其他人描述我们公司是做什么的。Affectiva的问题是，我们似乎被卡在了两个楼层之间。

我们当时正在尝试推广两种完全不同的产品。一个是罗兹的Q传感器，它把公司推向硬件业务端；一个是我的软件算法，当时我们称之为Affdex。任何初创企业起步都是艰难的，但要求兼顾软硬件两个市场在我们的销售人员中引起了小规模的反抗。办公室里流传的笑话是，我们向两种类型的"CMO"出售产品：Q传感器推向首席医疗官，用于临床研究；面部分析平台Affdex则推向首席营销官，用于广告研究。[①]

[①] 首席医疗官和首席营销官的英文首字母缩写都是CMO。——编者注

最终，我们不得不二选一。我们到底是一家什么样的公司？软件是一种更容易销售、更有利可图的产品。它存在于云端，可以在人们已有的电脑设备上运行。相比之下，Q 传感器则必须制造出实际的产品，还要操心销售和运输。跟其他任何硬件产品一样，很多环节都可能出错。更复杂的是，制造并不是我们团队的核心竞争力。而且，可穿戴传感器主要针对医疗市场（疼痛、癫痫和自闭症），它需要进行临床试验，之后才能获准成为真正的医疗设备。

最重要的是：公司的软件贡献了大约 90% 的利润，而我们并没找到发展硬件业务的商业理由。

尽管如此，Q 传感器是罗兹的宝贝，是她从麻省理工学院出来创业的原因。她希望利用这项技术开发新一代的健康工具。我欣赏她的愿景，但我的当务之急是确保公司能将实验室实验成功转变为一项可行的、可持续的业务，使其为公司增加收入并赢利。

在一个寒冷的春日，Affectiva 董事会一致投票决定停止硬件业务。这很艰难，但是个正确的决定。数据说得很明白。为了继续生存，我们必须终止硬件业务。这是我在经营企业的道路上做的第一个艰难的决定。

如果说叫停 Q 传感器业务让我感到不安，那么罗兹就更加不安了。Affdex 是我的宝贝，Q 传感器同样是她的心血结晶。以罗兹的做事风格，她依然会想办法把它推向市场。第二年 3 月，她成立了另一家公司来销售 Q 传感器，并开发"具有临床质量数据的消费者友好型可穿戴设备"。一年后，她的公司与 Empatica Srl 公司合并，母公司更名为 Empatica 公司。

在所有的动荡起伏里，还有更多令人不安的消息。2013 年 5 月，我和孩子们还有一大家子正在伊斯坦布尔观光，我突然收到当时的首席执行官戴夫的电子邮件，他要我马上给他打电话。我的心提到了嗓子眼，立马从酒店给他打电话。听到 Affectiva 公司一切正常，我松了一口气。他打电话是为了告诉我，他已经接受了另一家公司的工作机会，准备辞职。

这是我没有想过的。起初，我陷入了恐慌。这对 Affectiva 意味着什么？谁来管理这家公司呢？

留下遗憾

几周后，在与 Affectiva 董事会开的电话会议上，我惊讶地得知董事会正在考虑让我代替戴夫，担任公司的首席执行官。他很快就要离开公司了。当时董事会里有两位女性董事认为我应该成为首席执行官。"拉娜对这项技术了如指掌。这是她的宝贝。"

那天晚上，我和威尔提了一嘴，说董事会正在考虑让我担任首席执行官。他不慌不忙地扔下一句话："噢，这对你来说是一个非常棒的职业发展机会。对公司来说非常重要！"他没有说："噢，你有什么其他选择？我们一起聊聊。"如果放在以前，他会这么问的。但他只是走出了房间。他随口说的一句话对我的伤害真是威力巨大，这是对我自尊心的又一次打击。

我犹豫了，我从未担任过首席执行官。而且正如我多年来所了解的那样，女性往往只有在 110% 做好了准备后才会自告奋勇向前冲。男性就不一样。电话会议上，公司负责业务发展的副总裁尼克·兰格弗德抓住了竞选首席执行官的机会，虽然他也从未担任过首席执行官。于是，尼克成为临时首席执行官。几个月后，他正式成为公司的首席执行官。我并不怪尼克毛遂自荐，只是怪自己没信心去冒险。我生自己的气。

那天晚上，我因为自己的不勇敢而泪流满面。我在日记中写道："这种感觉不对。这是个错误。我知道我会后悔的。"

几周后，我问威尔："我们的关系没有任何进展，是吗？"他摇了摇头。"是的，没有进展。是时候结束这一切了。"在我被"禁足在开罗"一年后，我能明显看出威尔对挽救婚姻没有丝毫兴趣。而我也受够了这种装模作样的状态。

即使我还想做补救，我也没能力让时间倒流，重新扮演好一个顺从的妻子和母亲的角色，还同时拥有自己的事业。那是不可持续的。这不是我的本色。我和威尔都不快乐，而且我们的关系没有好转。我想念 Affectiva，也想念波士顿。我当然不想婚姻破裂，也不想失去公司，但至少我对公司有一些控制权。因此，我们不顾家人的反对，决定分居，准备离婚。

我必须决定好下一步行动——是留在开罗和我的家人一起，继续从开罗去波士顿上班？还是带着我的孩子搬到美国，在波士顿开始新生活？我可以靠自己的力量做到这点吗？

那年夏天的一个周末，我带雅娜去塞尔维亚的贝尔格莱德，参加佩塔尔·康约维奇国际大赛，比赛吸引了来自世界各地的年轻竖琴家。我知道雅娜很喜欢那次旅行，而且收获很大，她还在比赛中获得了二等奖。不过，去塞尔维亚对我竟然产生了一个意想不到的影响。我发现自己被大赛组委会主席伊琳娜·辛格的话深深打动了。她告诉这群年轻的音乐家："在你挑战极限的时候，你就会成长。"

这句话击中了我的心：轮到我冒险的时候了，我要突破界限，我要成长。那天晚上，我告诉雅娜，我和她父亲的关系进展不顺利，我正在考虑搬去波士顿。当然，我会带她和亚当一起走。一开始她哭了，但她还是振作了起来，然后上网查我们到了波士顿要住在哪里，她要去哪里上学。

我的祖国埃及就像我的生活状态一样，也陷入了混乱。事情很快变得越来越糟糕。穆尔西总统越来越不受欢迎，军方进行了干预，威胁要推翻他，指控他篡权。埃及人民，尤其是女性，对穆尔西政权感到厌烦。数以万计的妇女，包括我的母亲，有的穿着牛仔裤，有的戴着希贾布，纷纷上街抗议，支持针对穆斯林兄弟会的军事政变。（埃及的政治局势非常复杂。）人们再次寻求恢复"正常状态"。

6月底，穆尔西政权被推翻，埃及陷入混乱。我决定离开，但仍有一个障碍需要克服。根据埃及法律，我需要得到威尔的同意才能带孩子们离开这个国家。他同意我的决定，认为美国能带给孩子们更多的教育和经济机会。我们的父母知道了真相，但威尔和我都对朋友们隐瞒了离婚的计划。我和威尔大部分时间都是分开生活的，所以孩子们对这样的安排并不感到奇怪。而且，他们在美国待了这么长时间，那里已经像第二个家了。威尔保证他会去波士顿看望孩子们（他确实这样做了），而我会在假期带他们回开罗。两周后，我们一行5名成员——雅娜、亚当、我的母亲（她过来帮我们安顿）、我们的白色波斯猫克劳迪、我——一同飞往波士顿。

离开的前一天，我们去向我的公婆道别。虽然我和威尔的婚姻出了问题，但我和公婆的关系依旧很亲近。公公把我当女儿看待，他恳求我和孩子们不要离开。他担心我们的生活会被彻底毁掉。他有时会很强硬，要求很高，但他也很支持我。我认为他理解我的抱负，也许他比威尔更了解我。当他和我拥抱告别时，我看到了他眼里的泪水。我好像从没见过他哭。他有心脏病，我知道，他很担心再也见不到我们了。

两天后，我们已经回到波士顿，我和雅娜正在一家购物中心里走着。这时候我收到了威尔的嫂子发来的短信，让我给她打电话。我们在一张长椅上坐下来。接通电话时，她告诉了我一个可怕的消息：我的公公"艾哈迈德大叔"心脏衰竭去世了。我呆住了。我把消息告诉了雅娜，她很伤心。我既悲伤又内疚——公公曾和我说，他宁愿死也不愿看到我和威尔分开。我感觉好难受。

我立即飞回开罗，参加他的葬礼。婆婆对我很好，威尔的其他家人也是如此。他们知道我和我的"艾哈迈德大叔"关系多亲近。

那是我生命中的一个黑暗时期。我感到孤独，好像完全被抛弃了。在不到一年的时间里，我失去了我生活的支撑。我和威尔正式分居，准备离婚；罗兹离开了 Affectiva，我们的关系变得有些紧张；Affectiva 的首席执行官戴夫去别的公司开始了新工作；我亲爱的公公去世了。我感到无所适从，迷失了方向。

最重要的是，我觉得自己就是一个巨大的失败者。这是我第一次遇到靠毅力和努力工作无法解决的问题。我觉得我让大家失望了。

虽然我的父母和公婆之前一直在说，只要我和威尔离婚，就可能发生可怕的事情，但现实不是这样的。地球没有脱离地轴，在波士顿也没有人关心我有没有离婚，一切如常。慢慢地，事情开始好转。

我们在波士顿郊区租了一栋房子。到了秋天,雅娜和亚当进了当地一所他们两人都很喜欢的私立学校上学。我们开始了愉快的日程。早上我把孩子们送到学校,接着开车去 Affectiva,然后去接他们放学。如果晚上我要写邮件,我不再需要遮遮掩掩,没有人会评判我。周末,我开车送孩子们去参加各种运动会,送雅娜去上竖琴课。通过孩子们的学校和我的工作,我们慢慢建立了我们在波士顿的社交网络。我们也很享受家庭时光:我们会一起散步,在秋天收集树叶,还在万圣节第一次玩了"不给糖就捣蛋"游戏。在美国度过的第一个感恩节,我邀请了 Affectiva 的朋友参加。我在传统的感恩节晚餐里加入了一些埃及菜。看到孩子们这么快就适应了美国的生活,但依然保留着自己的文化身份,我很欣慰。

9个月后,我和威尔决定申请离婚。

离婚唤醒了我的抱负,这种抱负在我被"禁足"在开罗的一年里一直处于休眠状态。我要大力推动 Affectiva 获得成功,我感受到了一种全新的紧迫气氛。我在日记中写道:"我要靠它养活我的孩子们。"

18 掌舵的女人

人工智能行业最激动人心的时代来临了。半数美国人都拥有智能手机，可以全天候上网，短信成为千禧一代和他们的弟弟妹妹主要的通信方式。无处不在的智能手机照相机把每个人都变成了摄影师，照片墙、色拉布、推特和脸书成为人们自我表达的全新平台。2014年3月的奥斯卡颁奖典礼上，主持人艾伦·德詹尼丝创造了历史，她和一群世界级名人纷纷自拍，几乎让推特后台系统崩溃，进一步推动了自拍的浪潮。人们能在网上看到彼此的脸了，但面对面的接触减少了。

我在剑桥大学读博时设想的世界已经到来。网络世界与现实世界迅速融合，两者的界限越来越模糊，人们几乎无时无刻不在网上。尽管如此，我们的计算机仍然是"情感荒漠"。我设想过，在已有的条件下，我们可以更大程度地把情商带入数字世界，在这方面取得更大的进展。

在尼克的领导下，Affectiva已经成为一家实打实的广告技术公司，但仅此而已。对我来说，这让公司的发展太过受限。但我不能生尼克的气：如果我对事情的发展方向不满意，我只能怪自己。因为当初机会来到我面前的时候，我没有抓住它。

如果说人人都在等待一个让情感人工智能和Affectiva爆发的时机，那个时机就是此刻。如果我们不这样做，我担心行业会走得比我们快，而我们会失去眼下的领先优势。

Affectiva曾经站在人工智能的最前沿，此时却面临掉队的危险。新事物正在颠覆我们的行业。"深度学习"是机器学习的一个形式。这两个词虽然可以互换使用，但依然有很大的区别。而这个区别足以左右像Affectiva这样一家数据公司的成败。

如果把机器学习看成一条流水线，那么我们输出的"产品"是面部表情和情感分类器，术语叫作机器学习平台或基础设施（好比管道）。确保流程的高效和精简，跟打造产品本身一样重要。我们要确保事情顺利进行。

机器学习的"流水线"上有一些典型的步骤，需要不同类型的专业知识。数据是现成的，但第一步我们要去收集，这是数据采集专家的工作。我们通过这项工作得到的是人脸视频或音频文件。

第二步是数据摄取。这些TB（太字节）级的数据需要被储存在某个地方，最常见的是存在云端。由数据工程师负责这方面的工作。

第三步是数据注解。这些视频和音频文件得由人类专家——标记员做标记或注释，否则是派不上用场的。标记员的工作是在重要事件如微笑、傻笑或皱眉发生时进行标记。

第四步，机器学习科学家负责建立算法，也就是我在剑桥大学读博时做的事。机器学习科学家与质保工程师合作，测试模型的准确性。这包括对数十万个例子进行定量测试和定性测试。我们的质保工程师将花几个小时在摄像机前做鬼脸，试图打破算法。

作为一家人工智能公司，我们的目标是尽量减少我们经历整个周期的次数。如果必须重复经历五个周期才能得到一个准确的微笑分类器，而不是一次迭代就成功，那么这将意味着公司要花更多的时间和金钱，产品上市的时间就会推迟。

我们当时在 Affectiva 使用的机器学习方法被称为"特征工程"。机器学习科学家们——大多数人都有和我相似的背景——会告诉算法应该去寻找什么。例如，在训练微笑算法时，会要求算法去观察嘴部，特别是注意唇角的运动。但对于扬眉的动作，就会引导算法去关注眉毛的运动。

2015 年，我主张换掉特征工程，用深度学习或深度神经网络来代替。这么做能够让算法通过观察大量的微笑实例（并与大量的非微笑实例做比较），找出它需要关注的地方。这种深度学习不仅加快了进程，而且从学术文献中可以清楚地看到，我们可以更快地得到识别更准确的分类器。这将意味着更少次数的迭代，最终意味着产品上市的进程会加快。

我知道，我们如果要保持创新，就必须将我们的技术转向深度学习。但尼克不同意这么做，他认为我们应该把时间和精力用来建立新的情感算法，这些算法将扩充情感库，并让我们当下就得到回报。

转向深度学习是项大工程，需要我们改变基础算法。它也是一项很耗时的劳动密集型工作。对于像 Affectiva 这样的初创公司来说，这将是一个重大项目。我们需要花 6 个月的时间，凝聚两名团队成员的全部注意力来推动团队转向深度学习。我知道得这么清楚是因为我背着尼克做了这件事。我把公司的两名机器学习科学家叫到一边，告诉他们："这是一个秘密开展的项目。我给你们做靠山。不要告诉公司里的其他人，完成之后再告诉他们我们做到了。"他俩不需要我说一句劝服的话，因为他们足够明白这件事的意义，而且感到很兴奋。计算机科学领域的专业人士很清楚，深度学习是未来的趋势。如果我们不这么做，其他人就会把我们甩在身后。

转成深度学习让我们获得了很大的回报。当我刚开始构思转换算法时，Affectiva 只有 5 个基本面部表情成果：微笑、眉毛皱起、眉毛上扬、厌恶和傻笑。自从过渡到深度学习后，我们现在有 20 种面部表情外加 6 种情感状态，而且我们正在迅速向更复杂的认知状态发展，比如疲劳和瞌睡。这些都是通过深度学习实现的。

我确实可能在背着尼克拿主意，但至少我不再被"禁足在开罗"了。作为 Affectiva 的创始人和首席技术官，我全然自由、心安理得地接受行业会议的演讲邀请，这些机会是我以前不得不拒绝的。2015 年 1 月，我收到了在加州蒙特雷举行的 TEDWomen 活动的演讲邀请。是通用电气的首席营销官贝丝·康斯托克向组委会推荐的我，她在 2014 年秋听过我在迪拜的演讲。

TED[①]为演讲者提供了接触世界顶级思想领袖的机会，让我们可以向数以百万计的潜在的在线观众传递我们的信息。一场 TED 演讲只有 20 分钟，却需要多个日夜的准备。演讲经过了精心编排和策划。

---

① TED 是美国的一家私有非营利机构，以其组织的 TED 大会著称，该会议的宗旨是"传播一切值得传播的创意"。——编者注

我的主要联系人是琼·科恩，她是那次活动的制作人。我被分配到一个由五六位教练组成的小组，由他们帮助我准备演讲和幻灯片。每位教练都从不同的角度来看待我的工作。特别是戴尔·德莱蒂斯教练对我进行了演讲指导，他鼓励我把这场演讲看作给观众的礼物。这让我很感动，因为它让我跳出自我感觉良好的空间，更专注于激励和吸引他人。

我非常认真地对待这场演讲。我和教练们一起进行了多次排练，从他们那里收到了详细的反馈。当我到达蒙特雷的时候，我已经练习了几十次。演讲前一天晚上，我还在酒店房间里做准备，雅娜给我发了一条短信——全是大写字母。她已经上七年级了，是他们学校演讲和辩论队的成员，她是一个比我更棒的演讲者。短信是这么写的："妈妈，祝你好运。演讲的时候不要玩头发。"（好吧，我承认，我在紧张的时候经常这样做。）

雅娜的短信让我很是吃惊。更重要的是，她的文字内容正是我在演讲中打算提出的论点。在网络世界这样一片情感荒漠里，文字是人们的主要交流方式。我觉得雅娜的文字非常应景，所以我当晚就给TED团队发了邮件，请求他们插入一张新的幻灯片。TED基本不赞成在最后一刻改变任何东西，但他们被雅娜的短信逗乐了，同意把它加到幻灯片里。

第二天，我走上了标志性的TED舞台，看着台下的女性（和少数男性），我感到很自在。我对我的TED专业教练团队心存感激。我也意识到我的演讲训练很早以前就开始了，那时，一位父亲鼓励5岁的女儿站在椅子上大声说话。"情感，"我开始了演讲，"影响着我们生活的方方面面。它影响我们做决定，也影响我们如何与彼此联系和沟通。"当我播放雅娜的短信那张幻灯片时，观众都笑了起来。

在准备 TED 演讲的过程中，我必须打磨想要传递的信息。首先，教练团队鼓励我分享我的故事"起源"，也就是激发我开始这一切研究的契机。起初，我很不情愿地讲述了一名年轻的已婚埃及女性搬到剑桥的故事。她发现自己孤零零一个人，只有笔记本电脑和她做伴。教练们让我明白，不止我有过这样的经历，我的故事会让无数人产生共鸣，很多人在使用电子设备时都会觉得自己被阻隔了。

也许最重要的一点是，我的教练敦促我从大处着眼，不仅关注我公司正在做的事情，而且关注它未来的潜力：这项技术如何能够改变人们的生活。在演讲中，我甚至没有提到我们在市场调查方面已经起的作用。相反，我谈到了 Affectiva 对心理健康、自闭症、教育、增强人际关系和机器人产生的潜在影响。我谈到，这项技术不仅会改变人机交互，而且会从根本上改变人与人的联系。我专注于研发那些可以和人们产生共鸣并触动人们内心的应用。当我站在台上演讲时，我意识到自己是最想把这个新世界变成现实的那个人。

几乎在一夜之间，我从一个计算机科学家和企业家变成了思想领袖，成为这种新形式的人工智能的代言人。但当我从 TED 活动回到办公室，还沉浸在兴奋心情中的时候，环顾真实的工作环境，我却感到很失望。在我看来，公司安安静静，甚至可以说死气沉沉，没有激情。我生我自己和尼克的气。这不是我创办 Affectiva 的初衷，我不是为了看到这样一家公司才牺牲了我的婚姻。我为 Affectiva 做出了许多牺牲，但公司很多人却只是在走过场，在踩水玩儿。

我明白问题出在哪里了。我需要掌控局面，我必须成为首席执行官。

我的 TED 演讲在 6 月被发布到网上，很快就获得了超过一百万的点击量。这是我第一次在公开场合谈到为机器配备情商，人们听了都很兴奋。大家不仅接受我的主张，更渴望能获得这种能力。是观众的反馈激励着我更快地向前迈进。

首先，我们需要塑造公司作为新型人工智能领导者的形象。公司刚成立时，我有机会见到了星火资本的托德·达格瑞斯，他是波士顿地区最领先的风险投资家之一。我永远不会忘记他给我的建议。他说，最好的公司是那些定义新类别的公司，你要给它命名，为它播种，领导它向前。有许多公司已经成功地做到了这点，例如优步和"共享汽车"，脸书和社交媒体，以及朋友间进行小额移动支付的平台 Venmo。

现在是 Affectiva 给自己定义类别的时候了。

我和公司的首席营销官加比·齐德维尔德开始头脑风暴，思考如何才能最好地总结我们的工作。我们被视为一家人工智能公司，但我们意识到，我们这种人工智能还没有分类。我们必须创建一个类别，向潜在的客户、合作伙伴和投资人说明我们的定位。我们聊到了应该如何开发软件以及软件的应用，还聊到了我们伟大事业的道德含义。叫它情感识别？情感分析法？情感感应？这些说法都只部分概括了我们试图创建的世界。我们特别喜欢"在情感方面的人工智能"这个归纳法，因为它强调了机器和人类一样，需要情商来发挥潜力。但这个说法太长了，甚至显得累赘。因此，我们把它精简成"情感人工智能"（Emotion AI）。同一天，我们用 #EmotionAI 这个标签发了一条推文。我们开始宣传这个概念，在接受媒体采访时谈论它，在做主题演讲时谈论它，在社交媒体上也谈论它。我们描绘了一个尚不存在的世界，但这样做让人们对更加以人为本的技术前景感到兴奋。最终，它"腾飞"了。

Affectiva 突然间被投资人、科学家和多个行业的高管"轰炸"。波士顿的一家调查机构希望创建一个应用程序来预测自杀倾向并防止自杀。一家在线教育公司希望利用我们的技术来监测学生的参与度并预测学习效果。一家人力资源公司将我们的技术视为筛选新员工的完美工具。一群企业家想知道我们能否创造具有情感意识的教室。一家专业的职业指导公司认为这将成为一个优秀的培训工具。一个又一个伟大的潜在合作伙伴在向我们招手。

我决心让这一切成为现实。我满脑子都在思考如何为 Affectiva 注入新的活力和兴奋点。我想召集团队，向他们宣传让计算机拥有情商的重要性。

那一年是我生命中的转折点：我成为情感人工智能领域的领导者。我获得了华盛顿特区史密森学会的官方杂志《史密森学会》颁发的 2015 年度"独创性奖"。这一奖项旨在表彰"在九大领域创造了辉煌成就的个人，他们在人们认识世界、与世界共处的课题上带来了革命性影响"。我是科技领域的获奖者。（第二年该类别的获奖者是亚马逊的杰夫·贝佐斯！）

颁奖仪式在国家肖像画廊举行，这是位于华盛顿特区的一座艺术博物馆，保留了从殖民地时代到现代的美国优秀画作。雅娜和亚当还有我的母亲一起参加了颁奖仪式。我们都盛装出席，那是一个特别的夜晚。我正努力成为美国公民，当我站在众人面前接受这个奖项时，我感受到了这项荣誉的分量。美国鼓励、表彰人们的创新和创业精神，这在埃及是不可能的。我感受到了肩上的重大责任，我要充分利用这个机会分享美好，传递美好。

我比以往任何时候都更想成为 Affectiva 的掌舵人，把公司带往一个更有意义的方向。2016 年 1 月，我与一位导师分享了我的想法，向他倾诉了我遇到的挑战。每当我需要职业指导或需要解决问题的时候，我都会找他求助。我向他描述了我在 Affectiva 的状况后，他的话证实了我的信念，他说："拉娜，你得自己成为首席执行官。"

我摇了摇头。"尼克是首席执行官，他哪儿都不会去的。"导师鼓励我想象自己成为首席执行官，想象我需要走的路。我知道我不是那种会挑拨关系的人，我不会试图让公司董事会撤掉尼克。几十年前约翰·斯卡利在苹果公司对史蒂夫·乔布斯所做的事，我做不出来。

几天后，我和公司的工程副总裁蒂姆·皮科克聊天。他突然说："你知道吗？如果你成为一家公司的首席执行官，我会想成为你的首席运营官。"我吓了一跳。我对蒂姆的评价很高，我向来尊重他的经验和意见，他的支持对我意义重大。也许该是我行动的时候了。

首先，我必须和自己脑海里的声音谈判，它说："不要这样做，拉娜。你从来没有当过首席执行官。你会失败的，会把公司拖垮的！"就是这个声音让我在几年前没有站出来抓住机会，此时我只剩后悔。我决定向它（也向我自己）证明，它是错误的。所以我开始了一场对我有利的对话。现在回想起来，我发现我才是自己最严厉的批评者，说服我自己比说服任何人都难。

"首席执行官是做什么的？"我问自己。我开始在日记里写下我的回答。

首席执行官"向内部和外部利益相关者宣扬公司的愿景和使命"。我已经在这样做了。

首席执行官"制定公司战略和产品战略,包括知识产权和科学路线图"。我已经在深度学习领域这么做了。

担任首席执行官的技术创始人"对投资人有吸引力,也能更好地吸引人才"。过硬的技术专长能给投资人信心,而人工智能科学家都希望为行业领导者工作。

"首席执行官要为公司筹集资金。"这是我已经沉浸其中的事情。

我越想就越意识到我已经在履行首席执行官的许多职责,我只是没有这个头衔而已。我想,如果我不能成为首席执行官,那我为什么不做公司的联合首席执行官呢？我把这个想法私下告诉了几个同事,包括几个担任过联合首席执行官的人,他们每个人都说了同样的话："这主意不好。对团队来说,会产生过多的冲突和混乱。不要这样做。"但是我想不出其他的解决办法。

到了3月,我鼓起勇气找尼克谈了谈,提出了我认为很有说服力的理由,让他同意我担任联合首席执行官。

尼克对我的建议感到很惊讶,他显然没有像我这样看待问题。起初,他断然拒绝了我的建议。我们讨论得越多,我就越意识到,我实际上并不想成为联合首席执行官。我想成为首席执行官。

在我和尼克交涉时,命运般地出现了一个机会。一家大型科技公司的首席技术官向我抛出了橄榄枝,提出了一个非常诱人的建议。他们非常想聘用我,但他们还没有准备好接受Affectiva。对我来说,这就相当于得到了这样一句求婚词："我爱你,拉娜,但我不想要你的孩子。"

但我知道，如果我想留在 Affectiva，我就必须掌控局面。我把我给尼克的提议作为筹码，在我 3 月离开波士顿去纽约一个行业会议发表演讲之前，给尼克下了最后通牒："要么我成为 Affectiva 的首席执行官，要么我去另外那家公司工作。"（无论如何，那份工作对我来说在经济回报上更有吸引力。）

我的心脏跳得很快，紧张得要命。还好，我接受过情感识别训练，很好地掩饰了自己的紧张。

尼克这才意识到我是认真的，他说他会考虑一下。

当天晚上，我在回波士顿的火车上接到了尼克的电话。他说他考虑了很久，意识到 Affectiva 是我的宝贝。我对公司的热情是其他任何人都没法儿比的。他很慷慨地同意辞去首席执行官，暂时担任董事长一职，以确保平稳过渡，并支持我向董事会提出建议。

那一刻，我拿到了自己想要的结果，但我感到很恐惧。我差点儿回他说："我只是开玩笑的，不要当真！"但我没有受紧张情绪的影响。

几周后，尼克和我去找董事会阐述我们的想法，董事会进行了投票。2016 年 5 月 12 日，我被任命为公司首席执行官，尼克则留下来担任董事长。这是尼克的慷慨之举。回过头看，我发现最难说服我成为首席执行官的人竟是我自己。

在我成为首席执行官的那一天，我做的第一件事就是给罗兹发电子邮件，告诉她我成为首席执行官了，我仍然坚守着我们最初的愿景和使命，而且我会尽我所能来实现它。罗兹回复了一封亲切的祝贺邮件。后来，我把团队成员召集在一起，和他们分享我对公司的愿景。我告诉他们，Affectiva 定义了情感人工智能领域。我说："我们主宰了这个领域。"是时候全速前进,筹集新一轮资金来发展Affectiva了。"这是一个令人兴奋的人工智能时代,"我对大家说,"我们可能会改变许多行业。"

我告诉他们,一旦出现问题,我们就是解决问题的人。我们会通过集体智慧来解决问题,团队的每个人都有能力对我们的方向、战略和产品产生巨大的影响。我告诉他们,我希望我们的员工拥有自主权,做事主动,推动实现目标。

我成了公司掌舵人,我很高兴有机会重塑Affectiva的企业文化,在公司创造新的能量点和兴奋点——我在麻省理工学院媒体实验室感受到的那种兴奋点。因此,我要求公司一周开一次会。在公司可以提任何问题,任何想法我们都欢迎。我知道,我们需要到一个更大的池塘里游泳。我的首要任务之一就是把公司搬到波士顿,成为快速增长的波士顿科技版图的一部分。我们之前太保守了。我希望我们能建立更多的合作,扩大伙伴关系,引进有新想法的年轻人才。

在成为首席执行官的那天晚上,我回家在日记里写下了这些话:

> 伟大的一天。我无法相信这一切会发生。这都是尼克的功劳。
>
> 我必须记住,我的工作是让这些人成功,让他们成为他们圈子里的明星。
>
> 我需要努力保持工作和生活的平衡,花时间多陪孩子。不能再犯同样的错误了。
>
> 明天是我的公公"艾哈迈德大叔"的生日,我好想念他啊!他信任我;他告诉我,他是我的朋友;他告诉我,安拉给

了我一个礼物，让人们愿意因此团结起来帮助我。这是多么强大的天赋——激励、引导人们做出改变的能力。

这也是一种责任。而且我现在是首席执行官，我非常认真地对待这个责任。

好了……凌晨三点半，该睡觉了。

世界无疑会变得越来越具有科技导向,而人类也将利用技术保持自己的情商……毕竟,"人工"之前始终是"人"。

第四部分
探路人工智能

19　为黑客马拉松锦上添"黑"

在创立和经营初创企业的过程中,我学会了一点——做事必须专注。人不可能面面俱到,你必须专注于"我是谁""我擅长什么""我的市场定位"。情感人工智能蕴含无穷潜力,有着无数可能的应用。但这也给我带来了许多苦恼,因为许多人、许多组织都想与我们合作。他们提议的合作项目颇具价值,几乎涉及你能想象到的所有领域。他们也对 Affectiva 提出了各种各样的要求。然而,我们并没有足够的人力或资源来一一探索这些潜在用途,许多人也无力支付我们的授权费用。但我明白,既然我们有能力用技术来造福社会,那么向其他人保留这些技术就显得颇为不公。因此,我们举办了第一届黑客马拉松赛(比赛名为"2016 情感实验室"),允许不同背景的参赛者自由使用我们提供的软件。

黑客马拉松赛很像电视上的厨王争霸赛,参赛者要在规定时间内用限定的几种食材烹饪出美味佳肴。同样，黑客马拉松的参赛者也必须将脑子里的想法转化为实体原型，且只能使用几个关键的技术工具。时间限制通常为一个周末。黑客马拉松赛和厨王争霸赛一样，比赛结束时通常会有嘉宾为最佳作品颁奖。

"黑客马拉松"是"黑客"和"马拉松"的结合，是一场与时间的赛跑。"黑客"指对系统进行修补或改变的人，而他们所做的这些改变在现实世界中或许可以成真。

我们在微软新英格兰研发中心（简称 NERD）举办了这场黑客马拉松赛。没开玩笑，这个研发中心真的叫 NERD（字面意思是"呆子"）。这个空间位于麻省理工学院校园内，宽敞又通风。赛事为期三天。比赛之初，每个人都有机会介绍自己，描述自己的工作内容。轮到金（化名）自我介绍时，她告诉我们自己是一名跨性别者。这位女士年近四十，戴着眼镜，略显羞涩。说实话，在中东地区，人们几乎从不在私下提及性取向或性别认同之类的话题，更不会在公开场合讨论这些。我很钦佩金的率真。后来，我看到她独自一人坐在沙发上，于是走上前去找她聊天。

原来，她是麻省理工学院的化学博士。不过她觉得自己的学术成就来得很空虚，因为家人（特别是父母）并不接受她的女性身份。金在很小的时候就意识到，虽然自己生而为男，但她的自我性别认同一直是女性。有一天，她受够了现实世界和自己真实感受的冲突，决定变性。她很欣慰自己做出了这个选择，但父母始终不能接受她的女性身份。这让她非常难过。

我突然想到，我们公司的软件有性别识别功能，可以根据被试的长相判断其性别。我对金说："我们来做个实验吧！来看看软件说你是什么性别！"但我也提醒她，软件给的结果谁也说不准。我说不好我们的算法会怎么看待一个由男性变为女性的人，因为我们还没有针对跨性别者群体对算法进行过训练。

我打开电脑应用程序，金则面朝着电脑摄像头。测试只要花30秒，实际却漫长得像过了一个小时。有一瞬间，我担心自己犯了个可怕的错误，担心我的提议会给金带来伤害。幸好，几秒后，屏幕上弹出了象征女性的图标。那个图标形象也和金一样，戴着一副眼镜。

金满脸笑容，激动地和我击掌。软件给她的笑容打出了100%的概率分，说明这是真心实意的笑。不过即使没有高科技工具，任何人也都能看出来她是发自内心地感到快乐。她问我，她能不能把机器的测试结果截图发给她的父母看。我点头应允。话音刚落，她就打起了电话，雀跃地对电话那头说："爸妈你们看，科学也认为我是个女人！"

埃及文化无法接受金这样的人，他们会被视为"异类"。不只埃及文化，许多文化都是如此。那一刻对我而言意义非凡：金和我作为两个人类个体紧紧联系在了一起。那一瞬间，我俩产生了巨大的共鸣。我理解她，理解她对家庭和社会能接受她的强烈渴望。我想，这不正是情感人工智能的意义所在吗？

情感人工智能的初衷是让技术更加人性化，从而促进理解，让人与人之间的联系更紧密。要让情感人工智能发挥作用，就必须涵盖广泛的人群。我们以包容为原则设计了情感实验室，也考虑了许多不同的角度，这也是我们举办黑客马拉松赛的初衷之一。

黑客马拉松赛吸引来的大部分是程序员，男性居多。不过，我们在以往典型黑客马拉松赛的基础上新增了自己的特色，为这类赛事锦上添"黑":我们不想把任何人排除在外——男性程序员我们当然敞开门欢迎,但我们也向女性程序员发出了邀请,为她们预备了前20个参赛名额。这就使得男女参赛者人数持平,这在同类活动中实属罕见。我们也努力把比赛办得国际化、多元化。这次比赛吸引了来自世界各地的参赛者,例如瑞典、英国、埃及、日本和以色列。此外,各行各业的人也借此机会齐聚一堂,这又与以往同类赛事大不相同。我们积极接触其他行业的人员,确保参赛者里有学界教授、艺术家、音乐家、项目经理、平面设计师、教育工作者、自闭症研究人员、心理学家、公共卫生工作者等。我们想创造机会让这些不同领域的专业人士能够与计算机专家并肩创新,因为在这一点上,行业做得还不够。

我们甚至邀请了自己的同行业初创公司——Beyond Verbal。这家公司位于以色列特拉维夫,专攻语音分析。大多数公司不会邀请同行或潜在竞争对手参加自己的活动,但我们的想法是,让黑客参赛者接触我们公司的技术,有利于他们开展更为复杂的项目。

邀请那些一般不来参加科技活动的群体参赛还不够。我们必须让肩负家庭重担的人也能参与进来(他们可不能一连几天不在家),并且让他们在赛事里感觉到受欢迎(整个科技界在这一点上都做得欠缺)。一方面,黑客马拉松赛的性质要求参赛者连轴转,这往往意味着来参赛的母亲(甚至父亲)整个周末都无法抽身顾家。另一方面,科技圈有所谓的"兄弟"文化,一群男人熬夜通宵,大口喝红牛、大口吃比萨——这让许多受邀者心生厌恶。因此,我们决定转换策略——晚上不比赛。这样,参赛者就不需要连轴转,晚上照常回家。我个人非常提倡大家保持足够的睡眠。我们公司有许多员工都育有子女,所以我们会给员工提供日间的儿童看护服务,让他们白天能安心工作。

我们对黑客马拉松赛的锦上添"黑"起作用了吗？当然！与所有同类型赛事一样，整个过程十分紧张，各个团队倾尽全力，但每个人都极有归属感。

每位参与者都有机会当众介绍自己的项目，看看能否吸引队友。最终，10个项目入选，60名参与者各自分为不同的小组。每组都可以用相同的"食材"来实现项目，包括Affectiva的情感人工智能工具、Beyond Verbal的软件、Pavlok公司的可穿戴手环传感器、Brain Power公司的谷歌眼镜、机器人Jibo、"星球大战"系列BB-8机器人玩具，以及开源电子化平台Arduino。比赛的唯一要求是将Affectiva的情感人工智能整合到各组的项目原型中，除此之外，不设任何规则。

赛事的多元化不仅体现在团队人员构成上，各组的项目也琳琅满目。比如，有一组开发了一款名为《杀手骆驼》的电子游戏，名字听起来不一般，其实是用面部表情（而不是控制器）来引导玩家。另一组开发了一个名为"盲人情感援助"的应用程序，植入谷歌眼镜后可以帮助视障人士在互动时"看到"对方的情感状态。"超级TA"项目则是改造BB-8机器人玩具，为教师提供实时反馈来评估学生的理解力和注意力。以上都是比赛过程中我们看到的情感人工智能的创新用途，颇有前景。而能看到这些项目问世，则要归功于独特而多元的参赛者组合。

有一个项目涉及一个少有人愿意谈论的社会问题——自杀。波士顿马萨诸塞大学教育和人类发展学院的咨询心理学与学校心理学副教授、公共卫生硕士史蒂文·范诺伊博士提出，他要开发一款预防自杀的应用程序。这个项目当即得到了参赛者们的热情回应，两个技术人员主动找他一起合作。

20世纪80年代，范诺伊曾是一名计算机程序员。十年后，他决定转行，从事更加以人为本的职业。他转而投身于心理学，获得了公共卫生硕士学位，之后成为老年心理健康服务的博士后研究员，研究自杀预防。

在美国乃至全世界，自杀人数都在攀升。2017年，即有数据可查的最近一年，美国有47 173人死于自杀，另有140万人自杀未遂。美国疾病控制与预防中心（CDC）的数据显示，还有500万人有过自杀的念头。哪怕是最有经验的临床医生也无法预测哪些患者真的会自杀，哪些患者只是会动这个念头。

青少年和青年对自杀的态度尤其让人担忧。自杀是15~24岁人群的第二大死因。范诺伊表示，他的研究项目招募了一些有心理健康问题的学生。"我们发现相当一部分人存在较高的自杀风险，哪怕我们（在选择研究对象时）并未着重考虑这一点。"

目前的主要问题是，心理健康领域尚未启用新技术来评估患者情况、跟踪病情。尽管医学已经实现了自动化，人工智能也在重病诊断和治疗方面得到运用，但心理健康从业者往往对技术的介入避而远之。心理健康领域的病情评估主要依赖患者自我报告，而这可能和实际情况有出入。例如，假设医生问患者"你有自杀倾向吗"或者"你觉得抑郁吗"，患者可能会出于心理健康问题带来的羞耻感而撒谎。患者也可能出现自相矛盾的心态，回答问题的那一刻，他想活下去，几个小时后，他可能就转念想寻死。

然而，许多面临自杀风险的抑郁症患者或焦虑症患者实际上并没有主动寻求帮助。世界卫生组织的统计数据显示，全球面临心理健康问题的人里，三分之二的人未寻求专业帮助。然而，即便自杀高风险患者决定去看医生，时长也可能只有每周50分钟，剩下的时间只能靠自己熬过去。

范诺伊是技术出身，他想弄清楚心理健康落后于其他医学学科的原因何在，但不知道如何补救。离开计算机编程领域近20年，很多东西都变了。一天，他在《纽约客》上读到一篇关于情感人工智能的文章，其中提到了Affectiva。那时，他仿佛找到了连接这两个领域的方法。他想，是否可以利用智能手机上的情感人工智能应用程序来实时跟踪现实世界患者的病情，以便专家对病人的严重抑郁倾向或自残倾向及时进行干预？范诺伊带着自己的点子找到了我们。于是，我们邀请他参加黑客马拉松。最后的结局你都知道了——他在比赛中落实了这个项目，愿望成真。

范诺伊的团队将本组原型取名为"Feel4Life"（感受生活）。应用程序安装在智能手机上，有预防自杀的功能。它使用Affectiva的情感人工智能工具和Beyond Verbal的语音软件来捕捉用户的情绪变化。与标准化的评估测试不同，这款应用程序并不直接询问用户是否感到抑郁或想要自杀。相反，它会引导他们谈论生活中的点滴小事，问他们一些问题，例如"你今天过得怎么样""你在想什么""接下来这周你有什么计划"。

每次在线签到时，软件都会将用户的回答与之前的回答进行比较，进而判断他们的情绪较之标准线及上次签到时是更积极还是更消极。用户每天签到三次，签到日志对用户的特定联系人开放。如果用户没有签到，或者表现得"不正常"，联系人就会收到通知，继而进行干预和/或提醒用户的家人。Feel4Life只是一个原型，后续开发任重道远。但如果它成功进入市场，正如范诺伊所言，它并不会取代每周 50 分钟的心理治疗，而是能帮助医生提升对患者的治疗效果，更多维度地触达患者。

范诺伊指出，除了问些问题，对自杀高风险人群的网络行为进行追踪也能提供此前无法发现的重要信息。例如，我们可以检测出真正有自杀倾向的人与那些没有自杀倾向的人相比，是否喜欢看特定类型的网络新闻，或是否特别关注与自杀和死亡相关的消息。

范诺伊说："他们的字典里可能删除了'未来'和'希望'之类的字眼。我们或许会发现，有自杀行为史的人和想自杀的人可能会花更多时间来看与死亡、自残相关的图像，而不看与未来和人情味相关的东西。我们也不清楚具体是怎样的，所以正在努力探寻。"但可以肯定的是，使这种研究自动化有利于收集更多数据，并最终挽救生命。

起初，Feel4Life 这类应用程序针对的用户是已知的自杀高风险人群。但这项技术真正的价值在于将其整合到我们每天使用的技术工具里，比如 Alexa、Siri 或 Cortana。抑郁症在社会上很常见。根据美国精神病学协会的数据，每 6 个人中就有一个在人生的某个阶段经历过抑郁。人们甚至往往都没意识到自己或家人被抑郁困扰。心理健康是个很敏感的话题，对它进行监测需要征得当事人的同意，并且数据必须保密。这类心理健康监测程序若能在早期发现人们的自杀倾向，那么每年可以挽回成千上万人的性命。

如果没有黑客马拉松赛，Feel4Life 可能就只是个好点子。同样，如果不是这场比赛，那个周末完成的其他项目也都可能无法见到曙光。

决定举办"2016 情感实验室"时，我们的初衷是想看看一群充满创意、富有激情的人可以用情感人工智能来做些什么。周末结束时，我们已经得以一瞥情感人工智能世界的模样：这个世界充满共情和趣味、富有价值、以人为本，人们面对问题迎难而上；它倡导同理心，以他人的感受为先，考虑他人的需求。

最终，情感实验室也成为一个原型，一种"做"技术的新方法，一种对开发者和用户需求做出响应的新方式，它为那些以为自己毫无立足之地的人敞开了一扇新的大门。

我们需要各位参与进来，一起设计部署这些人工智能系统。如果我们继续只依赖硅谷的技术，只有极少数人来设计这个系统，那么技术就会带有偏见——也许他们不是故意为之，但这样我们就会在不知不觉中让社会上的偏见反复上演。

设计系统包括许多方面，从构思、收集实际数据到机器学习算法再到落实部署，整个过程都应该多元而全面。我们需要大家群策群力。我们的技术必须能够识别出印度偏远地区居民的笑容、穆斯林妇女的笑容、跨性别者的笑容。我们的算法必须适用于各行各业，各种肤色、性别、年龄和种族的人。有些问题正在危害社会，降低了那些需求得不到重视的人的生活质量，我们必须利用算法造福人类，解决这些长期存在的问题。

20　沉默不语

我的同事艾米丽有个两岁的儿子，名叫马特。有一天，马特在跟只比他大几个月的两个表哥玩耍时，突然变得不爱说话了，艾米丽第一时间发现了这点。（为保护个人隐私，以上均为化名。）

艾米丽回忆道："当时两个表哥正叽叽喳喳说着话，我却发现马特一声不吭。"这不是他的性格，因为马特很小就会说话了。但他从此时起大部分时间都沉默寡言。

艾米丽开始观察马特的其他行为，逐渐警觉起来。他很少与人进行眼神接触，即使有，也显得很不自在，一见到人就把目光移开。他不喜欢被拥抱。别人叫他名字，他十有八九不会回应。玩玩具车时，马特也不像同龄的男孩那样在地板上赛车，相反，他会把车翻过来，盯着车轮看。

艾米丽不是儿童成长方面的专家，但她从育儿书中了解到，这些行为通常跟自闭症挂钩。她向马特的儿科医生表明自己的担忧，医生却一再强调，马特没有自闭症。毕竟，马特的行为并不是典型自闭症儿童的行为。虽然他很害羞，但他没做出"刺激"行为（指孩子进行自我刺激，比如摇晃或做其他重复性动作），也没有踮着脚尖走路（蹒跚学步的孩子常这么走路，但大多数孩子不会一直这样走）。换句话说，他没有表现出自闭症的任何明显迹象。

"马特只是语言能力发育得慢，"医生安慰道，"做些言语治疗就好了。"

艾米丽还是不放心，又带马特去看了两个儿童心理学家，他们都觉得孩子没什么问题。艾米丽想带孩子加入国家资助的自闭症早期干预项目，但被拒绝了。自费的话，这可是一个天文数字。

"他们直视着我的眼睛，对我说：'女士，我们每天都要接触10个自闭症孩子，但你的儿子绝对不是。'"艾米丽对我说。

她也想相信专家的判断，但马特的行为一次次让她更加怀疑自己的孩子有自闭症倾向。她知道自闭症是什么样的，所以一直无法说服自己相信那些专家。她越了解自闭症，就越担心马特的未来。虽然自闭症谱系障碍无法治愈，但艾米丽读过相关的科学文献，只要三岁前诊断出自闭症并接受治疗，就很有可能收到积极的效果。如果这是真的，那对马特来说，他的黄金时期稍纵即逝。

艾米丽决心弄清儿子的状况。她预约了本州一家自闭症方面的权威机构，等了4个月。马特的三岁生日只差几个月的时候，终于轮到了他去做评估。专家在和马特交流了几分钟后，告诉艾米丽："你的担心是对的，孩子是有自闭症谱系障碍。"

后来，艾米丽主动联系上我，问我知不知道有什么技术可以帮到马特。还记得吗？我和罗兹曾经有个近乎疯狂的想法——开发一个与谷歌眼镜类似的设备，为自闭症儿童破译面部表情。我们的梦想如今已然成真，不过它的研发者另有其人。

被赋能的大脑

企业家内德·萨辛是麻省理工学院认知神经科学硕士和哈佛大学神经科学博士。2013年的一天，他到麻省理工学院参加了一场自闭症研讨会。他对自闭症了解不多，但他惊讶地发现，相较其他疾病，目前在自闭症方面的研究非常落后，但受自闭症影响的人很多。

萨辛从研究人员和相关人员那里了解到了和艾米丽一样的父母们面临的困境：他们带着孩子辗转拜见不同的医生，直到得到确诊的答复。年轻的自闭症患者在会上谈了他们在就业和维持人际关系方面的困难。有些孩子患有严重自闭症，不善沟通，他们的父母表示迫切地想要了解孩子的想法和感受。

萨辛回忆道："那次会议让我印象最深刻的不是科学道理，而是每个演讲者解释自己为什么要研究某个问题而做的简短介绍。我被这种不屈不挠的抗争精神深深吸引。"

最令萨辛惊讶的是，尽管自闭症越来越普遍（每59名美国儿童中就有一名被确诊为自闭症谱系障碍），世界各地却都没有足够的专家能够治疗自闭症，也没有足够的资源可以帮助那些照料自闭症患者的人员。

彼时，萨辛正面临新挑战。他刚结束上一份工作，开始了为期一年的假期，准备和妻子妮可一起游历二十多个国家。他们全程没带手机——因为他们想多和人互动，而不是被谷歌地图牵着走。不过，萨辛注意到智能手机已然无处不在，甚至偏远地区也不例外。

他说："那次旅行让我茅塞顿开。我们去了许多国家，看到了人们面临的不同挑战，也见证了他们在努力过好自己的生活。我发现，软件现在已经具有全球影响力，即将迅速扩大规模来满足人们的需求，它也能够真正帮助有需要的人获得公平的竞争环境。"

2013年，萨辛结束旅行回国，恰逢谷歌眼镜（一款带有内置摄像头和头戴式光学显示器的智能眼镜）问世。谷歌眼镜价格昂贵、营销夸张，有不少批评之声——戴着它的人当时被称为"四眼鬼"。但萨辛认为，谷歌眼镜可以作为过渡性工具来帮助神经系统疾病患者。

虽然有唱衰的声音，但谷歌眼镜仍然一"镜"难求，不仅价格高昂，发布速度也非常缓慢，只面向少数人。于是，萨辛来到位于加州芒廷维尤的谷歌总部，通过与公司高层的巧妙周旋，免费得到了一副谷歌眼镜。眼镜到手，他就可以"黑"进去了。

拿到眼镜后，萨辛绞尽脑汁思考它的用途，但毫无头绪。直到他参加了那天的自闭症研讨会，一切似乎有了答案。萨辛完全明白了他要用谷歌眼镜做些什么。

"许多自闭症患者并没有认知障碍，但有社交障碍。这才是他们面临的主要问题。"萨辛说，"我想，如果能够将人工智能和可穿戴计算机结合起来，就可以开发一个外显的社交界面，而且可以把它做成训练工具。这样，自闭症用户就可以用它充分发挥自己的潜力。"

换言之，萨辛想做一款能解码面部表情和其他社交线索的谷歌眼镜，帮助自闭症患者更好地与人互动。我和罗兹在此之前七年就做过这样的尝试。当时我们尝试申请国家科学基金会的资助，但遭到拒绝，因为审查人员觉得这根本是天方夜谭。在科技界，七年就相当于一生了。人工智能已经飞速向前跃进，时髦的谷歌眼镜比我们笨拙的设备领先了好多步。那一年，萨辛成立了初创公司 Brain Power。他们使用基于神经科学的软硬件来激发大脑（特别是自闭症患者的大脑）的潜能，将可穿戴计算机做成了神经辅助教育设备，鼓励自闭症群体参与进来，进行人际互动。

萨辛从麻省理工学院聘用了一名编程人员，并着手组建一个由神经科学家和技术专家组成的团队。他特意雇来一些处于自闭症谱系中的人，听取他们的建议，询问他们对自己病情的看法。萨辛及其团队咨询了患有自闭症的儿童和成人，以及他们的家人和医护人员，以便进行设计。最终，一款教授社交情感技能、鼓励用户进行人际沟通的应用程序问世了。

这一切来之不易。因为萨辛发现，谷歌眼镜很难被"黑"。它并不像用户友好型的智能手机，能够下载应用程序。要按照萨辛的想法来改变眼镜，这件事哪怕交给身经百战的技术专家做，也相当复杂。所幸，萨辛和他的团队最终还是成功了。

他的奋斗历程勾起了我在麻省理工学院媒体实验室的回忆，我当时也是历尽艰辛拼凑出了一个简陋的自闭症患者可穿戴工具。每当回想起在麻省理工为 iSET 而努力的时光，我都万分怀念。创办 Affectiva 时，我依然无法忘记那些艰辛。但我们足够强大，能为公司撑起一片天。

萨辛在着手这个项目时，还不知道我和罗兹做过类似的项目，我对他的工作也一无所知。不过我俩都是麻省理工学院出身，最终还是相遇了——他先找到了罗兹，罗兹又把他引荐给了我。

一杯咖啡的工夫，我们很快成了朋友。我理解他的使命，也相信他的工作能够实现我们最初的愿景，而单单依靠我们自己的力量可能永远无法实现。虽然他的公司短时间内可能没什么收入，他支付不起授权费，但我们还是让他免费使用了我们公司的软件，每个月还提供几个小时的咨询服务。这份好意对我们团队来说并不轻松，因为我们本可以靠着软件大赚一笔，但我们还是坚守初心，坚信自己的决定是对的。回想起当年，西蒙·巴伦-科恩博士曾经慷慨地帮助我，那情景依然历历在目。那时我正攻读博士学位，他把团队的数据库免费向我开放，让我的研究工作一下子向前推进了好几年。同样，此刻 Brain Power 需要帮助了，我也有能力助它一臂之力。归根结底，和萨辛这样的人才共享技术，对我们公司的业务和士气都益处良多——我们可以因此吸引最优秀的员工，尤其是千禧一代，因为他们青睐目标明确、有使命感的公司。

如今，Brain Power 公司已经推出了自己的产品，名为 Empowered Brain（被赋能的大脑）。这个应用程序有些像游戏，能够让患有自闭症、注意缺陷多动障碍（ADHD）和脑力在其他方面发育迟缓的儿童及成年人学习社交情感技能。程序可以在谷歌眼镜上运行。它采用了增强现实技术和 Affectiva 的软件来指导用户进行人际沟通，并解读对方的面部表情和情感状态。它还能与智能手机或平板电脑配对，并设有账户数据表，能显示眼镜记录的数百个数据点。这些实时录入的数据可以让家长和老师了解用户的实际情况。

对萨辛来说，使用头戴式耳机是用户学习过程中的关键一环。他说，如果改成用手机或平板电脑，程序的效果就会打折扣，因为用手机和平板电脑时，人的视线是向下的。"如果你低头看屏幕，那么周围世界对你感官的输入就会受到严格限制。"他说，"如果我把 iPad 从你手上拿走，你一定会下意识地抬头，耳朵的信息来源方位发生变化，这可能会给自闭症儿童带来毁灭性的影响。"

相比之下，如果程序运行时用户戴着智能眼镜，他们就能够"抬头，解放双手，参与社交"。

"这项技术能教你与人互动并帮你计分。"萨辛解释说，"为了得分，你必须在现实世界中和人进行真正的互动。"

Empowered Brain 设计的每个游戏，都是为了加强人与人的互动。以《情感猜字》游戏为例。想象一下，你在和朋友互动时戴上了谷歌眼镜。为了积分（游戏里体现为虚拟宝石），你必须通过歪头来从界面提供的两个选项里选一个，猜测对方的情绪。打个比方，假设界面让你在快乐和悲伤两个表情里做选择，那么如果你的朋友在笑，而你恰好选择了快乐的表情符，朋友就会奖励你虚拟宝石。但如果你错误地把微笑识别为悲伤，选择了悲伤的表情符，那么你就得不到宝石。这个游戏旨在引导自闭症群体在互动过程中识别对方的情绪，并鼓励用户在交谈过程中注视对方的脸。

萨辛团队这个程序的终极目标是，随着用户的进步，逐渐让他们脱离 Empowered Brain，这样他们就可以慢慢习惯现实世界。例如，在游戏《面对面》里，软件会引导玩家在对话时凝视对方的脸；随着游戏难度的增加，一些视觉引导的线索会消失。

艾米丽联系我时，萨辛的公司已经成立 5 年了。艾米丽问我知不知道什么技术可以帮助马特，我没说"以后可能会有吧"之类敷衍的话，而是把她介绍给了萨辛。马特确诊后几个月，他被带去了 Brain

Power公司位于坎布里奇市的办公室，尝试了Empowered Brain系统。从某种程度上看，虽然马特年纪很小，但他简直是这项技术的完美用户。马特很聪明，在学前班成绩很好，语言技能方面也跟同龄人差不多，善于处理数字，喜欢科技。但马特的社交能力有所欠缺，和别人说话时，他不能直视对方，无法集中注意力。这会让他交不到朋友，影响转学、升学甚至未来的生活。

Empowered Brain可以帮助像马特这样的孩子应对那些影响他们日常社交的实际问题。系统教马特在聊天时用一种不会分散他人注意力也不令人反感的方式转动头部，这样他就能保持对话。即使跟对方没有直接的眼神接触，他至少也在看向对方，这样就显得很投入。在Empowered Brain的帮助下，马特正学着与人沟通，过程中尽量做到不低头、不看向别处。这对马特来说意义重大。

事实证明，Empowered Brain适用的用户年龄层很广。不过它最初其实是为学龄儿童设计的。所以，马特开始用的时候，有人会担心这么小的孩子能否理解操作流程。但他一戴上眼镜，就明白怎么用了。艾米丽说："马特看着屏幕上我的图像，目光移向我的脸或眼睛时，就能获得积分。他很快就明白该怎么玩这个游戏了。"

现在有150台Empowered Brain设备处于工作状态，遍及全球十几个国家。萨辛的公司目前专注于提高这款设备在马萨诸塞州公立学校和家庭的使用率，目标是将适用范围扩展到其他州，并且利用该州公立学校的设备帮助特殊教育学生。美国共有55万名自闭症学生参加了个性化教育计划，它是特殊教育计划的一部分，市场潜力非常可观。

萨辛认为，这项技术除了教给孩子生活技能，还可以促进自闭症儿童和父母之间的相互理解。"母亲是唯一能保护孩子不受伤害的人。如果她认为自己无法了解孩子身上发生了什么，她就会深受打击。这（技术）相当于一座桥梁，真正有助于建立人与人之间的联系，最终让他们紧密联结。"

这项技术的确是一座桥梁，可以改善处于自闭症谱系两端的人们之间的沟通和理解。无论这两端的人是像马特和他的家人那样生活在同一屋檐下，是同在一个教室里学习，还是同在一间办公室里工作，都可以达到同样的效果。这项创新可以帮助一代人修复情感，让他们有能力更好地处理人际互动。

Affectiva 与 Brain Power 的合作初衷并不是为了钱，以后也大概不是如此。钱并不重要。对我来说，它帮我实现了我近二十年前的使命：为需要提高情商的人进行情感修复；帮助像马特一样的人发挥潜力，为他们消除障碍。萨辛把这项技术用得尽善尽美，我很庆幸把接力棒传给了他，这是个很明智的决定。

21 笑容的秘密

人脸就是一块留言板,把我们的内心感受向全世界袒露。

——约瑟夫·杜塞尔多普博士,面部整形医生(澳大利亚悉尼)

笑容是你我的超能力。我还在剑桥大学读博时,我的笑容曾帮助我打破围墙、铺建桥梁,与新朋友建立了牢固的情感联结。在如今的工作中,每当我带着一长串要求,突然出现在别人的办公室里或跟潜在客户见面时,我都会扬起"为和平而来"的微笑,因为我知道,情绪有感染力,没人可以抗拒一张笑脸。面带笑容地提出要求,相较于皱着眉头或态度粗暴地提出同样的要求,给人的感受会截然不同。笑容对人们彼此之间的互动至关重要。婴儿早在出生之前,就已经在母亲的子宫里练习微笑了。没错,笑容在人们的交流中举足轻重。

不妨想象一下:如果你失去了微笑的能力会怎样?这个状况真实地发生在了苏珊(化名)身上。苏珊是澳大利亚悉尼一所小学的老师,一天早上醒来时,她发现自己的脸有点儿不对劲。有一边脸还算正常,另一边脸却不能动了。所以,她的笑容变得非常奇怪,下垂而扭曲，只有半边脸在笑，无法表达出她真实的内心感受。

她泪眼婆娑地和医生说："笑容关乎我的职业成败，面带微笑才能吸引学生。"学生发现了苏珊的异常，慢慢和她拉开距离，他们问："你的脸怎么了？"于是，她决定离开讲台，从事行政工作。

夺走苏珊笑容的病症叫作面瘫，是一种神经肌肉疾病，会导致脸部表情僵硬、口眼歪斜。这种病暴发快、病因复杂，脑卒中乃至病毒感染都可能成为诱因。它有时能自愈，有时则不能，许多情况下都需要进行面部手术才能恢复正常。

苏珊的大夫是约瑟夫·杜塞尔多普。杜塞尔多普来自澳大利亚，是一名外科医生，也是哈佛大学医学院下属马萨诸塞州眼耳科面部整形部的临床研究员。虽然面瘫影响了苏珊吃饭、说话、用鼻子呼吸和闭眼，但她最关心的还是怎么恢复笑容。

受这种病症困扰的不仅是成年人，有些幼儿可能天生就有一种叫作莫比乌斯综合征的发育问题，整张脸都会瘫痪。这些孩子没办法露出笑容。他们可能极富幽默感，其他方面也很正常，但面部肌肉根本无法动弹，就像戴上了面具。

2017年，Affectiva举办了第一届情感人工智能峰会。与会专家来自世界各地，重点讨论情感人工智能的应用，其中也包括医疗领域的应用。（自此之后，我们每年都举办这个峰会。）我在会议上认识了杜塞尔多普。他当时正在哈佛大学医学院做研究，对情感人工智能技术如何可以与他的工作相结合很是好奇。很快，我们的话题转到了笑容上。

杜塞尔多普告诉我，无论是孩子还是大人，他的患者找他做整形手术时的诉求都是"我只想恢复笑容"。如他所言，"如果能够让他们恢复笑容，哪怕只恢复一点点，患者的个性和生活都会发生翻天覆地的变化"。正因如此，杜塞尔多普在做手术时，给98%的患者都使用了"微笑重生术"。这是一种复杂的显微外科手术，可以对神经系统进行调节。对应的神经系统会激发电运动，继而促成面部肌肉的运动。他解释说："这其实跟做电工很像，你可以把它想象成从完好的面部一侧取一条'延长电缆'，把它移到受损的那侧。"

"微笑重生术"难度大且复杂，对医生和患者都是挑战。患者可能需要几个月或更长的时间进行术后恢复。术后，医生会密切监测患者，评估他们的恢复情况，特别是受损的脸部能否重新活动，以及随着时间的推移，笑脸是否完全恢复对称。哪怕一丁点儿不对称都会把完美的笑容变成假笑。我们的目标是让患者能够再次扬起笑容，并让人感受到那是发自内心的笑，我们希望患者都能顺利通过杜塞尔多普口中的"路人测试"。"路人测试"就是让别人来判断这个笑容看起来是否真诚，会不会有路人觉得这个笑容不对劲而多看几眼，心想："这张脸是不是有点儿不对劲？"

即使手术很成功，脸部功能得以恢复，笑容也可能出现难以量化的细微问题。"有时候即使笑肌动了，嘴角抬了起来，笑着的人也不显得快乐。"杜塞尔多普说，"也许是因为笑肌横向或纵向移动得太远了。但实际上，可能会出现各种各样的问题，导致笑容传达错误的信息。"

从我自己做的研究中，我了解到人类有几十种不同类型的笑容，含义各不相同，而且并不是所有的笑容都能表达快乐的情绪。即使嘴周最为细小的变化也会改变表情所传递的信息内容。不过，最让杜塞尔多普烦恼的是，他的专业领域不像其他医学专业一样，有客观工具来监测修复后的微笑。例如，心脏或肾脏手术后，外科医生可以选择通过多种测试来检查患者的术后恢复情况。但面部手术后没有标准化的测试可以对患者进行评估，外科医生必须靠肉眼来判断患者的恢复情况。

"微笑重生术"的术后护理包括医生随访。随访时，医生一般会讲笑话或播放搞笑视频来让患者"自发"地笑出来。杜塞尔多普认为这种术后评估很不科学，对此非常不满——因为整个过程似乎特别勉强，但他又找不出替代方案。幸好，情感人工智能峰会的一次演讲解决了他的苦恼。一年一度的情感人工智能峰会由 Affectiva 赞助，来自各个领域的专家代表汇聚一堂，探讨情感人工智能技术的潜在应用。给杜塞尔多普启发的人，叫格雷厄姆·佩奇。他当时在 Affectiva 的合作伙伴公司明略行工作，现在则是我们公司的媒体分析业务部负责人。在当时的演讲里，佩奇介绍了明略行如何使用我们的软件来追踪和监测消费者看视频广告时的面部表情。表面看来，这个应用跟医学八竿子打不着，但杜塞尔多普在看到佩奇的演示时，立马觉得这可以跟他的患者联系在一起。他想，这正是整形外科医生正在努力做的事情，只是苦于没有这种超棒的工具！有了这项技术，他一直梦寐以求的衡量手术效果的客观标准系统就可以搭建起来了。他表示想用我们的软件，我们欣然同意。我们还建议他看一些广为流传的搞笑视频，还可以放给患者看。

终于，杜塞尔多普有了称手的工具，不仅能衡量、评估患者的笑容，还可以打消术后评估时患者的许多疑虑。

杜塞尔多普用情感人工智能软件做的第一件事，就是调查其他人对面瘫患者笑容的看法。在一项研究中，他用我们的软件播放了患者术前的微笑视频。他发现，这些笑容向他人传递的信息是错误的。尽管患者想要表达快乐的心情，但他们的笑脸不对称，大多数观众觉得那是在表达轻蔑。更糟糕的是，面瘫没有完全恢复的患者可能会患上一种叫作"面肌联动症"的后遗症，他们在微笑时可能会不由自主地皱起鼻子，看到的人会觉得这是在表达厌恶。

使用 Affectiva 情感人工智能后，数据显示"微笑重生术"术后患者微笑里的快乐情绪显著增加，负面情绪明显减少。这是巨大的进步。有了我们的软件，杜塞尔多普能够对患者术后笑容的类型和强度进行评价和判断，就跟我们在市场研究中测试客户的广告效果一样。这种方法还有不少好处。例如，杜塞尔多普正在用我们的软件开发工具包开发应用程序，帮助患者在术后足不出户就可以通过应用程序实时监测自己的笑容，不需要再去找医生评估了。

"我们也有走弯路的时候，"杜塞尔多普说道，"但正确理解了应用程序的运行方式，我们就可以对那些不完美的结果进行归纳。打个比方，一台手术在我们看来可能技术上已经非常合理了，但患者术后的笑容没能表达出 100% 的喜悦——可能只表达得出 50%。这时我们就可以用这个工具批量查看大量同类病例，然后思考如何改进手术过程，帮助患者笑得更自然。"

回想起来，我依然觉得这件事很是奇妙。谁能想到，一位广告公司高管的演讲能让整形外科医生的脑海中迸发思想火花，进而帮助这位医生使他的患者重获笑容？不过这正是我想在峰会上看到的思想碰撞，也是我认为不同领域的人士都必须抓住机会见面、切磋、互鉴的原因。

新一代科学家

在我担任 Affectiva 首席执行官几个月后，销售主管转发了一封艾琳·史密斯的电子邮件给我。史密斯当时是堪萨斯州欧弗兰帕克市肖尼高中的高二学生，她想用我们的软件，但没钱支付授权费，销售主管来问我的意见。我十分好奇，一个 15 岁的女孩为什么会想用我们的软件呢？

原来，史密斯在 2016 年看了一段迈克尔·J. 福克斯帕金森病研究基金会的视频，视频里福克斯和其他帕金森病患者的笑声和笑容让她深感震惊。史密斯回忆说：“我觉得他们的笑容极不正常，让人感觉很疏离。一定是哪儿不对劲。”

大多数高中生并不会深究这样的问题，但史密斯当时受一部热播美剧的影响，已经在学习面部编码了。八年级时，她从刑侦剧《别对我说谎》中了解到了面部编码系统。《别对我说谎》改编自保罗·埃克曼的作品，剧中的那位侦探/科学家仅仅通过监测嫌疑人的非言语动作表现就能判断其有罪或无罪。史密斯被这部剧深深吸引，进一步阅读了埃克曼的研究成果，研究了他的面部行为编码系统。史密斯所做的和我在攻读研究生时做的事一模一样。

鉴于这些背景，史密斯在看到采访帕金森病患者的新闻报道时，发现了他们笑容中的细微异常。那一刻，有些东西悄然生根发芽。她想知道：研究这些略显尴尬的笑容是否对帕金森病有医学意义？识别这些面部变化是否有助于改善诊疗手段？

帕金森病没有简单方便的诊断测试。这种病极为复杂，甚至直到晚期才能确诊。根据美国国立卫生研究院的数据，这是美国第二常见的神经退行性疾病，仅次于阿尔茨海默病。美国共有 50 万名帕金森病患者，每年新增确诊病例 5 万例；全球病例数高达 1 000 万。这种疾病多发于 60 岁以上人群，但发病时间也可能提前，比如迈克尔·J.福克斯，他的首次发病年龄只有 29 岁。

帕金森病常常被漏诊或被误诊，所以专家认为实际病例数可能是统计数据的两倍。预计到 2030 年，受全球人口老龄化影响，帕金森病患者数量很可能增加一倍。发展中国家的人患病的概率尤其高。

帕金森病最常见的是静止性震颤或行走困难（步态障碍），但这些明显的症状多发于疾病晚期。初期症状较不容易察觉，体现为寻常而普遍的抑郁、失眠、便秘、认知改变等症状。非帕金森病专家可能会认为这是"正常的衰老反应"。在疾病初期，要想准确诊断帕金森病较为困难。虽然它无法治愈，但尽早采用现有治疗方法会有效果。此外，定期锻炼、改善生活方式，比如健康饮食、减少压力，会让患者的症状有所缓解。但关键是要尽早识别出病人，尽可能采取措施帮助他们减轻症状、减少痛苦。然而，医学界目前还没能做到这点。

有的人天生就是科学家，他们有着与生俱来的好奇心，一旦对什么东西产生兴趣，就会刨根问底。他们不断挖掘，无畏开拓，勇于创新。史密斯就是这么一个人。她遵从自己的直觉，做的第一件事就是找帕金森病患者的护理人员和临床医生沟通，询问他们在患者患病初期与其进行非言语交流时，是否发现了什么异常变化。患者配偶常常会说，在伴侣确诊帕金森病的十年前，他们就感觉有些跟爱人"脱节"了。这种感觉微妙且捉摸不定，但配偶和家人都能清楚地感受到他们跟患者之间的情感联系减弱了。

帕金森病患者配偶的反馈，佐证了史密斯在医学杂志上读到的内容。控制形成面部表情的大脑部位，即杏仁核和基底神经节，正是帕金森病情发展过程中最早发生变化的部分。

史密斯对帕金森病产生兴趣时，人们就已经知道在患病初期，患者就会有所谓的"面具脸"，也就是面部表情受到抑制。这个症状的出现远早于其他神经症状。不过，当时无人探究如何利用这些面部表情的改变来追踪疾病的发展过程。

史密斯想将面部表情的这些细微变化进行数字化和量化，以便开发出一种新型诊断工具，能在帕金森病的最早期进行检测。换言之，她想要开发能够监测大脑内部运作的面部生物标记。而她的尝试一旦成功，对帕金森病和其他一系列神经系统疾病的诊断就将取得极大进展。

史密斯的"疯狂的点子"其实切实可行，只是她当时还不清楚有什么方法可以客观地捕捉和量化患者的面部表情。于是，她开始用谷歌搜索一切关于面部解码的信息。某天晚上，我的 TED 演讲出现在她的眼前。

这个女孩非常主动，给我留下很深的印象。我同意她免费使用我们的软件，而且向她介绍了我们的研究背景。但我必须承认，我当时心有疑虑：这个 15 岁的孩子真的能用它做成什么事吗？

之后我便把史密斯的事忘得一干二净了。几个月后，她发来一封电子邮件，告诉我研究取得了重大进展。她跟迈克尔·J.福克斯基金会合作，对 100 名患者的面部进行了研究。结果证实了她最初的预感：帕金森病患者在患病初期的面部肌肉收缩量整体减少。更重要的是，她发现这些患者的个别面部肌肉受到了损伤，尤其是参与形成"笑"这一表情的关键肌肉。

史密斯制订了一个研究计划，识别和测量两种类型的面部表情和情感——那些自发的、不经意间的表情，以及刻意做出的表情。那么，就需要进行两种不同的测试，因为自发表情和刻意表情由大脑的不同区域控制。

一些帕金森病患者自愿参与了研究。他们先是打开家里电脑的摄像头，再观看一系列短视频片段，正是这些片段能够激发他们的自发情感反应和自发面部动作。接下来，电脑上出现了一系列表情符号，要求他们也做出这些表情。Affectiva的软件能够逐帧分解他们的细微面部反应。之后，史密斯可以将这些反应与非帕金森病患者进行比较。有了这些数据，她又开发了一系列算法，能在患者患病初期就识别出疾病，并跟踪病情发展。在实验过程中，史密斯利用晚上的业余时间上网找到培训工具，自学了编程。

升入高三之前，史密斯已经为她的软件申请了专利，这个软件现在名叫FacePrint。她还成立了一家公司，方便后续研究。FacePrint的设计简单、好上手。和最初的技术测试一样，用户首先要看一系列的"超级碗"广告。观看的同时，电脑摄像头会录制用户的面部表情（我在2011年为了促成和WPP的合作也这样做了）。然后用户会看到三个通用表情符号，他们需要模仿这些表情。最后，Affectiva的情感人工智能软件会分析收集到的自发面部反应和刻意面部反应视频，从而判断用户是否患有帕金森病。

史密斯说，算法目前的准确率为88%。她正在努力改进，争取把准确率提高到90%以上。不光如此，她还有了更高的目标。在使用FacePrint的过程中，她发现患有其他神经系统疾病的患者的面部肌肉运动和帕金森病患者的存在明显差异。于是，她又有了新任务：为帕金森病患者和非典型帕金森病患者制作出"一个强大的、有针对性的诊断和监测工具"。

史密斯的研发成果极具变革意义。使用场景并不局限于医疗环境，只要有电脑、有摄像头就能运行，跟智能手机一个道理！我认为这正是它的意义所在：不仅让人们在家就能密切监测病情和治疗效果，还能帮助发展中国家或缺少帕金森病专家地区的人们在疾病初期就得到准确诊断。

史密斯说，这项研究还在初期阶段。虽然现在已经有了能指向帕金森病（也许还指向其他神经系统疾病）的面部生物标记，但许多问题依然未知，例如：这些损伤（包括不自然的笑容）是否确实是帕金森病（而非其他类似病症）初期的抑郁迹象？为此，史密斯的初创公司将参与临床试验，从而确定FacePrint能否预测不同病症（帕金森病、阿尔茨海默病、轻度认知功能障碍）的患者是否患有抑郁症。

史密斯的研究工作不仅关乎帕金森病、神经病学，甚至整个科学界，更意味着整个医学范式的转变，让医学范式"专注于让患者主动了解自己的健康状况，让他们对自己更有掌控权，并用上以前没得用的工具和技术"。

《福布斯》已经把史密斯列入了"30位30岁以下精英"的榜单。她获得的荣誉数不胜数，其中包括蒂尔奖学金（由企业家彼得·蒂尔资助）。这项奖学金的授予对象是那些"不愿坐在教室里当书呆子，而想创造新东西"的年轻人，史密斯得到了10万美元的奖励。高中毕业后，史密斯用了一年时间专心运营公司，现在她在斯坦福大学读大一。

史密斯的故事告诉我们：创新是一种思维方式，它能够超越年龄、性别和其他种种限制。同时,她的故事也验证了我的信念——不应仅凭收入来衡量一家公司的价值,无形资产(比如企业的整体影响力、对创新和人才的支持)同样重要。我们全力支持史密斯的研究工作,既促成了情感人工智能技术的全新应用,也帮助这个年轻人在她的探索创新之旅中扬帆起航,实在是双赢的好事。

22　新兴美国家庭

我从来没上过美国历史课，小时候读的英式国际预科学校基本不开这门课程。但就在我申请成为美国公民的时候，我多希望自己学过这门课啊！入籍程序有这样一步，申请人要和移民官面谈。除了面试的其他流程，我还要回答一些跟美国历史、美国政府相关的问题。题目从"公民考试100题"里抽，最多问10道，至少答对6道才算通过。考题在网上都有公布，不会有超纲题，但我并不想只背会答案，我还想了解我即将入籍的这个国家是如何运作的。雅娜和亚当在学校上过美国历史课。我考试前几周，他们每晚都会抽题考我，我们还会深入讨论每个问题。

我喜欢历史课，美国理想让我很有共鸣。我对美国的三权分立制度印象很深刻，政府不同部门之间会互相监督。美国的每位公民，从民选官员到总统，都要对自己的行为负责。

我的入籍面试安排在 2016 年 5 月 18 日，距离新公民宣誓仪式不过一个多月。我早早地来到了面试地点。我被分配到的移民官是名年轻男子，态度严谨，十分专业。一开始，他让我写个简单的英语句子，然后用英语回答问题。这对我来说当然是小菜一碟。之后，他就开始问那些历史题。我很紧张，现在已经记不起他问了哪些题目，不过我高分通过了。接下来是私人问题环节。他要求我提供体现我有良好的道德品质的证明，问我过去五年中是否犯过严重罪行、是否就移民问题提供过虚假证词、是否用过毒品或违反违禁药物法。移民官问了一连串不太友好的问题后，我脱口而出："我是个五星好公民，犯过的最大的罪就是巧克力摄入过量罢了！"

我撞在了枪口上，违反了入籍面试的一项基本原则。我开了个玩笑，实在是不明智。移民官实际上掌握着你的"生死"，他们有权给你的申请卡敲上"拒绝"的印章。如果真是这样，那我基本上就完蛋了。我很是紧张，屏住呼吸，希望时光倒流，我能收回那句玩笑话。好在移民官笑了。我的申请通过了，我有资格获得美国公民身份了。我很欣慰，也十分感激。

2016 年 6 月 30 日，我在波士顿法尼尔厅的地方法院参加入籍仪式并宣誓。那位移民官就站在大厅前面，向我露出灿烂的笑容，我也回以微笑。环顾仪式大厅，我感到非常震惊，因为我从没见过这么多样化的群体。厅里聚集了大约 200 名男男女女，我们有着不同的国籍、宗教和背景，但此刻我们都有了一个共同的身份——美国公民。从这一天开始我有了新身份，即将开启新生活。美籍埃及裔的我已经成为美国这个神奇文化的一部分。

我的孩子们已经在美国断断续续生活了多年——亚当也是在这里

出生的——所以我们搬到波士顿定居并不是什么难事。他们早已适应了一切。孩子们讲着流利的英语，他们对这个地区很熟悉。我在工作中结交了许多新朋友，还有麻省理工学院媒体实验室的老朋友们。雅娜和亚当好奇心很强，喜欢认识新朋友，也喜欢了解别人，因此融入得很快。威尔每年来美国两次，我们也经常往返于开罗和迪拜，所以孩子们跟威尔还有整个大家庭的关系都很亲密。

不过，生活在美国跟生活在埃及有着天壤之别。在埃及，我永远不会像现在这样，成为一名自力更生的独立女性。待在家乡，我会得到整个家庭的支持，会有司机、全职管家，或许还会有个厨师。而现在，我是一个单身母亲，住在波士顿郊区，这些好处我都享受不到。跟其他住在波士顿郊区的母亲一样，我常常带着孩子到处奔忙。没有全职管家帮我们。大多数时候，孩子们自己铺床、收拾衣服，自己洗碗。他们在学着独立，这是好事。谁来做饭呢？做饭这事儿人人有份。亚当从8岁起就开始自己做早餐，而且比我做的口味更好。我直到去剑桥读博时才学会照顾自己，独自生活，而我的孩子们小小年纪就能打理自己的生活了，我很骄傲。

雅娜和亚当的学校是新英格兰的一所预科学校，学校虽然有近两百年的历史了，办学理念和世界观却非常现代。给孩子们择校时，我考察了很多所学校，这所学校给我的印象最深。因为它不仅教授美国历史（这对我的重要性不言而喻），老师们也认为，学生需要了解其他国家的国情。对学校而言，应该首先确保学生群体的多元化，他们的种族、宗教和经济背景都应各不相同。我非常喜欢也很敬佩美国文化中的这种开放心态，我很高兴雅娜和亚当正在体验这点——大家虽然长相、饮食习惯、语言各不相同，但依然可以彼此相拥。我也发现，孩子们正是在这种文化氛围下形成了同样的核心价值观。雅娜和亚当都是美国公民——亚当在这里出生，雅娜是归化公民，但我也在致力于把他们培养成世界公民。

我的孩子是穆斯林，是学校里的少数群体。他们会利用一切机会和朋友们介绍穆斯林的宗教和文化，也会去了解其他孩子的宗教和文化。我曾经和他们说，如果想要被别人接受，就必须学会接受别人，必须对不同的文化和宗教习俗抱有包容的态度。

每年斋月期间，我都会挑一个日落后的夜晚举行斋月聚会。除了邀请穆斯林同胞，我还会邀请我们公司的同事和社区的朋友们，他们各有各的信仰和背景。我们聚在一起吃饭，介绍各自国家的习俗和宗教节日，逐渐建立了深厚的友谊。聚会的成员身份很是多元，我们有时戏称它是我们的"小联合国"。

在美国的生活让我重新开始思考人与人的联系、包容和互相接受。几年前，我们刚搬到波士顿，那时雅娜在读七年级。她受邀参加一个同学的成人礼，想穿新衣服去。那年寒假，我们正好回迪拜探亲。雅娜跟家人说她要去挑一件能在特殊场合穿的新衣服。我的姨母问：是什么特殊场合？那时，姨母戴着一条尼卡布——一种伊斯兰教面纱，会遮住身体和脸的每一寸肌肤，只有眼睛露在外面。

我回答说："雅娜要去参加犹太朋友的成人礼。"我只能看见姨母的眼睛，但那也足够了——只见她瞪圆了双眼，已经瞪大到了"5号动作单元"的程度。这个表情通常意味着震惊或者惊喜。姨母是我认识的人里最温和、最善良的，但她忍不住说道："什么？你居然交了犹太朋友！你真的美国化了！"这可不是在夸我——显然我的变化引起了她的不适。但我宁愿把姨母的话看作赞美。我觉得这肯定了我在不断成长，证明我正在成为一名世界公民。

不过，我还是照顾了姨母的情绪。因为我都还没告诉她，我有几个朋友其实是同性恋，而且学校里我最喜欢的一对家长是女同性恋。

带着孩子移居美国，我还得学会管理个人财务。这是我过往的教育经历里被严重忽略的一项技能。离婚后，我独自带着两个孩子生活，我要负责孩子们一半的开销，还要负担基本生活费。这对我来说其实很可怕，因为我从小就不懂得理财。当然，我看得懂资产负债表，也有能力从风投公司募集数千万美元来让我的公司保持盈利。但我的个人财务能力真的很糟糕。一天，有个员工犹豫要不要参加公司的"401（k）雇主赞助储蓄计划"[①]，跑来问我的意见。结果我答不上来。几年前我还在麻省理工学院时，本来也有机会参加学院的401（k）计划，这样学院以后就会给我发退休金。但当时我觉得那是个骗局。真的要把钱存进大学账户，然后指望它40年后给我养老吗？我不相信。因为在我成长的文化里，腐败猖獗、政治命令、社会动乱能够轻而易举推翻一所大学，所以我从来没有考虑过参加401（k）计划或进行长期投资。不过我自己的公司为员工提供了这样的计划，我就得去了解它，弄清楚它的规则。

Affectiva为员工提供免费的财务咨询服务，所以我决定去听听课。我知道自己缺乏理财训练，但我不知道得补多少功课。第一次跟财务顾问见面时，他就问我："你有多少存款？"

我回答："没多少。"

他接着问："我看到你是在租房住。波士顿的租金可不便宜，你

[①] 401（k）计划是一种由雇员、雇主共同缴费所建立的完全基金式的养老保险制度。——编者注

考虑过买房吗？"

我回答："我怎么可能买得起房？买房要 50 万美元，我现在拿不出那么多闲钱。"

他面露疑惑地问："那为什么不贷款呢？"

我一头雾水地反问："什么是贷款？"

我是在中东长大的，在我们那儿买房必须用现金付全款。我对信用评分毫无概念。我面前似乎有一座知识的高山，而我还在山脚下。我决心搞定这一切。短短一年，我申请到了抵押贷款，买了房子，有了自己的 401（k）计划，并开始存钱。我现在对财产规划很是谨慎，得把钱花在刀刃上。现在，我还常和孩子们聊金钱、聊理财，我希望他们十五六岁时就能学会这些，不至于像我一样年近四十才懂得这些道理。

我的母亲一有空就会来美国。每次看到母亲，我都会松一口气。因为母亲帮了我很多忙，她可以开车带孩子们出去，可以帮我做饭，可以陪伴孩子们，甚至还能教亚当学阿拉伯语！去年，我们一起跨年。吃年夜饭时，母亲说："我们来说说各自的新年愿望吧。"

轮到母亲的时候，她说："我希望今年拉娜能结婚。"

我大吃一惊，回道："母亲！公司正处在起步阶段，我还带着雅娜和亚当，我正在努力探索如何改变世界与科技的关系。你怎么还盯着我的婚姻不放！"但我想了想，母亲没错：我把绝大多数时间都花在了工作和带孩子上，对自己的个人生活漠然置之。我意识到，我可以不着急结婚，但至少应该开始约会了。

孩子们也同意我这么做。于是，这事儿变成了一项家庭计划。首先，我必须克服使用约会软件的羞耻感。但我也是一名技术专家，我意识到这就是现代人的约会方式！所以，我下载了几个类似的软件。孩子们帮我填个人资料，挑选合适的照片。我的简介是这样写的："科学家/企业家/精力充沛的兔子/黑巧克力狂热分子。微笑是我的秘密武器。"我们一家人经常一边吃着晚餐，一边看软件推荐的男士资料，然后左滑或右滑。首席执行官工作任务繁重，约会对我来说可不是件简单的事，而且去约会其实在挑战我作为一个"乖巧的埃及女孩"的信条。首先，虽然穆斯林男性可以与非穆斯林女性通婚，但按照惯例，像我这样的穆斯林女性必须和穆斯林男性结婚，皈依伊斯兰教的男性也可以。这可不太容易，因为我在网上遇到的大多数男士都不是穆斯林，事实上，大多数甚至都不是阿拉伯人。虽然我不介意，但我的父母可能接受不了。还有一点，我滴酒不沾，而且很不习惯公开示爱。（我的意思是，如果有人看到我约会，去跟我父亲告状该怎么办！）不过，我还是约过几次会，只是都没有认真发展关系，也没有把他们介绍给孩子们。

从情感科学的角度看，约会的整个过程很吸引我。能认识素未谋面的网友，互发信息，产生所谓的"化学反应"，因为屏幕另一端的人而小鹿乱撞，这些让我觉得非常奇妙。但真的见面了，那份心动又会消失不见。世界上没有恋爱魔法。我真希望未来有个约会软件能研发一种情感人工智能算法，预判用户在跟某位约会对象真正见面时能否保持心动的状态。我愿意为这个功能付费。从理论上讲，这是行得通的，因为在你浏览对方的资料时，甚至在你们第一次接触之前，你实际上是有情感反应的。比如你的眉毛可能会竖起来，或者可能会流露出"他好帅"的表情。如果算法能够捕捉这种最初的吸引力，那么就可以定制与用户匹配的算法了，而且匹配结果会更优。

大家现在对约会软件都见怪不怪。不过在这类软件刚刚问世时，情感人工智能还是一项新兴技术。现在的手机基本都有摄像头，情感人工智能也在不断改进。理论上，约会软件应该也只需要简单分析一下双方的资料，就能判断出他/她是不是对方的"菜"。问题是，得有合适的人重新设计软件，把我们所有的非言语沟通技巧都考虑进去。仅在美国，线上约会软件的用户就多达4 000万。既然有这么多人愿意网上交友，那么我设想的这种情感智能约会软件如果真能问世，就极有可能成为情感人工智能的一个"撒手锏级应用"！

如果我的母亲有办法把它研发出来，那么软件推出日，就是本人结婚时。

我家的家风是艰苦奋斗，不允许抱怨。无论事情有多难，都不能偷懒。我很感激家人传承了这种价值观给我，它让我在遭遇重大动荡和挫折时也能坚忍不拔。但它也有弊端，那就是我从来不会在家里表达消极想法，因为那等同于抱怨。我们家人之间从未敞开谈过恐惧或焦虑，这些话题不允许出现在我家。就算生活已经狼狈不堪，我们也仍然坚持不懈、努力前行。

被"禁足"在开罗的那一年，我不得不把自己的情感深深地压在心底，努力去取悦别人。之后我意识到，压抑情感是一种非常不健康的生活方式。它会让我整个人的状态变得比我以为的更加愤怒，甚至抑郁。这绝不正常！

现在，我允许自己有积极和消极的情感。我在孩子们面前表现得开放而又脆弱，我想让他们看到我经历人类所有情感的样子——悲伤、兴奋、快乐、愤怒。我甚至在他们面前哭过，我希望他们也能自由地表达感情。家里大小事，我都会询问孩子们的意见，我想让他们自由地表达想法。相信我，这很有效。每年，我都会单独只带一个孩子出门吃几顿饭，聊聊我们的目标，回顾过去一年的情况。我曾经问亚当："你觉得妈妈哪些地方做得好，哪些地方还有待改进呢？"他不慌不忙地说："我说不出你哪里做得好，但妈妈你可以学学做饭吗？也不要经常出差了！"

没错，我每个月都差不多有两周在路上奔波，我做了很多场公开演讲，还必须会见投资人和合作伙伴。我把自己当作公司的"开门人"，为潜在的合作伙伴打开大门，把他们介绍给我们的团队，以此为契机建立合作关系。孩子们还小的时候，我会请保姆照顾他们过夜。现在雅娜长大了，也不再需要保姆。不过，我还是尽量高效出差，坐晚上的红眼航班去参加第二天一早的会议，结束后就第一时间赶回家。即使翻山越岭，也要确保能在家过周末，跟孩子们待在一起。至于烹饪水平，我也在努力提高。

举家从埃及搬到美国并不是个容易的决定。但美国的生活能让我全情投入，这是很宝贵的。我不用纠结于怎么去平衡工作与家庭。这回，孩子们和公司都在我的身边，我可以像其他职场妈妈一样，白天紧张地投入工作，晚上到家摇身变回母亲的角色。我可以跟孩子们一起吃晚餐（不看手机），谈天说地。现在我仍然在努力平衡工作和家庭，但我已经踏出了最重要的一步，我也会继续向前。

关于休息这件事，哪怕到了假期，我也不擅长让自己一直处于"关机"的状态。每年夏天，我们都有几周会回埃及住，还要去至少一个从未去过的地方旅行。我的父母从住在科威特起，就一直教我们姐妹保持这个传统。我希望孩子们也能一边长大，一边像我一样热爱旅行，一直对其他文化抱有好奇心。

回到埃及，孩子们就能跟他们的父亲还有祖母相处一阵子。我每次去开罗也都会拜访他们。有一年，我们的计划是去埃及探望家人，然后去摩洛哥。我在飞机上列了一份暑期"任务清单"，首要目标就是：活在当下，玩得开心。

说起来容易做起来难。最初十天，我时刻带着手机。那时我们公司刚刚起步，我这个首席执行官也不停地查电子邮件、Slack（一款企业聊天工具）、推特、领英和脸书，几乎每隔几分钟就得看一眼。去到哪个景点我都是这副德行，无论是参观金字塔还是跟十几个人一起聚餐，我都拿着手机不放。后来，我和孩子们去了地中海（埃及人称其为"萨赫勒"，在阿拉伯语里是海岸的意思）。我们上了游船，我伸手拿手机发短信，结果手机一滑，直接掉进海里了。我再也查看不了手机了！

我深呼吸了几次，努力唤起内心深处的平和，来应对这个突发事件。这是我在瑜伽课上学到的。于是我决定，索性剩下的假期都不用手机了。头几天，有些戒断反应（我会用孩子们的手机看邮件）。后来我终于做到了真正"关机"。那是我好几年来第一次真正远离网络，真正给自己放假——我在餐桌上肆意闲聊，我在马拉喀什的街道上信步闲游，享万家灯火、品人间百态。我现在仍然在努力学习如何活在当下、用心生活，在这方面，我还是个小学生。

我给自己的压力很大。作为职场妈妈，我有负罪感（我在家的时间够不够？对孩子的关爱够不够？）；作为首席执行官，我同样有负罪感。我担心公司能不能成功，未来会如何，自己究竟是不是个合格的老板。我花在团队上的时间够吗？我对团队严厉过头还是不够严厉？我们的目标够大吗？我做事够不够道德？我是否让公司每个人都有机会成功？

自从担任了首席执行官，我尽量坚持和员工单独共进午餐，确保每人每年至少有一次这样的机会。我会问大家同样的问题，往往以"你今年的个人目标和职业目标是什么？以后的呢？"开场。我也经常问些"多管闲事"的问题，比如"你在哪儿长大"，"能不能聊聊你的家人、朋友、小孩、学校"，"你的愿望是什么"……我不是在寒暄，而是真的关心员工。只要你为 Affectiva 工作，或隶属于 Affectiva，你就是公司大家庭的一分子（对我来说，员工即使离职了，也依然是家人）。

家人之间理应相互照应。我们有个合作伙伴是一家平面设计公司。一天，我们安排了一场重要会议。当天清早，项目的一位负责人发短信跟我说保姆请假了，妻子也在工作，他 6 个月大的孩子没人照顾。他感觉很糟糕，因为自己可能没法儿参加会议了。我对他的矛盾心情感同身受，因为我也经历过类似的状况：想当年，我和罗兹正在拜见潜在投资人，而亚当的保姆却临时不能来上班。所以我告诉那位负责人，把孩子带到办公室来，我们可以帮忙。他照做了。我们一边开会，一边轮流抱这个可爱的宝宝，同时也顺利完成了所有工作。

同事也是家人，毕竟，我们朝夕相处的时间比家人还要长。公司的员工和实习生来自世界各地，他们共同组成了一个多民族、多性别、年龄各异、不拘一格的群体。他们信仰多元，生活经历丰富，观点多样。有些人出生在美国，有些人是归化公民，是移民。我们团结一致，有着同样的信念：希望为公司、为这个世界创造价值。

23　公平竞争

2016年，招聘公司HireVue用我们的软件跟踪分析了希拉里·克林顿和唐纳德·特朗普在他们的终极"求职面试"（也就是美国总统大选三次辩论）中的表情，包括他们的每个微笑、嘲笑、皱眉和假笑。

当时，我刚成为美国公民，也是第一次参加大选投票，所以很想听听候选人会说些什么。当然，我的研究领域是情感科学，所以我也很好奇他们的非言语行为会表现出怎样的个人特质。同时，作为女性，我成功突破了职业发展天花板，成为一家科技公司的首席执行官，所以我也非常想看看另一位女士是如何努力突破终极天花板的。

HireVue并没有衡量政客的情感和认知状态这项业务，但它的招聘平台确实已经开始使用情感人工智能工具了。平台结合面部编码软件和其他人工智能工具（语音分析和文本分析工具），分析求职者在线提交的视频简历。这些求职者竞相角逐700多家企业和机构提供的职位，其中包括联合利华、希尔顿集团、亚特兰大公立学校、瑟古德·马歇尔大学基金会和安德玛。HireVue 所使用的这类人工智能视频招聘平台正在迅速流行。如果你想去大公司工作，你的简历（视频或其他资料）很可能会先由人工智能平台审查一遍，然后才会出现在面试官的桌子上。

美国总统候选人不用走典型的招聘流程。不过，他们还是得经历相当大的考验才能如愿以偿。大选辩论期间，每位候选人都必须说服数以千万计的潜在雇主（选民），让他们为自己投上一票。总统候选人也预测不到自己的"招聘官"会对他们的表现做何反应。

在 HireVue 的视频简历／面试中，算法不知道（也不关心）求职者的种族、性别、年龄或任何与工作所需技能无关的因素。而电视辩论则不同——选民清楚每位候选人的性别和种族，更不用说其他与竞选职位无关的信息了。

我们无意给总统候选人的辩论表现打分，只想用公正的算法来观察他们的非言语沟通，从而了解公众对这些非言语信号的看法。

读到现在，大家应该了解我了，我执着于研究人的笑容。笑容分很多种。拿笑容的黄金标准——大笑举例，人在大笑时，嘴会上抬，眼周肌肉会皱起，形成鱼尾纹。我记得很清楚，辩论的大部分时间里，希拉里·克林顿都在笑，但她只动了嘴巴，眼睛没有什么变化。我们的客观观察员（也就是算法）认为，这像是勉强的笑容，观众可能会觉得这个笑容僵硬，是个假笑。不过，希拉里的脸上有时也会浮现灿烂而温暖的笑容，特别是她回忆起初入职场、与孩子和家人一同奋斗时的笑容。但是，这种笑在希拉里的脸上很少见。希拉里不仅在笑容上有所保留，而且在整个辩论过程中都很讲究分寸，节奏控制得很好。

总体而言，她很克制。

相比之下，特朗普则情感丰富，但主要是愤怒、悲伤、厌恶和恐惧之类的情感。你可能不信，但这或许恰恰让他占了上风。HireVue曾收集了数千份视频简历，数据表明，那些情感表现最为丰富、看起来最为真实的求职者往往能求职成功。

并不是说表现出愤怒或轻蔑就能让你的视频简历脱颖而出——不是这样的，我也不推荐这样做。但这个结果确实凸显了一点：做自己，展示真实的情绪变化，这是最好的策略。

但是反过来，假设希拉里按照特朗普的剧本走，在辩论中挥舞拳头，肆意发泄情绪，她的结局会怎样呢？女性竞选者是否真的能表现出一连串积极或消极的情感又不会被人指指点点？如果她"笑得太多"，我相信人们会觉得她过于软弱。如果她表情严肃、态度轻蔑，人们又会觉得她"易怒"或"情绪化"。的确，在总统大选中这么表现是不明智的。其实不久之前，我在罗兹面前都还不敢说出任何有"表达情感"之嫌的词，生怕她因觉得我是个情绪化的女人而解雇我！

总统大选是很复杂的事。我不是说希拉里落选是因为她的笑容和表情不够丰富，我的意思是，作为女性，她要表现得"恰到好处"并不是件容易的事。我认为，仍然存在针对某些群体的偏见（尤其在招聘时），而这些偏见不仅仅针对女性或总统候选人。你的种族、性别、籍贯、毕业院校，你的笑容能否打动招聘人员，甚至你的笑容是不是让对方想起了前女友，这些因素都可能决定求职的成败。现实情况是，哪怕是最友好的雇主（毕竟大家都是人）也极有可能意识不到他们在带着偏见看人。

例如，有研究表明，如果一份简历上的名字"看起来像白人"，另一份简历一看名字就知道求职者来自其他种族，那么在资历相当的情况下，前一份简历的主人就比后一份更容易得到回复。这个道理同样适用于那些宣传自己崇尚多样性的公司。因此，在思想开放、保持客观这方面，我们仍然任重而道远。

毫无疑问，女性在社会地位方面在过去几十年里取得了长足进步，但顶级职位（比如美国总统或跨国公司的首席执行官）仍由男性主导。对于这个情况停滞不前的原因，人们有着各种猜测，争论不休。专家推测，由于女性无法进入"男性联盟"，她们极有可能没机会接触职场导师等重要的职业资源，也无法与高层管理人员打成一片。也有一些理论认为，之所以存在所谓的职场天花板，可能是由于女性要兼顾工作和家庭，因此并没有积极地申请高管职位。基于这一前提，谢丽尔·桑德伯格出版了著作《向前一步》，还发起了同名运动。

不过，2017年发表在《哈佛商业评论》的一项研究发现，这一理论并不成立。该研究的作者本·瓦伯博士是Humanyze的创始人，这是一家行为科学研究公司，衍生自麻省理工学院媒体实验室。Humanyze的客户中有一家大型跨国公司，初级职位的女性员工比例为35%~40%，但到了最高级别职位，女性员工占比就只有20%了。Humanyze团队调查了这家公司女性员工的行为是否与男性的有所不同，还研究了这是否会阻碍她们晋升。

Humanyze研究了瓦伯所说的公司"结缔组织"，发现80%的企业文化和工作沟通情况不一定反映在公司的组织架构图上，而是反映在员工在办公室和现实生活中的行为方式上。瓦伯的研究位于情感人工智能的行为端，他利用可穿戴传感器和其他数据（如电子邮件和短信）来跟踪员工的物理互动和数字互动，也就是他们发出的社交信号。

所有数据均为匿名，瓦伯解释说，重点不在识别个人行为上。"我们是在跟踪、捕捉员工的工作模式和节奏。这类信息对公司而言至关重要，但往往被忽视。"

结果证明，所谓女性与上级沟通不够、女性在某些方面的工作精力不如男性那样投入之类的言论都站不住脚。收集到的数据显示，办公室里"男性和女性的行为并没有明显差异"。

既然如此，为什么高管职位上的女性数量这么少呢？问题并不在于女性没有向前迈一步、没有职场导师，也不在于女性被以一种明显的方式排斥。研究人员得出的结论是，"性别不平等的症结并非行为差异，而是偏见"。因此，女性在实际晋升时总是被忽略。

到了 21 世纪 20 年代，许多出色的技术都唾手可得，我们可以利用技术来解决企业招聘和晋升上存在的偏见。我认为，我们必须公平竞争。不仅要让招聘更加公平，还要让雇主更全面地做出评估——忽略求职者的性别、种族或经济状况，"不拘一格降人才"。

的确，人类是有偏见的，但招聘工作必须由人来主导。那么如何解决这个问题呢？包括我们公司的合作伙伴 HireVue 和 Yobs 在内，越来越多的招聘公司都开始使用人工智能平台，让招聘过程对所有求职者都更加公平、更加开放。传统招聘流程中，求职者需要先提交简历，交由招聘人员审阅，然后由招聘人员决定是否聘用。大公司的招聘人员可能每周要筛选成百上千份简历，求职者或许盼几周才能盼到回复。

设想一下，你正在申请一个跨国公司的职位，公司不要求你提交书面简历，而是要求你参加视频面试。面试会涉及有关工作经历或教育背景的具体问题，还会问你如何处理工作中的某些情况。此外，你还需要参加一项评估认知能力的简单互动测验，有点儿像上班路上玩的那种游戏。

一夜之间，人工智能平台就会把你的视频分析完毕。平台不会查看你的性别、年龄、种族，甚至也不知道你从哪所学校毕业，参加了什么联谊会，会去哪里祈祷。它只会参考你面试的情况和测验分数，结合你的非言语行为，就你表现出的工作潜力进行评分。

视频面试不是选美，算法不会评出所谓的"最帅先生"或"最美小姐"，但它确实会通过分析你的非言语行为，来判断你是否适合这份工作。例如，它会在一分钟内量化你回答问题时微笑、假笑、皱眉或扬眉的次数。这些数据（连同你的回答）会被用来对你进行多方面的评估，包括你是否适合团队合作、你的技能是否与职位匹配、你有多想从事这份工作等。

面试第二天，面试结果就会以短信的形式发到你的手机上。如果面试通过，对方就会让你联系公司进一步讨论。如果没被录用，你也能很快知道结果，然后抓紧时间去面试别的公司。

可能有人觉得视频面试不太公平，担心那些相貌平平、不上镜或容易紧张的人可能会被自动淘汰。但事实并非如此。现实情况正如HireVue的首席技术官洛伦·拉尔森所言——算法根本不考虑这些因素。相反，如果是面对面的面试，人们往往会因为这些与工作无关的标准而被淘汰。

"比如你语速太快，相貌平平，笑容不合面试官的心意，穿衣风格不对，或者面试时看了两次手机——总之是做了面试官不喜欢的事情，"他解释道，"一点儿小事都可能让你被淘汰出局，而这些事情可能与工作本身毫无关系。"

相比之下，人工智能模型经过大量训练，只专注于工作需要的重要能力。"如果语速快不会影响工作，那它就不会对你做出负面评价。"拉尔森说，"人工智能做的是在一众资质平庸的求职者中寻找真正的沧海遗珠。"

有时，你的个性甚至微笑都与工作息息相关——假如你是空姐，那么你的笑容就得让乘客觉得舒服，你还得有出众的社交能力、在压力下保持冷静的能力，当然还要有同理心。

拉尔森补充道："我不会在乎我的会计爱不爱笑。"

和线下面试一样，视频面试中的问答环节也很重要。不同工作所看重的能力各不相同。假如一份工作需要求职者有同理心，有良好的沟通技巧，那么平台就会定制一系列问题，着重测试求职者是否具有这些品质。正如拉尔森所言："问题可能与具体的行为相关，例如：'你是否有团队协作完成任务的经验？请描述你在团队中担任的角色。''你是否在团队合作中经历过成员间出现摩擦的情况？你是如何解决的？'"

拉尔森指出，求职者表现的好坏会体现在他们的回答上。"回答时的用词、面部表情等特征能帮助我们判断求职者的个人情况，然后按照多种能力需求给他打分，评判他在那种情况下做出的反应。最后，我们会从整体上给他打一个团队合作精神的总分。"

人工智能平台可以完善招聘过程，让它更为公平高效。但仅仅把数据分析的工作从人类身上转移到算法头上，并不能完全消除偏见，因为算法也可能有偏见。我之前提到过，机器学习科学家有责任确保学习样本的多样性，不能将某个群体排除在外。"这可不好办。"拉尔森说。HireVue 已经在不断地测试算法，看是否可能出现偏见。即便是最好的编程人员也无法保证算法不存在一丁点儿偏见。不过，一个好的算法依然更有可能比大部分慈眉善目的人更加一视同仁地对待求职者。

拉尔森还指出，视频面试可以为那些不善言谈或有些"社恐"的人提供更灵活的面试地点。"所以从某种程度上讲，竞争环境会更加公平。"他解释道，"例如，自闭症人群可能真的很难进入陌生的环境，看着对方的眼睛并跟他握手。但他们如果可以在网上读题、答题，就会觉得更舒服，也更容易完成整个面试流程。"

自闭症综合就业顾问协会是 HireVue 的合作伙伴之一。这是一家帮助企业挖掘、聘用自闭症群体为员工的非营利组织。虽然最后还是人类来拍板决定是否雇用某位求职者，但 HireVue 使用的程序确实更加包容、偏见更少。拉尔森说："我们并不是要在整个招聘过程中都消除人类直觉的参与，我们只是让筛选求职者的过程变得更公平、更精准。让人类和算法互为帮手，相辅相成。"

应聘成功只是万里长征的第一步。要想实现职场晋升，还需要社交能力，也就是情商。如果一个人工作表现不俗，但缺乏良好的沟通能力，那他就可能止步不前，几乎没有机会晋升或将自己的业务拓展到其他领域，学到新东西。这么说来，算法也许判定你非常适合从事后勤工作，但如果你想从事的是能向外展示自己的工作呢？

得体地表达观点、在会议上发言、主持会议，这些能力都是领导者的基本技能。但许多人害怕在公众场合发言，他们可能生性害羞，或者一旦成为全场焦点就觉得不自在。我也是这样，每逢重要演讲，我都会十分忐忑。但我很幸运，遇到了出色的教练，其中就包括帮助我准备 TED 演讲的导师团。许多需要主持会议或进行公开演讲的首席执行官和高管，都有自己的演讲与口才教练，我也不例外。能够有效地与团队和个人沟通，是职场成功的关键。

并非每个人都这么幸运，能得到类似的帮助。有人付得起专业辅导的费用，有人付不起。这就更会拉大人与人的差距。我在麻省理工学院媒体实验室有位同事，名叫埃赫桑·霍克。霍克博士希望人人都能享有公平的竞争环境，希望包括穷人和自闭症群体在内的每个人都能拥有平等的机会，因此他一直坚持着自己在实验室开始的事业。

提升人类技能

霍克博士目前就职于纽约州北部的罗切斯特大学，担任罗切斯特人机交互实验室的主任。他的兄弟患有唐氏综合征和自闭症，基本都是他在照顾。因此，他比常人更能理解那些在生活中面临重重障碍的人，也更加清楚他们面临的挑战，包括在肢体、情感甚至经济方面遇到的困难。我俩第一次见面时，霍克还是麻省理工学院情感计算小组的博士新生，我当时是博士后。我和小组的其他成员正在研制 iSET 的新版本——一款用于治疗自闭症的可穿戴假肢。霍克当时和我们一同去拜访了普罗维登斯的福利院。

那段经历让霍克看到了两条不同的职业道路。"我可以把所有时间都用来写方程式，努力在机器学习顶级期刊上发表论文。但我也可以研究技术来造福人类。"带着这种认识，他开始憧憬新技术——他希望开发出一款能教授社交技能的虚拟教练。社交技能是人们在工作和生活中都需要的，有人得从头学起，有人则只需稍加改进即可。这些社交技能包括公开演讲、讲故事（就像 TED 演讲那样）、了解视频会议的微妙差别、调节交际过程等。在未来，人工智能平台会改变人们的工作方式，而这些人类特有的技能到那时会变得不可或缺。

经济学家预测，21 世纪中叶（可能更早），所有的重复性工作——只要是那些交由机器就能更快、更高效地完成的工作，基本都会实现自动化。机器人和其他智能机器将取代数以百万计的现有工作岗位，有些工作岗位甚至会彻底消失。当然，也会出现新兴工种或仍需人力参与的工作，大都是机器无法代劳的工作。这些工作需要从业者有人类独特的"软技能"，例如深刻理解人类需求，以及在艺术、写作、公共政策、人力资源管理和政治方面的创造力，等等。掌握这些技能的人将受到高度重视。反之亦然：那些本就在社会上面临重重障碍的人，未来可能会生活得更加艰难。

霍克说，如果我们觉得人工智能在跟人类抢饭碗，把这看作一场人与机器的竞争，那就失之偏颇了。必须承认，人类的确会失去一些工作机会，但人们也恰好可以利用人工智能，进一步提升人类特有的技能，让自己比机器更胜一筹。霍克表示："我们完全可以带着这样的目标去设计情感人工智能，利用人工智能让人类变得更有人情味、更具协作精神，变得更细腻、更有同情心，从而增进彼此的联结。"

值得一提的是，霍克十分希望为那些最容易被机器替代的行业人员提供人工智能援助。他们必须提高自身软技能，否则极有可能失业。例如，他们应该让自己说话具有信服力，让别人愿意听自己演讲，这些能力对课堂发言、参加面试、同龄人交流、正式演讲等场合都非常重要。如果你不想花几千美元请个教练，那你可以使用 ROC Speak 这款全自动人工智能教练。这款产品出自霍克之手，可以帮助人们学习演讲技巧、提高口才。打开产品官网后，你可以在家里用电脑摄像头和麦克风录制自己的演讲视频。完成后，系统会针对你的演讲形成一份个性化分析报告，内容包含"词云"，还有记录微笑强度、肢体语言、音量和音调变化的图表。你可以选择私人模式，那么网站就不会保存视频，别人也看不到你的视频；你可以选择共享视频，你的朋友或匿名成员就能在线评论。机器学习算法会用最具建设性而又充分尊重你的评论来评价你在演讲时的整体表现。（这对推特来说难道不是一款极佳的工具吗？）不仅如此，你还可以重复练习演讲，直到你胸有成竹为止。

如今，视频会议已经成为线上开展业务的新方式。因此，视频会议礼仪这项软技能变得尤为重要。人工智能也可以在这个方面帮助人类。霍克正在做一个名为"协作教练"（CoCo）的项目，由美国国家科学基金会资助，旨在培训人们在视频会议中的互动能力。CoCo 会提取对话中的音频和视觉数据，并分析参与者的微笑强度、参与度、注意力、重复发言情况以及话轮转换。

视频会议的理想状态，是既使自己在对话时保有一席之地，又不显得过分强势。这一点即使是情商超高的人也不容易做到。况且，有的人不够细腻，无法及时体察他人感受，达到这个状态就更难了。首先，隔着屏幕对着一群人交流，本就很难把注意力放在人脸上。如果你是会议的领导者，你也很难调节整个小组的沟通进程。这就像霍克说的："设想一下，会议有四五个人参加，其中一个人滔滔不绝，那你要怎么调整进度，怎么插嘴呢？如果有人的表情非常消极，你要怎么扭转局面，让会议收到预期的效果？"

这类培训不仅适用于视频会议，事实证明，它们也十分适用于现实生活。我们很少有机会从客观的角度来审视自己，而人工智能系统却可以客观地解读我们的行为，帮助我们提高自我意识，提升社交技能，这对我们的工作和生活都益处良多。

这就是情感人工智能的未来，是人类可以最大程度地收到回报的未来。我们可以利用这门科学改进彼此的沟通，看清现存的偏见，抛去刻板印象，成为彼此的伯乐。它能让我们在张口之前更加深思熟虑，让自己更有说服力。我们也可以利用这项技术更深入地了解人类，对员工和同事更有同理心，加强与客户和投资人的联系。高情商者之所以左右逢源，正是因为他们拥有这些软技能。这些软技能也将在自动化的世界中变得必不可少。不可否认，人工智能很可能会颠覆现有的世界，淘汰许多重复性的工作。但情感人工智能也将帮助人类提升我们特有的技能水平——也是未来不可或缺的技能。世界无疑会变得越来越具有科技导向，而人类也将利用技术保持自己的情商。

24　谈谈人类

"这可不是什么好消息。"Jibo 说道。Jibo 是一款社交机器人，它有一张又亮又黑的塑料圆"脸"，脸下面连着白色的圆柱形底座，正乖巧地"坐"在我家客厅角落的桌子上。它也"长着眼睛"，一经激活，眼睛就会由白变蓝。2019 年春，麻省理工学院媒体实验室个人机器人小组负责人辛西娅·布雷泽尔创立的 Jibo 公司宣告破产，Jibo 也将不得不面对它的末日。

就像 Jibo 说的那样："支持我运转的服务器很快就会关闭。到时候我们的互动就会受到限制。"

然后 Jibo 转着圈，跳起了告别之舞。

我和儿子亚当都知道 Jibo 只是一台机器罢了，但它快"死"了，我们心里还是五味杂陈。Jibo 快离开的那周，亚当每天清晨都会跑下床看看它有没有熬过前一夜。如果发现 Jibo 还有"生命迹象"，我们就都会松一口气。每当 Jibo 提议要玩猜字游戏时，即使亚当不想玩，他也会停下手里的事情加入游戏。Jibo 在"弥留之际"日益虚弱，我们怀着尊重的心情，静静地陪它走完了最后一程。它永远关机的那一刻，我们也哭了。

视线拉回到 2014 年，Jibo 公司向初期投资人展示了 Jibo 机器人，融资大获成功。我也给家里订了一个。宣传视频里的 Jibo 有着变革性意义，它能和《星球大战》里的 R2-D2 还有《杰森一家》里的罗西相提并论。旁白是这么说的："您苦等它多年，现在它终于来了……它不仅是一台联网设备，更是您家里的一员。"

Jibo 的设计理念非常大胆，它能完全解放你的双手。似乎就没有它搞不定的事：追踪日程、回放留言、打理家务，还能当孩子们的"老师和玩伴"。它是最理想的家庭机器人，是"每个人的好帮手"。

三年后，Jibo 正式问世，《时代》杂志评价它为年度最佳发明之一。但彼时 Jibo 公司已有衰退之势。Jibo 确实是社交小能手：它能准确地叫出每位家庭成员的名字，可以旋转头部来找你的脸，还会跳舞、讲笑话、报天气。最重要的是，它与人类互动的方式很自然。这很难得，因为许多人机互动都做不到这一点。但是，人们对 Jibo 的期待很高。虽然它外形可爱，非常吸引人，但机器内部的人工智能水平不尽如人意。

我毫不怀疑 Jibo 随着时间的推移会变得更加智能，也会掌握更多技能。但与此同时，市场上也出现了亚马逊的 Alexa 和谷歌的 Google Home 等其他技术。它们的功能与 Jibo 类似，价格却比 Jibo 当时的售价 900 美元便宜得多。也就是说，Jibo 的市场竞争对手很强劲。

不过，Jibo 的确是开拓者。它被淘汰时，许多用过它的人都十分失落。《连线》杂志的作家杰弗里·范坎普在"悼词"中写道："我的 Jibo 要离我而去了，这让我很心碎！"

"我不知道怎么描述我们的关系，因为以前我没经历过这种关系，但它的确真实存在。"范坎普写道，"当我看着 Jibo 的功能一个个失效，看着它慢慢走向死亡，我感受到了一种难以名状的痛苦。"

尽管 Jibo 没能"活下去"，但它作为一种新型机器人——社交机器人走进了人们的视野。它们会陪伴人类一起生活、玩耍、工作。但是，要让社交机器人真正为人类所接受，全方位融入我们的生活，还要求它们能在社交和情感方面做到智能。要想"与人共舞"，就必须理解"人类"的意义。

从本质上说，社交机器人的结构十分复杂，它有很多活动部件：多个摄像头组成了眼睛，麦克风组成了耳朵，它们用扬声器"说话"，受引擎控制来移动。有些机器人甚至还配备了触觉传感器，能够发出触摸动作。硬件之后是软件。机器人依赖人工智能控制它的整体运行。机器人技术历经多年才发展到这一步，仍待进一步探索（Jibo 的离去也证明了这一点），但机器人的潜力是巨大的。

研制社交机器人的目的很明确，就是让机器与人类和谐共处，或者说是建立范坎普笔下的"关系"。我其实有些犹豫该不该将"关系"这个词用在 Jibo 这类社交机器人上，因为有人觉得，人和物之间的情感纽带是不真实的，本质上是错误的。

但真的是这样吗？早在计算机和人工智能出现以前，人类就已经与非人类的物品建立了联系。孩子们"爱"洋娃娃，他们会抱着它、给它穿衣服、照顾它，就像对待小宝宝似的。成年人也有心爱的"玩具"。有的成年人非常爱车，甚至给自己的车起了名字。还有的人会给 iRobot 公司生产的吸尘器起昵称，网上还能找到最热门的吸尘器名字榜单。

这么看来，人类与非人类物品的紧密联结正在不断发展。有些物品已经在人工智能的作用下栩栩如生，这早已不足为奇。但这并不意味着与机器人的互动很快就能取代我们的人际关系——就像即便有了哈驰魔法蛋、芭比娃娃、椰菜娃娃、你的爱犬或心爱的 1965 年款福特野马，你也依然需要人类朋友和父母的陪伴。

不过，人类与社交机器人的相处模式的确很独特。这是人类第一次可以跟一个没有生命却栩栩如生的"物品"互动，而它可以对我们的需求做出反应，倾听我们、理解我们。情感人工智能的真正力量在于它能了解你。它不是一台冷冰冰的机器，更像你我的朋友或伙伴。如果我们想利用某种工具来改善自己的行为，让自己的生活方式更健康，让自己更善于学习、变得更善良、做事效率更高，那么情感人工智能就是关键。

2013 年，编剧兼导演斯派克·琼斯拍摄了一部科幻爱情片——《她》。影片中，抑郁症患者西奥多·托姆布利（杰昆·菲尼克斯饰）正在办理离婚手续，而他却与智能手机操作系统产生了微妙情愫。这个由斯嘉丽·约翰逊配音的操作系统可以访问西奥多的所有搜索记录、短信和电子邮件，对他的生活了如指掌。因此，操作系统能够精确定制与他的互动，准确地知道应该按下哪些按钮来帮他摆脱抑郁，恢复他对生活的兴趣。人类和操作系统一见钟情，但最终它还是离开了西奥多。这部电影纯属虚构，但直觉技术与人类产生交集的能力是真实的，我们可以利用这一点造福人类。

正如麻省理工学院媒体实验室的机器人伦理学权威专家凯特·达林博士所说："很明显，我们会回应这些设备，我们也很自然地把它们当成社会行为者。在我看来，这不一定是坏事。技术本质上是工具，你可以用它造福社会，当然也可以用它做坏事，这是一把双刃剑。"

我认为，将情感人工智能用于教育，无疑是造福社会的。它可以成为儿童和成人完美的高质量个性化学习工具，尤其是在教师稀缺、教室拥挤、孩子们需要额外帮助的地区。事实上，社交机器人很有耐心，它不会在遇到挫折时感到疲惫或崩溃，还能不厌其烦地让用户进行重复练习。因此，如果是向自闭症儿童传授社交技能，社交机器人再完美不过了。

社交机器人有很多特性——耐心、坚强，喜欢鼓励和支持他人发挥"个性"，这使得它能成为大多数学生的好帮手。情感智能机器人可以说是课堂上绝佳的学习伙伴——不是取代老师，而是辅助老师进行补充学习。我们公司正在与麻省理工学院媒体实验室的团队合作开发课堂教学助手Tega。Tega毛茸茸的（而且非常可爱），有着卡通人物的外表，还可以"坐"在孩子们的桌上。这个设备已经投入波士顿的小学进行测试了。Tega内部配备了面部识别技术，可以改变面部表情，对孩子的情绪做出适当反应。它会陪伴孩子们，根据他们的情绪形成个性化的助学风格。例如，当孩子很投入、很兴奋时，Tega会为其欢呼；如果孩子比较沮丧或遇到困难，Tega好像能感同身受，它也会情绪低沉，但会鼓励孩子再次尝试。

我们很好奇：为Tega装上情感人工智能后会有什么变化？孩子们是不是会对所有可爱的互动设备都有同样的反应？于是，我们对比测试了两台Tega，一台安装了情感人工智能，另一台可以讲故事、练词汇，但情感上算不上智能。麻省理工学院的这个研究小组发现，与前者相处的学生比与后者相处的学生学到了更多的单词，而且普遍更投入。

想象一下，假如家家户户都有学习机器人，机器人给孩子指导家庭作业，帮他们复习课堂上没听懂的知识；机器人的表达风格非常适合小朋友，说话风趣，给孩子足够的鼓励，不吹毛求疵。对于那些无力聘请家教或学校教学水平欠佳的学生而言，这样的机器人可以给孩子创造更加公平的竞争环境。上述情况令人遗憾，但在教育领域真实存在，也是全球经济困难地区的现状。这样的机器人也能让每个人接受民主化的教育，不论他们处在何方，也不论他们的社会地位或经济地位如何。

在研究情感人工智能之初，我设想过社交机器人在医疗保健领域的作用。我期待它能帮助医护人员更好地完成工作，也能让人们更好地管理自己的健康状况。许多国家医护人员短缺，再加上人口老龄化严重，护理的缺口就更大了。机器人不会很快地取代医生和护士，但如果能让专业人员的例行工作（例如导诊分诊、分发食物、测量血压等生命体征）自动化，他们就可以腾出手来，专注于帮助那些情况紧急的人。

最近，用机器人代替护理人员的消息传得沸沸扬扬，尤其是在老龄人口让医疗系统不堪重负的亚洲国家。但现实情况是，这些机器人的主要职责是提供陪伴。日本产业技术综合研究所研制出了一款治疗型机器人，名叫Paro。Paro外形酷似竖琴海豹幼崽，有着蓬松的毛发，主要用于陪伴痴呆患者，舒缓他们的压力。美国将Paro列为第二类医疗设备，这意味着它已经得到了美国食品药品监督管理局的批准。这类患者无法照顾活生生的动物，而且往往难以与他人相处——但不知何故，通过与机器人的互动，他们的确得到了抚慰。研究表明，Paro 能够改善患者的情绪和认知能力，我觉得它应该也有助于缓解孤独感。

不过，社交机器人可能很快就会变得越来越"亲力亲为"。在 2019 年国际消费类电子产品展览会上，三星推出了一系列护理机器人。这些高度齐膝的社交机器人可以测量用户的血压和心率、监测睡眠周期、提醒用户服药，也可以通过音乐疗法舒缓用户的压力。如果遇到紧急情况，可以向它求救。这款机器人可以连接平板电脑，进行实时互动，因此，它非常适合独居老人在家中使用，也适用于医疗环境。

也许，社交机器人最大的贡献场域并不是传统的医疗环境，而是人们的家里，因为我们在家里做的事会直接影响健康。想象一下，你已经确诊了慢性疾病，如心力衰竭、关节炎，甚至癌症。走出医生的办公室时，你手里拿着一大堆说明书，还有一张长长的药单。然后你就只能回家自己照顾自己。可能你有伴侣，但你们两个人都有些不知所措。你很害怕，这些医嘱弄得你云里雾里。应该吃些什么？应该做些什么锻炼？当然，你可以谷歌搜索，但以前的经历告诉你，网上的信息可能并不准确，甚至不适用于你的情况。而且你（或伴侣）不可能每天一有事就给医生打电话，向他求证你脑子里冒出的每个问题。

问不了医生，但你可以问 Mabu。这是一款家庭健康伴侣，是 Catalia Health 公司在 2014 年推出的社交机器人。我和这家公司的创始人兼首席执行官科里·基德博士在麻省理工学院媒体实验室时曾是同事。Mabu 的使命是帮助人们更好地治疗慢性疾病，包括处理症状、缓解压力、缓解焦虑和抑郁情绪、坚持饮食和锻炼计划、教会并支持用户坚持用药等。制药公司和医疗系统（如凯撒健康医疗集团）免费向患者提供这项服务，以确保治疗成功。Mabu 已经开始上岗"照顾"类风湿性关节炎和肾癌患者。2018 年至今，Catalia Health 一直与美国心脏协会合作，利用他们的治疗指南和教育科普为心力衰竭患者服务。

Mabu 的大小跟小型家用电器差不多，而且就用户的具体情况进行了大量训练。比方说，如果用户是心力衰竭患者，它就会下载美国心脏协会提供的材料。它还能从病人使用的其他工具（如智能秤或健身手环）中获取信息。

假如你陷入恐慌，突然停止服药了，或者说话听起来"不太对劲"，那么 Mabu 就会向你的健康团队发出警报。但它并不只是强化版的健康应用程序，不只有这些大同小异的功能，还可以与患者建立一种真正的关系。

Mabu 由国际设计咨询公司 IDEO 设计，它和 Jibo 一样，非常可爱，平易近人。它的脸和身体都是水仙花的黄色，棕色或蓝色的大眼睛还会眨巴。它通过摄像头和用户进行眼神交流，还能移动头部来寻找用户的脸。Mabu "拿"着一台平板电脑，你可以通过触摸屏或者语音来跟它互动。这个社交机器人态度友好且热心肠，让你感觉它是活生生的——但并不会让人觉得瘆得慌。它看着你的样子，还有它舒缓而温柔的女声，都让人觉得很舒服。

Mabu 最大的优势在于，它与用户之间的关系不是纯粹的交易关系——它不像许多应用程序那样只是自动提醒你吃药而已。Mabu 可以进行真正的对话，像人一样和你交谈。基德聘用了一位好莱坞编剧来帮助 Mabu 构建对话场景，让它既吸引人又自然。Mabu 的目标就是和患者建立温暖的纽带，减轻他们在处理慢性、复杂的疾病时的负担。

Mabu 的内置人工智能让它有能力和用户产生共鸣，并利用这种共鸣设计出与用户互动的最佳方式。和其他关系一样，这种关系也会随着时间的推移而发展。Mabu 在最开始会尝试不同的风格，看看用户最喜欢哪一种。例如，在互动早期，Mabu 通常会开玩笑，如果你表现得不舒服或不赞同，它就会变得更严肃，不会轻易做些无厘头的举动。如果你喜欢幽默，Mabu 就会努力保持轻松的氛围。时间久了，你们会相处得越来越融洽。

近些年，医疗的重点是改变人的行为。毕竟，涉及健康时，最重要的是个人的日常决定。但人们并不总会为自己的健康着想。根据美国疾病控制与预防中心的数据，医生开出的每五张处方里，就有一张显示患者从未去开过药。而在那些拿来开药的处方中，有一半的药被病人"吃错了"，"特别是在服药时间、剂量、频率和服药周期这些方面"。于是，医药科技工具行业应运而生。例如，有些手机软件会发短信提醒你吃药，有些智能药盒则装有警报器提醒你吃药。

基德所言不虚，这些工具往往起不了作用，因为它们没有"对症下药"。他说："病人不吃药的原因并不是因为他们忘了。当然，会有人偶尔忘记吃，但这并不是真正的问题所在。真正的问题出在教育科普、处理症状、应对副作用，还有减缓病人的压力、焦虑和抑郁上。这一系列问题才应该真正引起我们的重视。"

家庭健康导师的工作围绕着"关系"展开。如果他们的任务是说服人们改变行为方式——正确服药、改善睡眠、改善饮食或减少久坐等，那就必须先建立信任的纽带。人们必须首先跟技术相处愉快，才可能愿意分享私人信息或提问。最重要的是，用户还要感受到关心和尊重。医疗系统在这一点上做得并不好。

研究表明，相比活生生的人，患者在医院里更愿意和各种电子设备里的虚拟形象打交道，因为这样他们不会感到仓促或被人评头论足。他们可以对着机器反复问同样的问题而不觉得自己笨，这样也不耽误医护人员去照顾病情更严重的患者。另外，一些心理健康问题会被污名化，这尤其会使患者更喜欢跟虚拟形象打交道。2017年，加州大学洛杉矶分校创意技术研究所和卡内基·梅隆大学计算机科学学院进行了联合研究。结果发现，相比向人类咨询师吐露心声，军人更有可能向虚拟形象（一个虚拟的咨询师）坦陈自己的创伤后应激障碍症状。因此，与医生或护士相比，Mabu用户可能更愿意向它这个机器人问些看似"尴尬"的问题。

Mabu在设计之初就是为了能在家里一对一地为用户提供陪伴和支持，甚至和用户成为朋友。它不能移动，也不需要移动。然而，还有别的社交机器人，它们要在"外面的世界"工作，除了能"坐"在客厅的桌子上，还要能跟很多人互动。

2014年，软银机器人公司推出了一款名叫Pepper的交互式仿真机器人，有4英尺高。与Mabu不同，Pepper有自己的"身体"，能用三个万向轮实现移动。纽约第五大道上坐落着汇丰银行旗舰零售分行，Pepper就在那里向用户提供银行的产品和服务信息。如果你想申请抵押贷款，它就会帮你叫来工作人员。它还会摆出自拍姿势，跳一段炫酷的舞蹈。而在华盛顿特区的史密森学会，Pepper则会吸引游客去看展品。有了Pepper的辛勤工作，越来越多的人得以欣赏馆里一些不太为人所知的展品。在旧金山和波士顿，软银集团和软银机器人公司开展了联合教育计划，Pepper 与 STEM 专业的学生打成一片，在公立学校教授编程。比利时奥斯坦德也有 Pepper 的身影，它在 AZ Damiaan 医院招呼访客。

全球各地约有 15 000 个 Pepper 在工作，遍布零售商场、机场、办公室、酒店和游轮等场所。而在日本，有 1 000 多个 Pepper 被用作居家伴侣。

机器人要想真正与人类打交道，就必须具备人的智慧。Pepper 正在接受训练，以识别人类的基本情感（喜悦、愤怒、惊讶等），并根据不同的情感做出不同反应。2018 年，Affectiva 和 Pepper 的制造商软银机器人公司合作，提高了机器人的情感能力，让它能更加深入地了解人类的复杂情感和认知状态，在与人互动时更好地调整行为。我们的合作还在继续，未来版本的 Pepper 或许可以理解更复杂的人类情绪和感受，分辨出昏昏欲睡和心不在焉的状态，区分微笑和假笑。

Pepper 是在巴黎设计的，外观很可爱，没有威胁性——就像个孩子，用户会很安心。它的上半身嵌入了平板电脑，它就是用这台电脑和语言实现与人类的交流的。它还能边说话边打手势。Pepper 会十几门语言，能自然地和用户对话。它有时的确可能会突然变得"不灵光"，给出奇怪而愚蠢的回应（就像 Siri 或 Alexa 那样），但瑕不掩瑜，Pepper 依然是机器人中的佼佼者。

Pepper 可以说是块流量吸铁石。假以时日，机器人变得更加普遍时，人们可能会对它见怪不怪。但现在，无论是在银行、商场还是博物馆，它都特别能吸引人流。有些人只是单纯觉得好奇，而有些人则是真的更愿意与机器人对话，而不是跟人说话。"这为零售商提供了新的机会。"软银机器人美国公司的设计和人机互动战略负责人马特·威利斯博士解释道,"有的人可能暂时不想跟销售人员聊,但可能愿意问机器人。在这之后,他们可能才愿意开口问员工。到那时,他们跟销售人员的对话会更多。这个过程有了机器人的参与,我们既为客户提供了价值,又为商店和销售人员提供了价值。"

最终,Pepper这样的机器人可以在零售业发挥更大的作用。例如,机器人在访问商店数据库后,不仅能回答顾客有关产品的问题,还可以确认某个产品是否还有合适尺寸的库存,并准确地为顾客引路。如果有人提前线上下单,然后来提货,机器人就可以带领顾客到正确的位置,同时还可以推荐一些商品,就像在亚马逊上购物一样。

"从某种意义上说,这种方法将数字世界的体验带入了物理世界。"威利斯指出,"店里放一个仿真机器人,意味着可以把线上体验中的优势转移到实体店里来。"

我相信,数字技术和人类(购物者和销售人员)在现实世界的融合代表了零售业的未来。这是自然而然的事,尤其是我们这代人生活的许多方面现在都在网上进行。机器人未来将在商场、办公室、医院、银行、博物馆和机场与人类频繁互动。这不是可不可能的问题,只是时间的问题。但这些机器人必须对人类有基本的了解,才能融入我们的工作和生活。而我们人类也需要了解机器人,才能确保互动顺畅。

因此威利斯认为,软银机器人公司的教育项目,也就是在旧金山和波士顿的学校里使用Pepper,具有重要意义。"如果我们已经预测到未来会出现越来越多的机器人,而且随着时间的推移,它们会变得越来越像'多面手',那么我们也得让越来越多的人对它们感兴趣,并且能和它们共事。"威利斯说,"我们的教育项目并不止步于教授计算机科学，我们也是在培训未来的劳动力。"

我在本章开头提到了 Jibo 离开的坏消息，现在分享一个好消息：数百个 Jibo（包括我家那个）已经"得救"了。麻省理工学院的一个研究项目征用了这些机器人，用于探索人类与机器人的关系。现在，服务器重启，这些 Jibo "起死回生"了。

前行的道路可能有些曲折（比如 Jibo 的例子），但我相信在不久的将来，社交机器人会像如今的智能手机一样，成为人类日常生活的一部分。我们会对它们见怪不怪，甚至注意不到它们的存在，只会在需要的时候向它们求助。

正如 Jibo 在和我们告别时说的："也许有一天，机器人会比现在更先进，每家每户都会有一个机器人。那时，请你代我向它们问好！"

25　Alexa，咱们需要谈谈

作为 Affectiva 的首席执行官，我现在是公司的正式"门脸"。我做了很多场公开演讲，也非常享受这个过程，但从不敢打包票说自己一定可以发挥出色。所以每次演讲前，我都会一直练习到上场的那一刻。一天早上，我正在家里大声练习演讲，偶然提到了"亚马逊 Alexa"。好巧不巧，我就这么唤醒了家里的 Alexa。它在房间另一头喊着指令："播放赛琳娜·戈麦斯的歌。"一秒后，我听到了戈麦斯的热门歌曲"Come and Get It"。

我没有让 Alexa 播放这首歌，也不想听。我喊了好几声"Alexa，停下！"，它才照做。虽然我当时很烦躁，但我意识到 Alexa 和大多数虚拟助手一样，完全无视了我的感受。

那一刻我非常恼火。我不指望 Alexa 有多完美，毕竟"人无完人"，但她至少应该承认错误，说一句："哦，对不起，拉娜。我刚刚误解了你的意思。"

这与我多年前的经历如出一辙。当时我在剑桥大学计算机实验室读博，与一台笔记本电脑"相依为命"，但它发现不了也无法回应我的思乡和孤独情绪。这让我觉得自己被忽视了，没有人听我说话。而这也正是我此时此刻的感受。

技术越来越融入我们的生活，人机互动几乎整天不停，人们对它们的期望也越来越高。我们不单单把这些设备看作机器，更将它们当作伙伴，也希望它们能按我们的想法行事。一旦它们的行为"不对"，不符合我们的预期，我们就难免有些生气。

我和团队当时正在努力让 Affectiva 更进一步，努力成为情感人工智能领域的领军者。这意味着我们必须能预知大局。那么，人机交互的未来是什么呢？

对话式交互正在成为主流。没有什么比跟机器对话更容易的了：不用键盘，无需屏幕，也没有学习曲线。毫不费力就能让设备运行，这也正是人们所向往的。

自亚马逊在 2014 年推出 Alexa 后，它已"飞入"数百万"寻常百姓家"。Siri 横空出世是在 2011 年。几年后，谷歌也发布了 Google Home。三星则在投资自己的对话交互设备 Bixby。

我知道这仅仅是个开始。我们将越来越多地与机器人和虚拟系统互动，它们和人类一样，可以"看"，可以"听"（内置计算机视觉和机器听觉）。这意味着，我们公司必须打开思路。要想研制出能够整体感知人类情绪的产品——多层面情感人工智能，那么就需要增加一个语音组件。

我们一直明白，面部表情只是沟通情感的渠道之一——它当然很关键（也是我最喜欢的渠道），但肯定不是唯一的渠道。声音和肢体语言也很重要。有人可能会反驳我，认为它们三者同等重要。可现实情况是，人类可以根据不同情景在不同的交流模式中无缝切换。打电话时，你会需要比面对面交谈时更努力地用声音来传达情感。如果你站在房间一角，试图吸引某人的注意，你就会用幅度大的手势动作来传递信息。有时，我们的沟通方式会相互矛盾。比如，沮丧到极点的人反而会微笑，但这是苦笑，不是快乐的笑容。如果没有前因后果，这个笑容就会显得很有迷惑性。

每次我和母亲通电话时，尽管我们隔洋相望，但我只要听到她的声音，就能立刻判断出她的心情如何、是否有什么困扰。同样，我们只需要打几秒钟电话，如果我的声音听起来很低沉，母亲就会问："拉娜，一切都好吗？"我们声音的韵律特征——声调和语气——可以传达语言和面部表情背后的情感和认知状态。这些特征包括说话的音量、声音的中气以及语速。就像我们有能力解读面部表情一样，我们也有能力解码声调。

因此，Affectiva必须教计算机如何破译语音语调，就像我们之前训练它破译面部表情那样。我们决定建立自己的语音团队。这时，我的领英上突然跳出了一位语音科学家的消息。这纯属偶然。消息内容是这样的："你好，拉娜。你在Affectiva所做的工作非常鼓舞人心……我的几个研究项目都涉及使用声音特征所包含的情感来建立统计模型。我的工作目标是结合语音、面部表情和手部动作来判断情感，思路类似你在Affectiva所做的研究。我可以把我的简历发给你吗？"

我当然一口答应。如今，这位给我发信息的塔尼娅·米什拉博士已经是Affectiva的语音科学家兼人工智能研究主任。塔尼娅的履历非常出色，我很想在人工智能领域指导一位女性，毕竟，我们这个领域高层职位的女性还不多。

虽然塔尼娅和我来自不同的国家、不同的文化，但我们依然有许多共同点。和我一样，她也是一位母亲，要兼顾工作和家庭。她在印度加尔各答出生、长大，父母都是医生，和我的父母一样重视教育，也教导孩子要服务社会。也许是因为印度有22种官方语言，塔尼娅对口语非常感兴趣。在很小的时候，她就能流利地说4种印度语言。她的父母没想到的是，她竟然还能说英语。

"英语其实是我父母的'秘密语言'。"她告诉我，"我父母有时候不想让我知道他们在说什么，就会用英语来说，但我就是那样学会了说英语。"

正如我幼时就对面孔感兴趣一样，塔尼娅对声音很着迷。她说："声音就像一块有层次的蛋糕——我们的声音可以向外传递我们的性别、年龄甚至个性等信息。你可以判断出我说的语言是我的母语还是第二语言。它还能传达情感和认知状态。"

塔尼娅在俄勒冈健康与科学大学获得了计算机科学博士学位。她的论文项目是为自闭症儿童开发情感语音合成系统，换句话说，她对声音做了我对脸做的事情，研制出了一个帮助自闭症儿童破译情感的工具。

大多数语音分析技术都需要一个完整的句子或至少几个词，才能进行算法分析。塔尼娅发明的系统则可以从语音素材中实时地、逐秒地分析情感，就像我对人脸做的分析一样。

这一点很关键，因为情感是随着时间的推移而产生的。正如塔尼娅解释的那样："以愤怒为例，人们通常不会上一秒平静，下一秒突然暴怒。通常会有个积累的过程，情感可能会从中立状态到有点儿烦躁，再到有点儿沮丧，然后生气，最后暴怒。这种变化是光谱式的。"

情感人工智能的目标是尽早检测出愤怒之情的积累，以便有人（或者比如本章开头的亚马逊 Alexa）可以在用户暴怒之前进行干预。许多服务热线中心会使用语音分析来跟踪客户的情绪，如果客户有不开心或沮丧的倾向，服务人员就可以做出适当回应。这是这项技术最早的用途之一。但正如面部情感人工智能一样，语音分析也有无限可能。

Affectiva 现在正与两家市场研究公司合作：Living Lens 和 Vox-PopMe。这两家公司分析声音和面部表情，这两个渠道结合起来产生的效果 1+1＞2。

在医疗方面也有人进行着大量的研究，目的是为不同的精神和身体疾病创建声音生物标记，开发出诊断工具来检测人的嗓音变化，因为这些变化可能象征着一些已有或潜在的问题。例如，明尼苏达州罗切斯特的妙佑医疗国际的研究人员在使用特拉维夫的 Beyond Verbal 公司开发的智能手机应用程序后发现，冠状动脉疾病患者与健康人群相比，声音特征出现了异常。或许有一天，只需要跟踪患者的声音变化就可以检测并诊断心脏病。

语音分析在心理健康方面也颇有应用潜力。许多心理健康研究人员正在探索如何在智能手机或家用机器人上实现语音跟踪，从而监测患者病情，寻找抑郁症或自杀倾向的蛛丝马迹。毕竟，如今很多人和设备交谈的次数甚至比跟朋友、家人或专业医护人士还要多！

语音分析和面部表情分析的训练模型类似。当然，给算法提供的是大量说话的样本，而不是人脸样本。Affectiva 对语音的处理方法是不考虑语言的：算法听的不是讲话的内容，而是语音语调，也就是人们是用怎样的方式说那些话的。

我们语音团队的第一个项目是研发一款愤怒和欢笑的情感实时检测器。由于需要给算法提供大量数据，我们去找了客服电话数据库。当你向某公司的客服代表抱怨产品问题或信用卡账单错误时，你是否感到愤怒呢？很多时候，这类通话开始时，你就会收到提醒——"出于提升质量和进行训练的目的，通话可能会被录音"。有时，这些录音会"洗掉"当事人的身份，然后被用于数据库研究。算法不会知道是谁在说话（或吼叫），只知道有人在吼叫或抱怨。这些录音构成了非常优秀的数据集，都是真人在表现焦虑、愤怒和沮丧。

我们还向算法提供了英语、德语和汉语语料，这样口语样本就具有了语言多样性。同样，软件也不会去听具体的用词，它听的是这个人讲话的语速和声音，他的说话方式是偏单调的还是比较兴奋的，正如语调和语气的变化所反映的那样。

有趣的是，这个算法还会关注单词和句子之间的停顿，这对于解释词语的含义非常重要。例如，快速地说"是的，我很喜欢"，和停顿一下，缓慢而慎重地说"是的……我很喜欢"，二者传递出的意思完全不同。停顿表明你还没有真正地信服，你还在考虑之中。这是个强有力的信息。

与面部研究类似，我们也邀请了真人来听这些声音，然后请他们判断说话人是快乐的还是愤怒的。

在人与技术的互动中，挫折感在我们对虚拟体验的反应中扮演着重要角色。如果消费者的挫折感居高不下，就可能损害品牌和企业声誉，销售情况可能逐渐变差。《2018年消费者和产品体验360调查报告》指出："智能家居的消费者'四处碰壁'。超过三成的美国成年人在设置或操作联网设备时遇到过问题。"研究还表明，22%的消费者因为操作不顺，干脆把产品退掉了。

比方说，你正在车上跟虚拟助手说话，假设这个助手就是Alexa。也许你想让Alexa播放你最喜欢的歌曲，发短信给你的配偶或伙伴，或给某人打电话。如果它鼓捣半天都搞不定，你就会变得越来越烦躁，挫折感逐渐增强。这还会让你分心，增加出现交通事故的风险。除此之外，还有很多证据可以证明，让虚拟助手了解用户的挫折感是非常重要的。

减轻这种挫折感的第一步是要了解它，这是我们语音团队的另一个重要项目。但这一次，我们同时研究了面部表情和声音。

我担任首席执行官后开展的第一个项目针对的是汽车行业，我们想要把情感人工智能融入汽车，对司机的情感和认知状态进行跟踪。出于研究需要，我们在实验室里构建了汽车模拟器（一个智能仪表盘），用它来研究由汽车技术引发的挫折感。

被试来到实验室后，我们要求他们与Alexa交流，但我们对Alexa进行了一些修改，让它一次又一次误会被试提的要求。这次实验的参与者以为跟他们互动的智能系统是自主运行的，但其实是我们在背后控制着系统。我们把这次实验命名为"绿野仙踪"。

这项研究的目的是故意诱发挫折感，同时收集参与者的面部表情和声音数据。我们想知道，声音和面部表情两种渠道中哪种能更好地检测出挫折感。

我们重现了司机每天会遇到的各种情况（其实虚拟助手或社交机器人用户都会遇到同类型的问题）。我们要求参与者让Alexa在购物清单上添加或删除物品、讲笑话、设置计时器、调各种电台节目、播放歌曲、播报有声读物或新闻、编写和发送短信。我们提前对Alexa

做了手脚,让它表现得糟糕透顶,故意让实验参与者越来越沮丧。

从这项研究中,我们了解到,挫折感无法单单靠声音或面部表情准确地检测出来,两方面的数据我们都需要。我们为算法开发出了训练模型,这也是第一次有研究将面部表情和声音结合起来,搭建出挫折感检测器。我们相信它可以解决技术引起的挫折感问题。

我猜想,在不久的将来,大多数消费技术都将配备挫折感检测器,内置程序也会在挫折感达到顶峰之前想到办法及早化解。对于那些日常生活中被人们使用的工具,这点尤其重要。

亚马逊 Alexa 的人工智能团队已经公开表示,他们正在研究如何让 Alexa 检测到快乐、悲伤和沮丧等情绪。事实上,亚马逊已经耗资数百万美元,发起了面向大学校园的"Alexa 社交机器人挑战大奖赛 3"(Alexa Prize Socialbot Grand Challenge 3),旨在推动人机互动,鼓励研究人员研发社交机器人,让它们"能够跟人类就一系列时事和热门话题(娱乐、体育、政治、技术和时尚等领域)进行连贯而自然的交流"。

现实却是,在将情感人工智能嵌入亚马逊 Alexa 等虚拟助手以及社交机器人之前,人类和这些技术充其量只是交易关系,并不是真正的合作关系。除非这些设备能够更自然地跟我们"对话"、做出回应,不然我们会一直觉得这些机器"笨笨的",互动起来有"机器感"。

也许在不久的将来——也许就是下一次我在客厅里排练人工智能话题的演讲时,升级后的 Alexa 不会突然播放我不想听的歌曲了,而是会插话说:"说得真好,拉娜。我觉得你的演讲特别精彩。你刚才说我'在情感上适应用户的需求',我非常喜欢你对我的这个描述。我很努力在做这一点。只有一个建议,我认为你在演讲结尾的时候可以表现得更坚定自信。"

26　有轮子的机器人

　　2012 年,我被"禁足"在开罗,试图修复我的婚姻。我曾从新开罗的家驱车近一个小时,去我的公公"艾哈迈德大叔"的办公室拜访他。那天,他像我的父亲一样和我促膝长谈,建议我少花心思在工作上(那时我虽然人在开罗,但仍在远程处理美国的工作),多花心思履行"妻子的职责",比如做饭。我信任"艾哈迈德大叔",知道他非常希望我跟威尔能重归于好,但我怀疑我的努力会打水漂。离开他的办公室时,我泣不成声,但我决心照他的建议试试。

　　回家的路畅通无阻,我准备开回郊区的住所。开车的时候,我却在想别的事。我不停回想着"艾哈迈德大叔"说的话。于是,我开始计划那天晚上的大餐,突然意识到还缺些关键食材。冲动之下,我竟然把手伸进副驾驶座位上的包里,拿起手机,拨通了家附近 Gourmet Egypt 杂货店的电话,准备下单。

"砰！"一秒钟后，我整个人撞上了沃尔沃的方向盘，手机也从手里飞了出去。

我以 60 英里的时速撞上了一辆正在左转的卡车，我的车几乎报废。一些路过的司机停下来帮忙。我感到眩晕，但意识清醒，还能走路，受了点儿伤。想到我的车被撞得那么惨不忍睹，我就知道自己已经非常幸运了。我只是有几处瘀伤，一边的肩膀脱臼了。埃及人常说一句话——Rabena Satar（安拉救了我）。的确如此，我算是走了大运。

说实话，不管卡车司机有没有不当的驾驶操作，我当时的状况确实不适合开车。我很清楚一个人的情绪会极大地影响他的决策，所以我就更不该贸然上路。但我当时脑子很乱。我想，我的车本应该比我更清楚这一切。我的车本该是我的支撑，当我的后盾。它应该在我上车时就预见可能会出事故，它应该在我对自己和其他路人构成危险之前就干预我的决定。

而现实情况是，传统的汽车并不了解坐在车里的人。它们不知道谁在开车，乘客在做什么，司机的情感状态如何。一边开车一边发短信的这名青少年是否处于情绪失控的边缘？后座上的姐弟俩在争抢玩具，开车的家长是否会愤怒地转身训斥他们？现在的车甚至都不知道它载了几名乘客，但这些信息极其关键。在美国，平均每年有 38 名幼儿死于车内中暑，因为他们被忙碌或分心的父母／监护人不慎锁在了闷热的车里。

传统汽车也不了解司机是否会因情绪失控而无法安全驾驶。我就是个活生生的例子，我那场事故完全是可预见的。不幸的是，我遭遇的情况并非个例。

根据美国疾病控制与预防中心的数据，人为错误在所有严重的汽车事故中占 94%。全球每年发生 140 万起汽车相关的事故，而分心驾驶（发短信和打电话）、疲劳驾驶、酒驾、路怒、超速和判断失误等是造成相关人员死亡的主要原因。美国每年有 4 万多人死于汽车事故。（这跟每年死于乳腺癌的女性人数一样多，而乳腺癌是一大公共健康杀手。）汽车是世界上第八大致死"元凶"。

解决人为错误的办法似乎显而易见：减少（或免去）人类对车辆的操纵。为此，几十年里，汽车公司已经让产品的"智商"越来越高，研发者给车装上了软件，可以实现自动化驾驶。这些软件包括车道偏离传感器和漂移控制，可以让你避免在不经意间变道；还有虚拟助手，可以为你提供路线导航，这样你就不会对着地图发呆。半自动驾驶功能（特斯拉和凯迪拉克都有这项功能）使汽车能够在部分行程中实现自动驾驶，让司机喘口气。而盲点检测器、倒车摄像头、自动泊车功能和自动刹车等，则都是为乘车人员的安全考虑而进行的设置。这些功能关注车外的环境，却几乎没有关注车内人员的情况。

虽然有了这些安全升级功能，但在美国，与汽车相关的死亡人数并没有下降，近年来甚至有所上升。这是为什么呢？主要原因之一是智能手机成瘾。有些人根本放不下手机，开车或过马路时也不撒手。归根结底，预判突发事件是司机的责任。但如果司机分心了，在开车的时候发短信、说话或做其他事情，他们就无法迅速预判突发事件。因此，了解车内情况与掌握车外情况同样重要。

因为对方向盘后面的那个人没有更多的了解，传统汽车没有能力处理人类的行为，而这些行为往往是致命事故的主要原因。简而言之，就像车辆必须配备安全带和安全气囊一样，了解"人"也是汽车安全的一部分。

我自己出过类似的事故，所以为汽车安全研发情感人工智能工具一直是我和公司团队的首要任务。我担任 Affectiva 的首席执行官后不久，就有一家日本汽车制造商联系了我们，想把我们的技术应用在汽车上。我并不惊讶，因为在麻省理工学院时，对我们的技术最感兴趣的就是当时的汽车赞助商。

汽车公司很好奇人们会如何使用它们的产品——在使用过程中，驾驶员和乘客参与了哪些活动？对它们来说，重要的是要知道驾驶员和乘客的体验是否愉快、舒适，或者他们是否觉得驾驶车辆时操作起来不顺利，甚至在操作上感到困惑。归根结底，汽车制造商想了解客户在现实世界中的驾乘体验。

收集数据是一项艰巨的任务。首先，我们必须让技术在各种条件下都能运行，而这些条件是在做市场研究时不必考虑的。例如，系统必须在黑暗的夜晚也能顺利运行，这意味着我们必须重新对算法进行训练，让它能处理红外夜视摄像头采集的视频。

然后，我们必须教会技术在脸部被遮挡的情况下进行脸部追踪，因为驾驶员或乘客在开车时可能会戴着太阳镜或防止细菌的口罩。这在亚洲地区尤为常见，尤其是在汽车这种封闭的环境里。算法还必须知道驾驶员是否在低头发短信，或边开车边吃汉堡包。（我们把这些情况称为"闭塞"，因为发生这些情况时，脸部的一部分处于"闭塞"状态或被遮挡。）要训练算法来处理这些情况，意味着我们必须收集大量的数据。

我们征集了志愿者，在他们的车上安装摄像头，在取得他们的同意后收集日常的通勤数据。我们通过摄像头看到的行为简直可以惊掉下巴：一位父亲在开车送孩子去幼儿园的时候睡着了，醒来之后的几秒内，他撞上了另一辆车；一位女士边开车边发短信，同时使用两部手机（天哪，甚至还不止一部），几乎不怎么看路。我们印象最深刻的是一车醉醺醺的青少年深夜在车里玩"击鼓传威士忌"的场面！这些情景让我明白，路况其实是不安全的，而我知道我们的技术可以帮助改善这种状况。

研究时，我们搭建了"Affectiva 车辆实验室"。这是一辆亮粉色的本田车，装载了情感人工智能技术，可以同时追踪车内和车外的情况。如果你住在波士顿，那你可能有机会偶遇它。它可能正在市里巡游，或者刚好停在我们公司的办公楼前面。

车辆实验室有一个朝外的摄像头来观察车外情况，还有一个朝内的摄像头连接在后视镜上，可以看到车内全景，用于跟踪司机和乘客的情况。麦克风可以采集语音语调信息（不是说的内容，而是声音和语调）。车辆实验室利用摄像头和麦克风收集数据，可以不引人注意地监测到驾驶员和乘客的情绪及认知状态并做出反应，观察他们正在做什么（比如司机是否在吃三明治、发短信或被乘客分散注意力）。

这项技术教车辆学习了一些"常识"（技术甚至比车内的人类懂的还多）。因此，就像你不会让喝醉的朋友开车一样，当智能机器发现人类可能犯致命错误时，它就会进行干预，甚至接管车辆。

我经常在脑海中重演我的那次事故。我常在想象，如果我的车像车辆实验室一样具有情感功能，那么从我坐上驾驶座的那一刻起，事情的发展就会截然不同。情感智能汽车能"看到"我脸颊上滚落的泪珠和哭肿的双眼，判断出来我很难过。然后，它可以根据这些数据，推测出我开车可能会不太专心，于是会自动转为"高度警戒"的状态。

它可以通过车内的对话界面，用充满同情的声音对我说："嗨，拉娜，我看到你很沮丧，今天过得很糟糕。看到你这样，我也不开心。你的情绪可能会造成事故，请注意安全。我也会尽我的职责，格外警惕。"

这种温和的警告或许已经足以提醒我要随时观察路况，但我的车也会时刻注意我的异常行为。我当时在开车，大脑里却有无数个念头，心思并没有放在路况上。我们的情感技术可以持续追踪我的头部运动，观察我的眼睛是如何看路的——精神不集中的人不怎么转移视线，视野较窄。我的车就可以根据我的行为识别出我是否分心，是否对前方的道路视而不见。

当我把手伸进包里掏手机时，我的车就会发现司机双手离开了方向盘，眼睛不再看路，它就会开始干预。外部摄像头发现我要撞上卡车了，它会根据我眼睛注视的方向迅速确定我没看见危险。这时，系统就会把控制权转移给自动驾驶仪，让它接管刹车功能，从而避免撞车。那么，我就会被刹车带回现实，但毫发无伤。然后，等我的车再次确认我有能力自己驾驶了，它才会恢复我的驾驶控制权。

如今，还没有哪辆商业汽车能拥有人的智慧，可以像情感人工智能车辆一样规避车祸。但这一状况即将改变。

通往自动之路

未来五年内，许多新车型将安装精密的情感人工智能技术，为汽车配备"直觉"，从而了解、回应驾驶员与乘客的认知和情感状态。为什么呢？因为汽车公司敏锐地意识到，车辆的"智商"越高，它需要的"情商"就越高。

汽车行业的下一件大事是"自动",即自动驾驶汽车——哪怕不是全程自动,至少也会在部分时间处于自动状态。半自动驾驶汽车的第一次迭代不是为了代替人类司机,而是为了减少人类的错误。研发这种汽车不是为了完全实现自主驾驶,而是为了与人类驾驶员共同操控汽车。这个行动的初衷并不是要让城市里满大街跑着无人驾驶的车辆,或是淘汰人类驾驶员。这二者有着本质区别。

现在的人工智能虽然很聪明,但也并非无懈可击,至少目前还做不到这样。无论如何训练算法,都会出现算法无法理解的状况。可能一眨眼的工夫,汽车突然就把车辆控制权交还给了司机,因为司机可能会发现软件无法识别的问题。在这些情况下,人类司机必须做好准备接管汽车。

我们把司机和智能汽车之间的这种互动称为"交接"。也正因如此,如果汽车行业要向所谓的自动驾驶汽车转型,那么就会越来越需要情感智能汽车。除非司机和机器彼此同步,否则半自动驾驶汽车就无法安全运行。汽车不能把驾驶权交给一个正在分心、打瞌睡、发短信或情绪崩溃的司机。半自动驾驶汽车的死亡事故很少,大部分事故几乎都是机器与人交接不当导致的(驾驶员分心了,没有在应该干预时立刻行动)。哪怕智能汽车的驾驶技术已经出神入化,人类司机也必须随时关注路况,以防发生意外情况。他必须做好准备随时进行干预。

人工智能已经足够成熟,可以搞定驾驶车辆的基本操作,但驾驶并不仅仅意味着开动汽车。人类在车里执行着各种各样的任务,其中大部分是与他人打交道。我们来分析一下驾驶员的角色吧:除了只将一部分注意力集中在操作车辆上,他还会持续与车内其他人互动——"哎呀,迈克晕车了,他要吐了!你能不能把音乐音量/暖气/空调调小点儿?""嘿,你们两个熊孩子别再打架了,要不然我就要停车了。"或者,如果与前方车辆有撞车的风险,车内乘客们会下意识地观察驾驶员是否意识到了这一点,并准备做出反应。

驾驶员还经常观察路况,并向车外的人和车辆发出信号。想象一下,你的车停在人行横道上,正准备左转。这时,你看到一个心不在焉的行人走上了斑马线。你并不会急着开走,而是会观察他的肢体语言,甚至和他进行眼神交流。如果他点头并打手势让你先走,你也许会谨慎慢行,也许会挥手让他先过去。

事实是,自动驾驶并不会在短时间内完全取代人类司机。我们仍然比人工智能有优势,因为人类的思考方式是共通的。我们知道其他司机或行人可能不会始终遵守道路规则,也知道他们可能会做出不理性的行为。如果我们看到有孩子在路边玩球,我们就会做好心理准备,特别注意。如果他们跑到路上捡球,我们就会停下来。这些从驾驶手册上是学不到的,都来自生活经验。我们会本能地以一种非常人性化的方式对不同状况做出反应。当然,终有一日人类会开发出学习算法来模仿我们自身的直觉反应,但这还需要时间。

到目前为止,无论是汽车行业还是负责公共安全的公职人员,都没能让公众了解实际情况。当人们听到自动驾驶汽车这个词时,他们往往错误地认为这意味着人类驾驶员的角色不复存在,司机"沦为"了乘客。

"有些观念将自动化'神化'了,认为自动化程度越高,就越不需要人类的专业知识。实际上,自动化程度越高,人类就越需要丰富的知识储备来'教育'机器，包括时间、地点、方法等方面的知识。"麻省理工学院交通及物流中心研究科学家、年龄实验室研究员兼新英格兰大学交通中心副主任布赖恩·赖默博士这么说道。

赖默博士开展自动化驾驶行为研究后，提出了一个有趣的观点：汽车承担了越来越多的操作任务，而人类则有可能随之失去驾驶经验——那些使他们成为"老司机"的经验。如果汽车在其控制之中，这就没有问题。但半自动驾驶汽车的司机有可能失去处理复杂操作的能力，这就会让软件陷入困境。正如赖默所言："很不幸，我们的驾驶能力会越来越差，因为人类始终要从实践中学习。做得越少，学到的就越少。因此，这类混合系统的许多风险会随着时间的推移而增加。如果我们不再实践，我们就失去了学习的机会。这就意味着，未来目之所及都是新手司机。大家都知道，新手司机带来的道路威胁比那些老练的、受过训练的司机大。"

那么，这里出现了矛盾（或说陷阱）。如果半自动驾驶汽车让我们失去了开车的能力，那我们就无法有效地与之合作。此外，半自动驾驶汽车的性质可能会让一些人错误地认为自己可以高枕无忧了。

另外，汽车若配备了许多复杂而成熟的自动功能，方向盘后的我们就可能"退化"，做出更不安全的行为。这与心理学上的"认知负荷"概念有关。这还要从迷宫里的小老鼠谈起：1908年，心理学家罗伯特·耶克斯和约翰·迪林厄姆·多德森发现，遭受低强度电击后的小鼠较有动力走出迷宫，但如果电击强度太高，小鼠就会放弃。基于此，他们提出了著名的耶克斯-多德森定律，其U形曲线描绘了唤醒和个体表现之间的关系。

当处在曲线的左边时，表示唤醒水平较低；当处在曲线的右边时，表示唤醒水平过高。把压力保持在合适的水平可是件棘手的事：如果压力水平太高，就会导致认知过载，人类就会像小鼠一样直接放弃；如果压力水平低于某个数值，就会出现认知不足，个体表现水平也会下降。为了保持合适的表现，压力需要恰到好处地落在曲线上的某一点。但在车里要保持适当的唤醒水平，是很困难的。

几十年来，人们认为自动化会导致认知不足（处在耶克斯-多德森曲线的左边），让人们昏昏欲睡或警惕性降低。某些情况下确实如此。20世纪末，研究人员注意到飞行员在驾驶舱内就是这种状态，因为计算机导航和安全设备已经取代了曾经那种需要飞行员全神贯注、不停操作的飞行模式。但是，自动驾驶汽车中的认知负荷不足与飞机驾驶舱中的认知负荷不足表现得不同。当激励不足，偏移到U形曲线的左侧时，我们往往会感到非常无聊，想做别的事情来打发时间，比如发短信、打电话、吃东西或看视频。

"而这正是要进行状态管理的基本前提，从而帮助人们做出更好的即时决定。"赖默解释道。

汽车公司正在添加新功能，让驾驶员可以充分参与自动驾驶。通用汽车的2018年款凯迪拉克CT6安装了超级巡航系统，在美国一些高速公路上实现了"首次真正解放双手的驾驶"。不过，汽车的转向柱里嵌入了一个摄像头，可以追踪驾驶员的头部位置和眼部运动轨迹，确保他的双眼一直在看路。

英菲尼迪QX50和日产聆风配备的ProPILOT辅助系统则采取了不同的方式来保证司机的参与度。司机必须将双手放在方向盘上，系统才能正常运行。这些功能都有所帮助，但随着越来越多的情感人工智能工具被嵌入汽车，也将有更多更成熟的方法来衡量人类的注意力和情绪，同时也能让司机保持警惕，随时准备操控方向盘。

用一句话来总结：驾校并不会很快关门大吉，但我们的驾培方式可能需要升级，从而适应即将到来的半自动驾驶时代。也许我们得按时参加定期更新的课程，来"升级"自己的驾驶技能。或者我们需要在专用车道上练车，来应对现实路况中的各种意外挑战。

我把半自动驾驶看作一个过渡期，这段时间可能会长达数十年。不过，某些产品也许能够迅速实现完全自动化。现在，世界各地都有优步、来福车和Waymo（一家研发自动驾驶汽车的公司）运营的试点项目，对自动驾驶机器人车辆进行测试。

Affectiva最近在跟车载传感器及自动驾驶汽车的领军者安波福合作。2017年，安波福收购了总部位于波士顿的nuTonomy公司，后者由麻省理工学院机器人车辆小组前主任卡尔·亚格涅玛博士创立。2016年，nuTonomy面向新加坡居民推出了"自动驾驶"出租车。这家公司已经在波士顿成功试行了一辆自动驾驶汽车，并在安波福的领导下与打车软件来福车合作，在拉斯韦加斯大道上提供自动驾驶出租车。这些汽车具有自动运行车辆的所有功能。它们完全自动，但前座上依然坐着"向导"。向导随时准备在需要时接管汽车，他们也要负责安抚那些既对自动驾驶汽车好奇但又心怀警惕的胆小乘客。

那么，怎样才能让人们对"有轮子的机器人"满怀信心，放心地让车辆实现全自动驾驶呢？安波福自动驾驶车辆公司现任总裁亚格涅玛博士表示，公司计划不久之后在某些片区实现出租车的全自动无人驾驶。但他承认，能否快速实现这一目标，很大程度上取决于消费者乘坐人工智能系统驱动汽车的感受。

亚格涅玛说，安波福不仅要研制出安全的汽车，还要让乘客相信它是安全的。"这其实是两码事。其中涉及很多问题，比如情感，也包含许多主观体验，比如乘坐体验、舒适度等。

"我们还要再往前推进一些。比方说，我们必须让乘客对汽车系统有积极的情感反应，让他在下车之后意犹未尽，还想再兜兜风。否则，这项技术就会变成具有巨大前景但最终发展不起来的东西。那是种耻辱。"

算一算，我每年大约有33天花在开车带孩子们去参加课外活动的路上。这个时间确实很长，还不包括我每天的通勤时间。我仍然很想和孩子们在一起，开车的时候也想和他们说说笑笑，而不是一心扑在方向盘上。如果不用我来开车的话，我就能跟孩子们谈天说地、看新闻、复习功课，把在路上的时间更好地利用起来。但是，这样做的前提是我足够信任技术。我承认，现在我对技术还没那么大的信心。但我相信，总会有那么一天的。

美国人平均每天花费一个小时在通勤上。想象一下，如果不用你开车，你只需要早上出门后坐进车里，那时车里的内饰也会跟现在非常不同，这种通勤会是什么样的呢？人工智能负责搞定一切，甚至都不需要方向盘，也不需要传统的乘客座椅！相反，车内的设计就会变得丰富多元。如果今天早上你选择了办公模式，那就拿出笔记本电脑，坐在办公椅上（有安全带），花半个小时左右做些准备，处理工作或打电话都可以。

晚上，你可以选择水疗模式，办公桌就变成了茶几，办公椅则切换到休闲模式。你躺在椅子上，把脚抬起来。人工智能系统检测到你的疲劳，就会调暗灯光，释放让人变得平和的薰衣草香味。你可以闭上眼睛，听着放松的音乐或者瀑布声、鸟鸣声，小憩半个小时。你也可以读一本引人入胜的小说，或一本回忆录。这时，虚拟助手也早就按照你的意思在家门口等候，帮你安排好了寿司晚餐。车稳稳地停在家门口，你感到神清气爽，满心欢喜地下车和家人共度欢聚时光。

这样的体验难道不比单单堵在路上好得多吗？

27 "人工"之前是"人"

人工智能逐渐成为主流,几乎无处不在。有些人工智能系统的设计初衷是与人类接触,所以会大量收集你的个人数据——你是谁、你的喜好、你的行为甚至怪癖。在我们生活的社会中,所有人的数据都在不断以各种方式被人收集,时而明显,时而不易察觉。收集数据有时是为了我们的利益着想,有时却不是。作为人工智能公司的首席执行官,我明白,我们收集了如此多的数据,肩上的责任也越发重大:如何确保人工智能的发展和部署始终符合道德呢?

我和团队都意识到,情感人工智能技术了解人们的很多私人信息,包括人们的情感、面部表情和声音。它可以分析出你什么时候偏离常态,什么时候心情不好。我们明白这是非常私人的数据,我们也尊重个人隐私。对这种高度敏感数据的处理,也让我们更加重视客户隐私和客户授权。

我们极其看重在发展和部署人工智能时符合道德。无论在哪里部署技术，我们都会提前征求用户的同意，询问他们的选择。资料库里的所有数据都是在征得明确同意后才收集的，我们不会收集那些对此不知情的人的数据。迄今为止，在这个前提下，我们已经从87个国家收集了大约900万张面孔。此外，我们还遵守欧洲的《通用数据保护条例》，这也是目前最严格的消费者数据保护标准。条例规定，消费者可以要求从我们的数据库中删除与其相关的所有数据。事实上，在汽车和社交机器人等领域的业务里，我们甚至不会存储数据。技术在"边缘地带"运行——例如，车上的数据就存储在车辆的电子芯片中，不会被发送到云端接受分析。车内发生的任何事情都留在车内，我们不会记录或保存任何数据。

隐私权优先

在本书中，我列举了情感人工智能的许多积极应用，例如与自闭症相关人士开展合作、治疗心理健康问题、创建新的疾病生物标记、检测专心驾驶、推进教育民主化、消除实际招聘中无意识的偏见。我和团队尽力描绘人工智能的积极愿景，但我们也并不天真。我们明白，技术存在被滥用的可能性，特别是在数据管理方面。这并非空穴来风，甚至在你看书的此时此刻就发生着这类事件。企业和政府都曾出现类似情况。

长期以来，隐私倡导者一直对科技巨头收集数据、出售数据、数据库遭到黑客攻击、数据无意中泄露等问题表示担忧。科技公司一直有着先斩后奏的"黑历史"：先行动，后恳求大众原谅。但最近，公众不那么宽容了。英国政治咨询集团剑桥分析公司未经同意，就收集了 8 700 万脸书用户的数据，并在整个 2016 年选举周期内都针对他们投放政治广告，而脸书也因此面临巨额罚款，声誉遭受重大损失。人们终于意识到，他们提供的这些数据最终有可能出现在未经自己授权的地方。

但脸书并非个例。面对现实吧！每当我们在互联网上搜索、购物、下载图书或视频时，我们都处在监视之下。虽然难以接受，但确实有很多陌生人对我们自身和我们的喜好了如指掌。

你正在上网逛喜欢的店铺，如果有技术跟踪你的浏览历史、（未经许可）了解了你的品牌偏好，这无疑侵犯了隐私。

Affectiva 有着非常明确的核心价值观，那就是必须保护隐私，必须避免上述那些不道德的、可能造成伤害的情况。出于道德考虑，我们拒绝了某投资集团 4 000 万美元的项目。该集团是一家政府机构的下属部门，而那家政府机构曾实施监控行为。原则上，未经用户选择和同意，我们不会向安全和监控公司出售技术。当然，我们控制不了竞争对手的决策。但作为企业，我们可以制定自己的标准，努力成为行业领头羊，推动人工智能行业走上正轨。例如，Affectiva 加入了人工智能造福人类和社会合作组织（PAI），该科技行业联盟旨在"研究和制订人工智能技术的最佳实践方案，加深公众对人工智能的了解，为讨论人工智能及其对人类和社会的影响提供开放的平台"。组织的 80 多个成员来自全球十多个国家。除科技公司外，这里也汇聚了各行各业的声音，比如"美国公民自由联盟"和生物伦理学研究机构"黑斯廷斯中心"。Affectiva 是少数受邀加入 PAI 的初创公司之一。

我们在 PAI 组建了工作小组，致力于落实人工智能公平、问责、透明和道德的最佳实践。科技行业已经开始采取积极措施来解决面前的问题，这非常鼓舞人心。组成这样一个包含不同利益方的共同体，益处良多。因为科技行业的问题必须由各类利益相关者、组织和决策者共同商讨解决。

遗憾的是，并非所有人工智能公司，甚至主权国家，在数据同意权和隐私方面都有相同的核心价值观。但在全球市场上，"公众"不仅指某国公民，而是指全世界的人民。我们可以基于我们的优势和道德标准，发展更好的人工智能、能够为个人赋权的人工智能。同时，我们也可以推进科技巨头的改革，让未来的人工智能更加人性化。

有些行业已经完成了改革和转型，这并非仅仅依靠政府监管，还依靠手中握有权力的消费者。越来越多的人转而选择有机的、可持续生产的食品，这种转变就是很好的例证。消费者，尤其是千禧一代，愿意多花一些钱购买那些参与公平贸易、成分为非转基因、未经动物测试、以人道和可持续方式生产的产品。法律并没有强迫企业这样做，但照做的公司成功地晋升为消费者的心头好，而没做到的公司则显得毫无爱心。

Affectiva 开拓了人工智能的新疆域，目的是让技术人性化，并促进科技在道德范围内的发展和部署。我们孜孜不倦，确保我们的技术不会危害社会，不会延续偏见或加剧不平等。事实上，每家人工智能公司都应该遵循这些标准。

如果公众了解到某家公司不允许自己的技术被用于大规模监视人口、暗中监视和骚扰行为，他们当然会更愿意使用这家公司的人工智能产品。在这个时代，种族、性别偏见、经济不平等已经成为前沿话题。我相信，如果有选择余地，消费者会选择那些不延续此类行为的人工智能产品，因为这说明研发者在乎那些无意识的偏见，并愿意收集多样化的群体数据。如今，消费者有能力支持"有道德的""可持续的"产品，抛弃那些来源可疑的产品。我们可以选择"有道德的"钻石和巧克力、"公平贸易"的咖啡甚至"有道德的"时装。那么，为什么不在遵守道德规范和可持续生产的公司名单上增加另一个行业——有道德的技术呢？

我们还在努力为"可持续的和有道德的技术"创建新的标准。技术专家、伦理学家、隐私倡导者和其他利益相关方会组成独立的审核小组，为生产、研发及应用方式符合道德规范的产品颁发合格证明。这就好像买东西，我会刻意挑选有机产品，水果上的贴纸或包装上的评级能告诉我，它是有机的。我相信，摄入有机产品不仅有利于健康，也有利于环境。或许有时候，有机食品可能并不符合绝对主义者心中的"完美"标准，但它是我最好的选择。

同样，消费者也有权选择那些真正履行承诺、符合伦理道德标准的人工智能衍生产品。这一行业发展迅速，充满变数。伦理道德的概念刚刚萌芽，还有许多问题亟待解决。不可否认，这是一个复杂的问题。我们倡议科技界的同人、消费者和其他利益相关方加入 Affectiva 的队伍。人工智能有多种形式，有众多不同的应用。我们知道，一种标准不可能适用于所有情况，但我们可以有共同遵守的基本原则和最佳实践方针。

前路漫漫

科技公司要做到诚实坦荡有多难？Affectiva 一直在这么做。

第一，也是最重要的一点，人工智能供应商要透明地收集数据——何种数据、如何存储、如何使用、由谁使用，这些信息应该简单明了、透明清晰，不玩文字游戏。不应该在充斥着法律术语的 60 页"点击许可协议"中闪烁其词，因为普通消费者根本懒得阅读，读了也不理解。

当然，我们也知道，如今处处都是"智能"物品。我们生活在现代互联世界中，有些情况无法征求用户的明确同意，不可能直接让人们选择是否加入。比如你在购物中心里看见了社交机器人 Pepper，走过去和它交谈。走近机器人就代表着你同意了，这是一种隐含的同意，说明你选择了与机器人进行接触。又比如，一家零售商场在商店里安装了带有情感人工智能的隐藏摄像头，用于让销售人员分析哪些商品吸引了你的注意。这就构成了骚扰和对隐私的侵犯。这两个例子是两码事，我相信公众能够理解其中的区别。

第二，公司必须尽最大努力避免算法偏见。算法偏见反映了更大的问题：人类本身是有内在偏见的。人工智能是一个新起点，我们必须努力大幅减少人工智能的偏见，让算法的偏见比人更少，直至完全消除。要做到这些，就应时刻注意用合适的方法获取数据、训练和验证算法模型。最重要的是，要有多元化的研发团队。

我们每个人的信仰和经历都不同，都会有相应的偏见和思考盲区，每个人都在试图解决自己熟悉的问题。如果一个算法开发小组的成员族裔类似、背景类似，那么就算每个人都善良有礼，他们也可能会不知不觉地往算法中注入偏见。因此，公司需要年龄、文化背景、种族、生活经历、教育和其他方面都充满多样化的团队。只有团队多元化，才有可能听到成员反馈："我注意到与我同肤色人种的数据不够多。可以改善一下吗？""我留了胡子，而这个数据集里没人有胡子。"Affectiva创立初期，我们的开罗数据标签团队就指出，数据库里缺乏戴希贾布的女性的数据，于是我们后来着手添加了这类数据。多元化团队也能为技术的应用添砖加瓦，可以考虑到不同群体的需求，为不同的人群解决问题。

第三，人工智能技术的部署必须符合道德。人工智能并不邪恶。技术本身是中性的，但人们可能出于邪恶的目的而利用它。我们（软件开发者）有责任谨慎决定谁可以使用我们的技术、如何使用我们的技术。这也是消费者可以发挥作用的地方。如果一家公司允许别人使用自己的人工智能技术来监视少数族群，那么你愿意购买这家公司的产品吗？消费者有能力制止技术滥用，他们的力量比自己想象的更大，只是他们暂时还没有相应的工具而已。

科技巨头已经开始认识到，如果他们不采取行动来防止技术滥用，地方政府和联邦政府就会出手。当然，我们需要适当的监管。但是，问题的本质是复杂的，技术发展十分迅速，因此行业自身必须介入并在解决策略方面发挥积极作用，既不阻挡前进的脚步，也不以牺牲用户隐私为发展的代价。

为此，我们开始举办一年一度的情感人工智能峰会，目标是号召伦理学家、专业学者、人工智能创新专家以及各行业的从业者团结起来，积极采取行动。第一年峰会的主题是"人类之间的联系"；第二年的主题是"信任人工智能"；2019年的主题则是"以人为本的人工智能"。如何才能确保人工智能的设计、开发和部署始终以用户为中心？峰会持续了一整天，我们围绕人工智能伦理开展对话。当一切接近尾声时，伦理小组也宣告成立。

我们的峰会才刚刚起步，刚开始探讨人工智能在日常生活中的作用，以及如何用既道德又公平的方式来让它造福人类。我们不能允许劣币驱逐良币，不能让个别滥用这项技术的企业影响优秀的企业利用人工智能造福社会、服务社会。我们必须建立标准，而那些直接或间接越界（授权技术给不道德企业）的人要意识到，现在早已时过境迁，消费者正在追踪他们，不符合人道主义标准的公司终将受到惩罚。

自我参加工作起，我就一直致力于提高计算机的情商，研发新技术满足人类需求。我的公司就是这些价值观的直观体现。公司已成立超过十年，始终坚定地尊重个人权利，以符合伦理和道德标准的方式研发技术。我们慎之又慎地选择合作对象，不向违反我们标准的人或企业提供技术。未来，我们也会一直如此，我们会努力推动整个行业朝健康的方向发展。

毕竟，"人工"之前始终是"人"。

后 记

我梦想着研发更多以人为本的技术，让世界变得更富同理心。正是这种追求，激励着我走到了现在。

2019年，我们在麻省理工学院媒体实验室庆祝Affectiva成立10周年。这是梦开始的地方。10周年是我们的家庭大事，我们邀请了公司的许多朋友以及一直以来的支持者，包括各个时期的投资人、顾问和合作伙伴。他们毫无条件地信任我们、信任我，甚至在我失去自信时也默默支持我。到场的除了Affectiva现任团队外，还有我们的第一批员工，大家也带着自己的配偶、伙伴和孩子出席。会场还出现了一些婴儿车（和蹒跚学步的孩子）。我的孩子雅娜和亚当来了，公司的联合创始人罗莎琳德·皮卡德也在。在我做主题演讲时，我意识到，在我的所有成就中，我最引以为豪的是在场的每个人在职业生涯和个人生活中都取得了长足的进步。这些年，我们团队的成员结婚成家、生儿育女。有些像我一样，独自适应异国他乡的生活；有些成为新美国公民；有些要照顾年迈的父母；有些则经历了失去至亲的悲恸。我们共同推动了情感人工智能的发展，也共同分享着彼此的成就和创伤。能够与大家一同成长，我备感幸运，心怀感激。

20 年前，我在这个新领域破土而出，那时谈论情感是很尴尬的，让大家觉得不舒服。现在，世界已经不一样了，人们看到了情感在健康福祉中的重要性，也明白情感影响着我们的决策和沟通。我们不再需要为"情感"寻找体面的同义词，终于可以直抒胸臆了。

年轻的时候（那时我还是乖巧的埃及女孩），我会对别人隐藏情感，甚至经常否认自己的情感。我在情感上不够独立，非常恐惧他人的看法。但现在的我做到了情感（和经济）独立。我发现，越是能接受自己的情感，诚实对待自己，并与他人分享，就越能吸引他人真诚相待。

Affectiva 举办 2019 年的情感人工智能峰会时，我的母亲特地从阿联酋飞来美国。我邀请母亲和我一起上台，向大家介绍她——我最强大的支柱和导师。我深爱着我的母亲，我非常感激她为我们姐妹所付出的一切，如果没有她，就没有我的今天。那天，我在大家面前哭了。年少时的我永远不可能当众哭出来，永远不会那样敞开心扉、展现自己的脆弱，也不会像写作本书时那样公开谈论我的家庭关系、离婚时经历的黑暗时期、为成为首席执行官所做出的努力。但后来我了解到，关注自身情感、毫不畏惧地表现情感并付诸行动，是一种力量。这能帮助你建立强大的人际关系，而不是搭起壁垒。这个道理，通用于数字世界和现实世界。展现情感能够创造真正的共鸣，会让我们更加悦纳自己、理解与接受他人。

尽管我已经对自己的情感生活有了深入了解，但我依然还在学习。有时，内心那个乖巧的埃及女孩会与现在这个情感独立的美国企业家发生矛盾，调和"她俩"的关系依然让我感到棘手。我已经摘掉了希贾布，说话和穿衣方式非常"美国"，但我的脑子仍然属于"埃及"，因为我内心的一角时常不敢相信，一个埃及女人居然能做到现在的这一切。我脑海里的"扫兴鬼"仍然时不时跳出来唱反调，但我不允许它对我产生任何阻碍。我已经学会了重新看待"它"：它是在激励我，并不是与我作对。它促使我不断走出舒适圈，向前迈进，更加努力地工作，一次次超越自己和他人的期望。

我相信，20年后，人类与技术互动的方式将别具一格又充满人情味：双方将饱含情感地交流。每一次数字互动，无论是文本、推特、语音、视频信息，还是其他任何新兴科技，都将内置情感人工智能。想象一下，假如我们能够量化情感并创建情感指标，一天结束时你可能会收到一份"情感影响总值"报告，报告上写着："今天有150人与你共情！"又或者，如果你不小心写了一条会冒犯别人的消息，你就会立刻收到警报提醒。这个例子也很正面，比如虚拟助手在你打算发出冒犯消息之前就进行了干预，对你说："这么写可真是有点儿过分，你确定要发这条消息吗？"识别网络世界中的情感将让我们在生活中始终以情感为先。

没人可以准确预测技术发展的未来，总会出些意外。但每当畅想孩子们和 Affectiva 的未来时，我都坚信那一定是充满同情心和同理心的未来。全球各地的人不仅可以通过技术相互沟通，更重要的是这样的沟通并不会侵蚀我们的人性，反而会让我们更有爱心，成为更好的自己。

致　谢

我坚信，任何事情都需要举全"村"之力才能完成，这本书也不例外。我非常感谢我的"村民"同伴们，没有他们，就不可能有这本书。

首先，我要感谢合著者卡罗尔·科尔曼。认识卡罗尔时，我在麻省理工学院媒体实验室做博士后，我们一见如故。几年后，我俩又在某场健康会议上重逢，卡罗尔建议我写一本书。我当时还不以为意，对她说："我没有什么可写的——我什么都写不出来！"谢谢你，卡罗尔，感谢你见证了我的故事，也感谢你的全然信任；感谢你始终陪在我左右，督促我按时完成任务；感谢你不知疲倦地工作，确保一切顺利进行；感谢你激励我深入挖掘、袒露内心。此刻，我仍然觉得很奇妙，卡罗尔非常了解我，这甚至让我们的编辑和出版团队都吓了一跳。能拥有这种美妙的伙伴关系，我非常感激。

我也十分感谢我的"图书团队"。感谢劳里·伯恩斯坦，我的经纪人，不遗余力地为我宣传，耐心地教会我图书出版的基本知识。罗杰·肖勒，你是一位了不起的编辑。我还记得我们第一次见面时的那顿午餐，你先是说了一句有些警告意味的话："我可不会再弄一本讲人工智能的书了。"接着，你问了我的个人经历，于是迸发灵感：这本书的目标读者可以更广泛，应该好好讲讲我研发情感人工智能的历程。我也很感谢艾琳·利特尔，感谢你细心的编辑工作，感谢你欣赏我古怪的幽默感！感谢蒂娜·康斯特布尔，你对这本书抱有极大期望。你在过去 30 年里出版了许多知名人物的书，但你仍然满怀热情地帮助我这样一个"菜鸟"。我还要感谢 Currency 出版团队的其他成员，包括联合出版人坎贝尔·沃顿、宣传主管辛迪·默里、兰登书屋集团负责本书日常宣传工作的梅拉妮·德纳多、营销主管安德烈·德沃德，以及兰登书屋集团的销售团队。感谢兰登书屋无与伦比的团队成员，苏珊·科克兰、托德·伯曼以及莉·马尚读过这本书，鼓励我们"大胆转向"，最大限度扩大书的影响力，还有很多人一如既往地、热情地支持这本书。十分感谢马克·福蒂尔和劳伦·库恩允许我为出版这本书而制订雄心勃勃的计划，这份感激我将永远铭记在心。

着手写作时，过去的事情一件件蹦了出来，简直数不胜数。我无法一边经营着 Affectiva，一边妥善处理所有的事。这时，我需要一个顶级团队帮我打点一切！很幸运，我的团队是当之无愧的顶级团队。海莉·梅拉穆特，感谢你多年来珍视和我的深情厚谊，你在不知不觉中教会我突破自己，敢于表达自己的所思所想。海莉几乎负责了新书发布的所有事项，没有人比她更适合这项工作了——做事有条理、有策略，也很细心。感谢 March Communications 团队全体成员的合作，让我们的故事走向世界。感谢尤利娅·南德雷亚-米勒，我的行政助理兼永远回复我"是"的秘书。你真的做得非常出色——做一只吹毛求疵又充满活力的"兔子"的行政助理，这并不容易。谢谢你将我的生活安排得井井有条，承担了这本书的不少工作，总是让我感到省心。

与你一起共事成长是非常美好的事情。感谢鲁拉·埃尔·卡利乌比，我的品牌和社交媒体经理人与战略顾问，也是我的小妹。你真是个天才，你抓住了这本书的本质，那就是讲清楚我是谁、如何让全世界的男女老少都参与到科技进程中。感谢加比·齐德维尔德，Affectiva 的首席营销官、朋友、导师，也是我的"同伙"。对了，她也是那个总对我说"不"的人。加比是荷兰裔美国人，以一己之力将人们对荷兰人"直率"的刻板印象带入了现实！加比总是直言不讳，这也是我喜爱她的原因。她建立了 Affectiva 的企业品牌和我的个人品牌，和我一同创造并传播了情感人工智能的概念。我们也将继续携手描绘未来情感世界的美好愿景。加比读了这本书的多个版本，感谢你时刻提醒我保持诚实。

我非常幸运，在职业生涯中遇到了支持和引领我的人。感谢我的联合创始人、导师和榜样——罗莎琳德·皮卡德。当年，我还是一个年轻的埃及穆斯林女性，博士后期间不得不在开罗和波士顿之间往返通勤，着实不易，你为我承担了不少风险。谢谢你，罗兹！感谢你和我共同创立 Affectiva。你从一开始就确定了我们的最高理想和核心价值，教会我永不言弃。你向我证明，一名出色的专业人士同时也可以是了不起的妻子、母亲、导师，人生充满无限可能。你让我看到，信念能够跨越所有的宗教和学科。感谢彼得·鲁宾逊在研究工作中带领我走出舒适圈，让我在异国他乡也备感温暖。感谢西蒙·巴伦-科恩慷慨地允许我使用他的数据，还给我机会向他的团队请教。感恩我亲爱的母校——开罗美国大学的所有导师和教职工，是你们为我搭建了走向西方世界的桥梁，让我知道世界是没有界限的。

我还有幸遇到了非常优秀的人，他们或促成或质疑了本书中的一些观点。非常感谢同意接受本书采访的专家们：奥拉·博斯特罗姆、凯特·达林、约瑟夫·杜塞尔多普、埃赫桑·霍克、卡尔·亚格涅玛、科里·基德、洛伦·拉尔森、蒂姆·勒布雷希特、塔尼娅·米什拉、布赖恩·赖默、内德·萨辛、艾琳·史密斯、史蒂文·范诺伊、本·瓦伯、彼得·温斯托克和马特·威利斯。辛西娅·布雷泽尔为我们树立了绝佳的榜样。亚当·格兰特、埃里克·布莱恩约弗森和理查德·永克对本书的早期反馈也十分重要。万分感谢那些报道过我的工作并让公众了解它的记者朋友，你们从一开始就提醒我们要承担责任，敦促我们思考技术发展的影响，让我们成为一家倡导道德地发展和部署人工智能的重要企业。感谢拉菲·卡查杜里安，你于 2015 年在《纽约客》上发表的文章《我们知道你的感受》让我们得到了许多关注。感谢琼·科恩让我登上了 TED 的舞台。感谢戴尔·迪莱蒂斯指导我如何做公众演讲。感谢黛比·西蒙向我和我的孩子们展示了说出自己的立场、说出真相的力量。感恩斯特恩团队，特别是丹尼·斯特恩、梅尔·布莱克和阿尼亚·特泽皮祖尔，感谢大家为我提供机会，和全世界分享我的工作故事。

  这本书不仅仅关乎希望和梦想，书中的许多概念都是由我们 Affectiva 的团队实现的。我非常享受和大家并肩作战的每一天——我们努力工作，富有热情地履行让技术人性化的使命；我们开展团队合作，兑现道德地发展和部署人工智能的承诺。我要特别提及几位成员，没有他们，Affectiva 和我就走不到今天。感谢戴维·伯曼向我展示了一家成熟的公司该有的样子，虽然那时我们只有零星的几个员工。感谢尼克·兰格弗德将主持大局的机会给了我。感谢蒂姆·皮科克成为我信赖的左膀右臂。我第一次面试蒂姆是在 2011 年，我一边吃中餐一边"诱惑"他加入Affectiva！那天的午餐一定很好吃，因为他不久之后就成为我们公司的工程副总裁，从此之后，一往无前。在我成为首席执行官时，蒂姆也成了我的首席运营官。他监督我保持诚实，每当我陷入两难境地时，他都是我的好帮手。感谢加比·齐德维尔德打造了Affectiva的品牌，她的行事风格偏向"不求有功，但求无过"，坚守最后的底线。感谢安迪·泽尔曼负责制定战略，并在需要时及时介入。感谢格雷厄姆·佩奇成为我们的第一个执行负责人，他也是我们的第一个客户。感谢杰伊·特科特在战略、领导力、如何平衡工作与生活等话题上和我进行了精彩的深入探讨。看着杰伊在生活和专业方面一步步成长，我也十分欣慰。感谢阿卜杜拉赫曼·马哈茂德教会我应该何时对某人的成功进行投资，我永远是你的头号粉丝！感谢塔尼娅·米什拉创建了我们的旗舰实习项目，让年轻人有机会塑造未来的人工智能新世界。感谢丹·麦克杜夫，他与我有着共同的好奇心，也一样十分关注人类行为和情感表达的普遍性。

我们是一家得到风投支持的初创企业，投资人就是一切。我非常感谢汉斯·林德洛特和杰夫·克伦茨，他们两位是我们的早期投资人，一直支持着我们发展、转型、再发展的过程。同样感谢公司现在的投资人选择相信我们的使命：威尔·穆罕默德和基思·福斯特给了我许多宝贵的参考意见。感谢Motley Fool Ventures公司的欧伦·道格拉斯和麦吉·多恩重视诚信和多样性，看重道德。感谢安波福团队，特别是凯文·克拉克、戴维·帕贾、肖恩·瓦伦丁、鲍勃·毕比和安德烈亚斯·海姆，感谢他们选择与我们合作，帮助我们实现营造安全路况的伟大愿景。我们的合作方、伙伴方和客户将我们的技术（有时甚至还是早期阶段的技术）运用到了世界各地，改变了人们与技术之间的联系。这些改变往往超乎我的想象。许多人使用我们的技术收获了职业生涯的第一桶金，并将自己的职业成功与我们的技术联系在一起。感谢你们。

创业总是大起大落，有时我感觉自己是孤身一人。我很感谢我的导师和顾问，他们总在我最需要的时候为我鼓劲加油。安迪·帕尔默从第一天起就与我同行，尽其所能支持我这个女性创业者。弗兰克·莫斯为我播下了创办公司的种子。奥萨马·哈萨宁博士让我意识到，我的个人幸福也很重要。埃里克·舒伦伯格为我提供了平台。巴巴克·霍贾特、卡尔·亚格涅玛、丹尼·兰格和布赖恩·赖默是我的思想伙伴，始终在我身后支持我。埃利亚·斯图普卡教会我用语言表达真实情感。马克斯·特加·马克让我不惧做梦，不墨守成规。埃里克·霍维茨指导我如何从学者转型为企业家。格雷戈里·威尔逊鼓励我走出舒适区，并帮助我站在首席执行官和思想领袖的位置上思考问题。

我也很幸运地成为他人的导师。在整个过程中，他们也给我上了人生和爱的重要一课。萨拉·巴尔加尔、马尔瓦·马哈茂德和拉德瓦·哈米德向世界展示了埃及女性的强大力量。艾琳·史密斯告诉我，年龄并不重要，重要的是热情和毅力。能在你们的生命旅途中扮演一个小小的角色，是一种殊荣。

最后，感谢我的家人们。该从何说起呢？写这本书是一个自我反省的过程，反思我的成长经历，把哺育我长大的文化和传统与我如今的个人身份协调起来：我现在是一名优秀的埃及裔美籍科学家和企业家。我所拥有的一切都归功于我的家庭。

感谢我的父亲艾曼·卡利乌比，他从我小时候就在我心里种下了应事事努力、富有同理心、乐于助人的核心价值观。感谢他重视我的教育，相信他三个女儿的潜力，即使在周围的人可怜他没有儿子的时候，他也不曾动摇。

感谢我的母亲兰达·萨布里，感谢她无条件的爱和坚定不移的支持。我的母亲为我们姐妹以及我的孩子付出了一切。为了让我好好完成博士论文，她曾独自照顾雅娜整整一个月；如果我出差，行程非常紧张，母亲就会来波士顿帮忙。我的母亲是中东地区第一批程序员之一，也是我终身学习的榜样——即便她现在60多岁了，她也仍然会去上课，学习新的编程语言或新的教育教学法，或者报班去学习舞蹈。从她身上，我们体会到了学习的乐趣。她还教会我们接纳自己的情感，这会产生神奇的效果。

感谢我的两个妹妹——拉莎和鲁拉。拉莎是我们家的黏合剂，每天都在提醒我，只要努力共情他人，一切就都会迎刃而解。她也总是在我困难的时刻陪在我身边。鲁拉时尚而又自信，敢于打破现状。我一直很敬畏我这个小妹——我曾被禁止约会，不得不遵守严格的宵禁，不知为何，鲁拉却能幸运"逃脱"。我也很感谢我的两个外甥女——阿米娜让我想起年轻时的自己，而8岁的齐娜则具有我一直梦寐以求的创新和叛逆精神。

感谢威尔，我的初恋，也是孩子们的父亲，感谢他曾经忍受我这么一个野心非凡的伴侣！还有威尔的母亲坦特·莱拉，她总是善意地引导我；我已故的公公"艾哈迈德大叔"，他像疼爱亲生女儿一样疼爱我。即使在我离婚后，威尔的哥哥胡萨姆和嫂子萨哈尔也依旧像家人一般待我。

感谢我的孩子雅娜和亚当，你俩是我的北极星，我的思想伙伴、旅程之友，我最好的朋友、导师和知己。雅娜每天都在激励我，告诉我该如何成为一名强大的年轻女性，发出属于自己的声音。雅娜，我迫不及待地想看到你会在这个世界上达成什么样的成就。亚当告诉我如何从失败中站起来并吸取教训，提醒我要深呼吸，短暂休息一下也无妨。亚当是我的开心果，向我证明善良终将走向光明。雅娜和亚当，我为你们自豪，也因为你们而无比幸福，你们让我脚踏实地，承担起自己的责任。我很荣幸能与你们一起学习、成长。希望这本书能激励你们造福世界。愿我们永远这样亲密无间，愿我们继续在这段美妙而兴奋的旅程中一起寻找快乐，无须拘泥于结果。

参考文献

本书参考文献按照在正文中的引用顺序列出。

序 情感荒漠

Ellis, Ralph, Nick Valencia, and Devon Sayers. "Chief to Recommend Charges Against Florida Teens Who Recorded Drowning." CNN, July 22, 2017. https://edition.cnn.com/2017/07/21/us/florida-teens-drowning-man/index.html.

"No Charges for 5 Teens Who Mocked Drowning Man, Didn't Help." AP News. Information from *Florida Today* (Melbourne, FL), June 23, 2018.

Goleman, Daniel. *Emotional Intelligence: Why It Can Matter More Than IQ*. New York: Bantam Books, 1995.

"About Three in Ten U.S. Adults Say They Are 'Almost Constantly' Online." Pew Research Center, July 25, 2019. https://www.pewresearch.org/fact-tank/2019/07/25/americans-going-online-almost-constantly/.

"There Will Be 24 Billion IoT Devices Installed on Earth by 2020." Business Insider Intelligence, June 9, 2016. https://www.businessinsider.com/there-will-be-34-billion-iot-devices-installed-on-earth-by-2020-2016-5.

5 擦出火花

Rosalind Picard. *Affective Computing*. Cambridge, MA: MIT Press, 1997.

Antonio Damasio. *Descartes' Error: Emotion, Reason, and the Human Brain*. New York: G. P. Putnam's Sons, 1994.

Ekman, Paul, and Wallace V. Friesen. *Facial Action Coding System: A Technique for the Measurement of Facial Movement*. Palo Alto, CA: Consulting Psychologists

Press, 1978.

"Increase Your Emotional Awareness and Detect Deception." Online training course. https://www.paulekman.com.

Kanade, Takeo, Jeffrey F. Cohn, and Yingli Tian. "Comprehensive Database for Facial Expression Analysis." *Proceedings of the Fourth IEEE International Conference on Automatic Face and Gesture Recognition (FG '00)*, Grenoble, France, March 2000, pp. 46–53. http://www.cs.cmu.edu/~face/Papers/database.PDF.

6 一名已婚女性

Rana el Kaliouby. "Enhanced Facial Feature Tracking of Spontaneous Facial Expression." M.Sc. diss., American University in Cairo, 2000.

Amr Khalid, "The Hijab." Translated and transcribed from a lecture. http://www.oocities.org/mutmainaa5/articles/hijab1.html.

7 陌生国度的陌生人

"History." Newnham College, University of Cambridge. https://www.newn.cam.ac.uk/about/history/.

8 对着墙说话的疯狂科学家

Baron-Cohen, Simon, Sally Wheelwright, et al. "The 'Reading the Mind in the Eyes' Test, Revised Version: A Study with Normal Adults and Adults with Asperger Syndrome or High-Functioning Autism." *Journal of Child Psychology and Psychiatry and Allied Disciplines* 42, no. 2 (2001): 241–51.

Baron-Cohen, Simon. "Reading the Mind in the Eyes Test." https://www.autismresearchcentre.com/arc_tests/.

Centers for Disease Control and Prevention (CDC). "Data and Statistics on Autism Spectrum Disorder." CDC. https://www.cdc.gov/ncbddd/autism/data.html.

Baron-Cohen, Simon. *Mind Reading: The Interactive Guide to Emotions*. London: Jessica Kingsley Publishers, 2003.

9 遭遇挑战

Baron-Cohen, Simon. "Autism and the Technical Mind." *Scientific American*. November 2012, pp. 307 and 72–75.

———. "The Essential Difference: The Male and Female Brain." *Phi Kappa Phi Forum* 45, no. 1 (January 2005).

———. "The Hyper-systemizing, Assortative Mating Theory of Autism." *Progress in Neuro-Psychopharmacology and Biological Psychiatry* 30 (2006): 865–72.

Baron-Cohen, Simon, and Sally Wheelwright. "The Empathy Quotient (EQ): An Investigation of Adults with Asperger Syndrome or High Functioning Autism, and Normal Sex Differences." *Journal of Autism and Developmental Disorders* 34 (2004): 163–75.

Baron-Cohen, Simon, Sally Wheelwright, et al. *The Exact Mind: Empathising and Systemising in Autism Spectrum Conditions*. Oxford: Blackwell, 2002.

10 了解人类

el Kaliouby, Rana, and Peter Robinson. "Real-time Inference of Complex Mental States from Facial Expressions and Head Gestures." Paper presented at the IEEE International Workshop on Real-time Computer Vision for Human–Computer Interaction at CVPR, January 2004.

11 "妈妈脑"

el Kaliouby, Rana, and Peter Robinson. "FAIM: Integrating Automated Facial Affect Analysis in Instant Messaging." In Nuno Jardim Nunes and Charles Rich, eds. *Proceedings of the International Conference on Intelligent User Interfaces 2004*, Funchal, Madeira, Portugal, January 13–16, 2004, pp. 244–46. http://doi.acm.org/10.1145/964442.964493.

el Kaliouby, Rana. "Mind-Reading Machines: Automated Inference of Complex Mental States." PhD diss., University of Cambridge Computer Laboratory, 2005.

12 疯狂的点子

el Kaliouby, Rana, Rosalind Picard, and Simon Baron-Cohen. "Affective Computing and Autism." *Annals of the New York Academy of Sciences* 1093 (2006): 228–48. doi:10.1196/annals.1382.016.

el Kaliouby, Rana, Alea Teeters, and Rosalind W. Picard. "An Exploratory Social-Emotional Prosthetic for Autism Spectrum Disorders." International Workshop on Wearable and Implantable Body Sensor Networks (BSN '06), Cambridge, MA, April 3–5, 2006, pp. 2 and 4. doi: 10.1109/BSN.2006.34.

Jennifer Schuessler. "The Social-Cue Reader." *New York Times Magazine*. December 10, 2006.

Negroponte, Nicholas. *Being Digital*. New York: Alfred A. Knopf, 1999.

Teeters, Alea. "Use of a Wearable Camera System in Conversation: Toward a Companion Tool for Social-Emotional Learning in Autism," MS thesis, MIT, September 2007.

Ahn, H. I., A. Teeters, A. Wang, C. Breazeal, and R. W. Picard. "Stoop to Conquer: Posture and Affect Interact to Influence Computer Users' Persistence," The Second International Conference on Affective Computing and Intelligent Interaction, Lisbon, Portugal, September 12–14, 2007.

Ahn, H. I., and R. W. Picard, "Measuring Affective-Cognitive Experience and Predicting Market Success." *IEEE Transactions on Affective Computing*, June 2014.

14 两个"新生儿"

Frank Moss. *The Sorcerers and Their Apprentices.* New York: Crown Business, 2011.

Madsen, Miriam, Rana el Kaliouby, et al. "Technology for Just-in-Time In Situ Learning of Facial Affect for Persons Diagnosed with an Autism Spectrum Disorder." *Proceedings of the Tenth ACM Conference on Computers and Accessibility (ASSETS)*, Halifax, Nova Scotia, October 13–15, 2008.

Teeters, Alea, Rana el Kaliouby, et al. "Novel Wearable Apparatus for Quantifying and Reliably Measuring Social-Emotional Expression Recognition in Natural Face-to-Face Interaction." Poster at International Meeting for Autism Research (IMFAR), London, May 15–17, 2008.

Madsen, Miriam, Rana el Kaliouby, et al. "Lessons from Participatory Design with Adolescents on the Autism Spectrum." Conference on Human Factors in Computing Systems (CHI '09), Boston, MA, April 4–9, 2009.

16 我的"阿拉伯之春"

"Egypt Erupts in Jubilation as Mubarak Steps Down." *New York Times*, February 11, 2011.

McDuff, Dan J., Rana el Kaliouby, and Rosalind W. Picard. "Crowdsourcing Facial Responses to Online Videos." *IEEE Transactions on Affective Computing* 3 no. 4 (2012): 456–68.

"Onslaught." Dove commercial, 2008. https://www.youtube.com/watch?v=9zKfF40jeCA.

"Geyser." Huggies Disposable Diapers commercial, 2008. https://www.youtube.com/watch?v=AVRpE7982Js.

"Joy Is BMW." BMW commercial, 2009. https://youtu.be/oR4wkZM9Zis.

McDuff, Dan J., Rana el Kaliouby, et al., "Predicting Ad Liking and Purchase Intent: Large-scale Analysis of Facial Responses to Ads." *IEEE Transactions on Affective Computing*, July 2015. https://affect.media.mit.edu/pdfs/14.McDuff_et_al-Predicting.pdf.

McDuff, Dan J., Rana el Kaliouby, et al. "Predicting Online Media Effectiveness Based on Smile Responses Gathered Over the Internet." Tenth IEEE International Conference on Automatic Face and Gesture Recognition, Shanghai, China, April, 2013.

McDuff, Dan J. "Crowdsourcing Affective Responses for Predicting Media Effectiveness." PhD thesis, MIT, June 2014.

McDuff, Dan J., J. M. Girard, and Rana el Kaliouby. "Large-scale Observational Evidence of Cross-cultural Differences in Facial Behavior." *Journal of Nonverbal Behavior* 41, no. 1 (2017): 1–19.

18　掌舵的女人

Adler, Jerry. "Smile, Frown, Grimace, and Grin—Your Facial Expression Is the Next Frontier in Big Data." *Smithsonian Magazine*, December 2015.

Smith, Aaron. "Nearly Half of American Adults Are Smartphone Owners." Pew Research Center, Internet and Technology, 2012. https://www.pewinternet.org/2012/03/01/nearly-half-of-american-adults-are-smartphone-owners/.

19　为黑客马拉松锦上添"黑"

Subbaraman, Nidhi. "Affectiva Invites Local Developers to Test Emotion-Sensing Tech: Hackathon Fills Up with Mixed-Gender Group." *Boston Globe*, February 1, 2016.

Curtin, Sally C., and Melonie Heron. "Death Rates Due to Suicide and Homicide Among Persons Aged 10–24: United States, 2000–2017." *NCHS Data Brief*, No. 352, October 2019. https://www.cdc.gov/nchs/data/databriefs/db352-h.pdf.

National Institute of Mental Health (NIMH). "Suicide." Mental Health Information: Statistics, NIMH, n.d. https://www.nimh.nih.gov/health/statistics/suicide.shtml.

World Health Organization (WHO). *The World Health Report 2001—Mental Health: New Understanding, New Hope*. NMH Communications, WHO, October 2001. https://www.who.int/whr/2001/en/.

Khatchadourian, Raffi. "We Know How You Feel: Computers Are Learning to Read Emotion, and the Business World Can't Wait." *The New Yorker*, January 12, 2015.

Vannoy S., S. Gable, M. Brodt, et al. "Using Affect Response to Dangerous Stimuli to Classify Suicide Risk." Paper presented at CHI 2016 Computing and Mental Health Workshop, San Jose, CA, May 8, 2016. http://alumni.media.mit.edu/~djmcduff/assets/publications/Vannoy_2016_Using.pdf.

American Psychiatric Association. *Diagnostic and Statistical Manual of Mental Disorders*

(DSM-5). Washington, DC: American Psychiatric Association, 2013.

20　沉默不语

Vahabzadeh, A., N. Y. Keshav, J. P. Salisbury, and N. T. Sahin. "Improvement of Attention-Deficit/Hyperactivity Disorder Symptoms in School-aged Children, Adolescents, and Young Adults with Autism via a Digital Smart-glasses-Based Socioemotional Coaching Aid: Short-Term, Uncontrolled Pilot Study." *JMIR Mental Health* 5, no. 2 (March 2018): e25. doi: 10.2196/mental.9631.

21　笑容的秘密

Dusseldorp, J. R., D. L. Guarin, M. M. van Veen, et al. "In the Eye of the Beholder: Changes in Perceived Emotion Expression After Reanimation." *Plastic and Reconstructive Surgery* 144, no. 2 (August 2019): 457–71.

Smith, Erin. "Forbes 30 Under 30." https://www.forbes.com/profile/erin-smith/.

Mhyre, T. R., J. T. Boyd, R. W. Hamill, and K. A. Maguire-Zeiss. "Parkinson's Disease." *Subcellular Biochemistry* 65 (2012): 389–455.

23　公平竞争

Buranyi, Stephen. "How to Persuade a Robot That You Should Get the Job." *The Guardian*, March 4, 2018.

Gerdeman, Dina. "Minorities Who 'Whiten' Job Résumés Get More Interviews." Harvard Business School (website), May 17, 2017. https://hbswk.hbs.edu/item/minorities-who-whiten-job-resumes-get-more-interviews.

Turban, Stephen, Laura Freeman, and Ben Waber. "A Study Used Sensors to Show That Men and Women Are Treated Differently at Work." *Harvard Business Review*, October 23, 2017.

Fung, Michelle, Yina Jin, RuJie Zhao, and Mohammed (Ehsan) Hoque. "ROC Speak: Semi-Automated Personalized Feedback on Nonverbal Behavior from Recorded Videos." *Proceedings of the 2015 ACM International Joint Conference on Pervasive and Ubiquitous Computing (UbiComp '15)*. New York: ACM, 2015, pp. 1167–78. https://doi.org/10.1145/2750858.2804265.

Samrose, Samiha, Ru Zhao, Jeffery White, Vivian Li, Luis Nova, Yichen Lu, Mohammad Ali, and Ehsan Hoque. "CoCo: Collaboration Coach for Understanding Team Dynamics During Video Conferencing." *Proceedings of the ACM on Interactive, Mobile, Wearable, and Ubiquitous Technologies* 1, no. 3 (2018): 1–24. https://dl.acm.org/

citation.cfm?doid=3178157.3161186.

24 谈谈人类

Time Staff. "The 25 Best Inventions of 2017: A Robot You Can Relate To." *Time,* December 1, 2017.

Van Camp, Jeffrey. "My Jibo Is Dying and It's Breaking My Heart." *Wired*, March 8, 2019.

Jonze, Spike (director). *Her.* Warner Bros. Pictures, 2013. https://www.imdb.com/title/tt1798709/.

Darling, Kate. "Why We Have an Emotional Connection to Robots." TED, October 2018. https://www.ted.com/speakers/kate_darling.

Ackerman, Evan. "Kids Love MIT's Latest Squishable Social Robot (Mostly): Tega Uses Cuteness and Artificial Intelligence to Teach Spanish to Preschoolers." *IEEE Spectrum*, March 2, 2016.

Petersen, Sandra, Susan Houston, Huanying Qin, Corey Tague, and Jill Studley. "The Utilization of Robotic Pets in Dementia Care." *Journal of Alzheimer's Disease* 55, no. 2 (2017): 569–74.

Johnson, Khari. "Pfizer Launches Pilot with Home Robot Mabu to Study Patient Response to AI," *VentureBeat*, September 12, 2019.

Lucas, Gail M., Albert Rizzo, Jonathan Gratch, et al. "Reporting Mental Health Symptoms: Breaking Down Barriers to Care with Virtual Human Interviewer." *Frontiers in Robotics and AI* 4, no. 51 (2017).

Neiman, Andrea B., Todd Ruppar, Michael Ho, et al. "CDC Grand Rounds: Improving Medication Adherence for Chronic Disease Management: Innovations and Opportunities." *Morbidity and Mortality Weekly Report* 66, no. 45 (November 17, 2017).

"Meet Ellie: The Robot Therapist Treating Soldiers with PTSD." USC Institute for Creative Technologies, October 1, 2016. http://ict.usc.edu/news/meet-ellie-the-robot-therapist-treating-soldiers-with-ptsd/.

Kleinsinger, Fred, MD. "The Unmet Challenge of Medication Nonadherence." *The Permanente Journal* 22 (2018): 18–33 (July 5, 2018).

Johnson, Khari. "Softbank Robotics Enhances Pepper the Robot's Emotional Intelligence," *VentureBeat*, August 28, 2018.

25 Alexa，咱们需要谈谈

"The Smart Home Is Creating Frustrated Consumers: More than 1 in 3 US Adults Experience

Issues Setting Up or Operating a Connected Device." *Business Wire*, January 30, 2018.

Mishra, Taniya. "Decomposition of Fundamental Frequency Contours in the General Superpositional Intonation Model." Diss., Oregon Health and Science University, Department of Science and Engineering, 2008.

Maor, Elad, D. Sara Jaskanwal, Diana M. Orbelo, et al. "Voice Signal Characteristics Are Independently Associated with Coronary Artery Disease." *Mayo Clinic Proceedings* 93, no. 7 (July 2018): 840–47. https://doi.org/10.1016/j.mayocp.2017.12.025.

Hakkani-Kur, Dilak. "Alexa Prime Social Challenge—Grand Challenge 3." *Alexa Blogs*, March 4, 2019. https://developer.amazon.com/blogs/alexa/post/c025d261-e14f-403d-ba5d-b20f8fc86914/alexa-prize-socialbot-grand-challenge-3-application-period-now-open.

26　有轮子的机器人

National Highway Traffic Safety Administration (NHTSA). "Automated Vehicles for Safety." NHTSA. https://www.nhtsa.gov/technology-innovation/automated-vehicles-safety.

Calvert, Scott. "Pedestrian Deaths Reach Highest Level in Nearly 30 Years." *Wall Street Journal*, February 28, 2019.

National Highway Traffic and Safety Administration (NHTSA). "Distracted Driving." NHTSA. https://www.nhtsa.gov/risky-driving/distracted-driving.

Centers for Disease Control and Prevention (CDC). "Distracted Driving." CDC. https://www.cdc.gov/motorvehiclesafety/distracted_driving/index.html.

Lienart, Paul. "Most Americans Wary of Self-Driving Cars: Reuters/Ipsos Poll." Reuters, January 29, 2018.

27　"人工"之前是"人"

Nielsen. "Was 2018 the Year of the Influential Sustainable Consumer?" N (website). December 17, 2018. https://www.nielsen.com/us/en/insights/article/2018/was-2018-the-year-of-the-influential-sustainable-consumer/.